대답만 한다고 천국에 가나요?

| 송제오 지음 |

쿰란출판사

추천의 글

전도는 주님의 지상 명령입니다. 그러나 이 당연한 명령에 순종하는 것은 쉬운 일이 아닙니다. 송제오 목사님은 이 일에 순종으로 일관해 온 사역자이십니다. 그는 평신도 시절부터 전도에 모든 것을 걸고 순종하셨습니다.

저는 그에게 남다른 개인 전도의 은사가 있음을 보았습니다. 그리고 여생을 전도하는 목사로 헌신하실 것을 권면했습니다. 제가 기대한 대로 그는 전도를 통한 교회 개척의 모범을 보이셨습니다.

이 책은 이런 그의 전도사적을 증언한 전도행전입니다. 그는 주께서 그에게 언제나 할 말을 주신다고 말합니다. 그는 순종하고 일은 하나님이 하셨다고 말합니다.

여기 평신도 시절부터 시작된 생생한 그의 전도행전이 펼쳐집니다. 전도 목사로 그리고 개척 교회 목사로 그가 겪은 모든 것을 증언합니다.

과연 이 책은 21세기의 사도행전이라 할 만합니다. 이 책을 읽는 사람마다 하나님의 살아 계심을 확신하게 될 것입니다.

전도를 소중히 여기고 순종하고자 하는 모든 성도들에게,
그리고 주님의 지상명령에 순종을 결심하는 모든 사역자들에게,
반드시 읽어야 할 Must-Read의 책으로 이 도서를 권합니다.
내 영혼이 살고 교회가 살아나는 기적을 경험하게 될 것입니다.

2014년 5월 1일

함께 주의 명령의 증인이 된 이동원 목사
(지구촌교회 원로목사)

추천의 글

현장감이 물씬 풍기는 송제오 목사님의 글을 읽어 내려가면서 나도 모르는 사이에 지나온 날들이 눈에 선하게 떠오릅니다. 삶의 현장에서 몸에 밴 달인의 글솜씨며, 정감을 느끼게 하는 청지기 의식이며, 진솔한 경험담이 가슴에 와 닿습니다.

철저한 직업인이 주님의 소명을 받아 신학을 하시더니, 목사 안수를 받아 목회에 임하시고, 이제 귀한 목회 사역을 충실히 마치신 후 다듬어 낸 글이라서 참 아름답다는 생각이 듭니다. 무엇보다도 주님께서 기뻐하실 영혼 건지는 일에 초점이 맞춰진 접근 방법이 읽는 이들의 시선을 붓 가는 대로 끌고 가는데, 이는 성령의 기쁨을 맛보게 합니다. 송 목사님 사역의 현장에서 동역자의 미소를 짓는 사모님의 모습도 행간에 보여서 더욱 흐뭇합니다.

글의 주제가 다양합니다. 목적의식이 두드러집니다. 복음적 접근이 도전을 줍니다. 일상의 이야기라서 가슴이 포근합니다. 상대방의 마음을 열게 하는 지혜와 교훈이 담겨 있습니다. 영적인 성숙과 변화를 추구하는 방향이 또렷합니다. 문득 다시 떠오르게 하는 여운이 남기도 합니다. 읽는 이들에게 더운 날에 곡식 베는 농부에게 얼음냉수처럼 시원한 결말들이 마음을 사로잡습니다.

땅 끝까지 복음을 전파하여 모든 족속을 제자로 삼아야 할 사명을 함께 받은 주 안의 형제와 자매들에게 일독을 권하고 싶습니다. 전도 훈련에 임하는 이들에게 실제적인 도움이 될 것으로 생각합니다. 성경 공부, 셀 모임, 큐티에 사용해도 유익하겠습니다. 설교 예화와 신학교 클래스에서 전문적인 이론과 함께 경험적인 자료로 다루어도 좋을 내용입니다.

좋은 책을 쓰신 송 목사님과 사모님에게 축하와 함께 감사를 드립니다. 주님이 영광 받으실 도구로 사용되기를 기도합니다.

2014년 5월 1일

김만풍 목사

(워싱턴 지구촌교회 담임목사, 국제아노덴연구소 대표)

추천의 글

첫 장을 읽기 시작했을 때부터 가슴이 떨리기 시작했습니다. 전도에 대한 열정을 다시 깨우시는 성령님의 깨우심의 손길을 강하게 느꼈기 때문입니다.

- 은혜가 넘치는 아주 쉽고 간결한 문장
- 어떤 심오한 전도 이론과 전략을 제시하는 것이 아닌 생생한 체험에서 나온 행동하는 전도
- 생명들이 춤추는 것 같은 새 생명의 탄생 이야기
- 살아 계신 하나님, 사랑의 하나님을 다시 만나게 해주는 감동적인 실화들
- 성령의 영혼 구원을 위한 파워풀한 역사들
- 우리 믿음의 기초가 무엇이며 성숙하게 하는 동력이 무엇인가를 체험으로 가르쳐 주는, 설교보다 더 능력 있는 설교

이런 표현들을 모두 다 합해 놓은 감동이 이 책 한 권에 다 실려 있습니다. 저자 송제오 목사님의 전도 인생 역정을 마치 수채화를 그리듯이 아름답게 그려 놓은, 숨은 저자이신 성령의 감동을 이 책을 읽는 독자들이 체험하게 될 것을 확신합니다.

- 전도의 열정을 회복하기를 원하시는 분
- 믿음의 근본에 회의를 느끼시는 분
- 교회생활의 따분함에서 탈피하고 싶으신 분
- 생명 되신 예수님을 경험하고 싶으신 분
- 교회 밖의 하나님의 사람들을 만나기를 원하시는 분
- 예수 제자로서의 사명을 알고 이루기를 원하시는 분

이러한 모든 분들에게 필독을 권합니다. 사명을 잃어버린 성도들이 잠에서 깨어나서 전도의 열정이 회복되는 주님의 은혜의 생명 역사를 기대하며 이 추천의 글을 드립니다.

2014년 5월 1일

송영선 목사

(메릴랜드 빌립보교회 담임목사)

머리말

은퇴 후, 또 다른 계획을 가지고 아리조나 주에서 제2의 고향인 워싱턴으로 되돌아왔다. 약 18년 만에 돌아온 제2의 고향인 워싱턴이 이민 초기부터 약 17년을 살았음에도 불구하고 어색하고 낯설기만 했다. 그래서 더욱 선교관 건립을 조급히 서두르고 싶었다. 그러나 약 2년여 동안 고민하며 기도했지만 선교관 건립이 계속 지연되었다. 그동안은 은퇴 후부터 배우기 시작한 골프로 시간을 보내는 것 외에는 아무것도 할 수가 없었다.

그러던 어느 화창한 초가을날 불현듯 이젠 책을 내야 되겠다는 생각이 들었다. 그동안 자칫 잘못하면 자랑거리가 되기 쉽다는 생각이 들어 접어두었던 전도와 선교의 현장에서 일어났던 간증들을 책으로 엮어야겠다는 생각이었다. 전도와 선교의 현장에서 일어났던 놀라운 성령의 역사 이야기들을 교회 회보와 아리조나에서 발간되는 신문에 게재해 왔었는데, 20년이 지난 지금 읽어 보아도 성령의 역사는 시대에 관계없이 똑같은 방법으로 주님의 명령에 순종하여 복음을 전하기만 하면 일어나는 것이라는 확신이 들었고, 하나님은 지금도 복음을 전하는 데 있어서 전도의 미련한 것을 고집하고 계신다는 것을 알았다.

"하나님의 지혜에 있어서는 이 세상이 자기 지혜로 하나님을 알지 못하므로 하나님께서 전도의 미련한 것으로 믿는 자들을 구원하시기를 기뻐하셨도다"(고전 1:21).

그래서 전도의 방법이 우리가 보기에는 좀 미련해 보일지 모르지만 그것이 바로 하나님의 지혜이기에 초대교회 때 전도의 방법이나 20년 전이나 오늘이나 똑같다는 확신이 들었다. 그러므로 이제 이 노년의 시기에 자랑이 아닌 순수한 마음으로 젊은이들에게 영혼을 위한 전도 방법을 내가 경험한 간증을 통해 알려주는 것도 괜찮겠다는 생각이 들어서 이 책을 출판하기로 마음먹었다. 또한 사도 바울처럼 예수 믿는 사람들을 잡아 죽이러 돌아다니지는 않았어도 예수 믿는 사람들은 참 어리석은 사람들이라고 비웃었던 내가, 복음을 접하고 그 복음에 사로잡혀 목사가 될 수밖에 없었던 놀라운 복음의 능력을 믿지 않는 사람들에게 알리고 싶은 생각이 간절하였다.

내 나이 70이 다 되는 인생을 살아오면서 고난도 있었지만 한껏 부귀영화도 누려본 나의 인생에서 그래도 가장 즐겁고 값지고 보람이었던 시기는 바로 전도에 미쳐 밤잠 설치며 돌아다녔던 시기인 것을 젊은이들에게 알리고 싶어서 지난날들을 회상하며 옛 자료들을 모아 보았다.

본 전도와 선교의 현장 이야기는 워싱턴 지역에서 신앙생활 했던 워싱턴 지구촌교회 회보 〈땅 끝까지〉에 연재되었던 "전도의 현장" 글들, 그후 한국 지구촌교회 개척 초기에 4년간 전도폭발훈련을 시켰을 때 경험했던 전도의 현장, 그리고 이후 55세의 늦은 나이에 아리조나에 가서 '아리조나 지구촌교회'를 개척하고 개척 초기부터 한 영혼씩 구원시켜 교회를 이끌어 갔던 시절의 이야기이다. 또한 아리조나 지역에서 교회 회보 〈지구촌 땅 끝까지〉를 계간지로 발간하면서 연재하였던 "전도의 현장"과 아리조나 지역 신문인 〈코리언 헤리티지〉 및 〈아리조나 타임스〉에 실렸던 내용들이다.

이 한 권의 책이 나오기까지는 많은 기도가 필요했다. 특별히 이 책이 하나님께는 영광이요, 읽는 자들에게는 영혼 구원 사역에 도움 및 도전이 되었으면 하는 소원이 있다. 나의 이 소원이 헛되지 않기를 바라면서…….

2014년 5월 1일

송제오 목사

목 차

2부

때를 얻든지 못 얻든지_한국 편

3부
대답만 한다고 천국에 가나요?_미국 아리조나 편

4부
살아 있는 역사의 증인_선교지 편

1부

할 말을 주시리니

미국 워싱턴 편

1
할 말을 주시리니

아침에 출근하면서 차 안에서 라디오를 들어보니, 워싱턴 DC에서 한인 여성이 권총에 맞아 숨졌다는 뉴스가 흘러나왔다. 워싱턴 지역에서 발간되는 〈한국일보〉를 보니 조지 워싱턴 대학교(George Washington University) 앞에서 주류상(Liquor store)을 운영하는 부부인데, 부인이 차를 주차하기 위하여 지하 주차장에 들어갔다가 주차하고 차에서 내리기도 전에 변을 당했다는 것이다.

마침 내가 운영하고 있는 인쇄소에서 별로 멀지 않은 거리에 있기에 위로도 할 겸 복음도 전할 겸 찾아갔다. 죽은 부인의 남편은 40대 중반의 유씨 성을 가진 건장한 남성으로 복수심에 가득 차 있었다. 사건 현장에는 아무도 없었지만 자기는 범인이 누구인지 확실히 안다는 것이다. 어떻게 된 일이냐고 물었더니 자초지종을 이야기하기 시작했다.

매주 금요일이면 조지 워싱턴 대학교에서 일하는 사람들이 주급을 받는 날이기 때문에 수표를 가져오면 수수료로 몇 퍼센트 제하고 현금으로 바꾸어 준다고 한다. 그래서 매주 금요일에는 자기 부인이 초등학교에 다니는 남매를 학교에 데려다 주고, 수표를 현금으로 바꾸어 주기 위해 은행에 들러 현금으로 5만 불 정도를 찾아 가지고 출근한다고 한다. 그 날도 부인이 돈을 찾아 가지고 나오면서 가게 앞에서 자기가 왔다는 신호로 "빵빵" 하고 경적을 울려주고는 주차를 하러 지하 주차장으로 내려갔는데, 30분이 넘도록 가게에 나타나지를 않아 이상해서 주차장에 내려가 봤더니, 자기 부인이 권총에 맞아 피투성이가 된 채 차 안에서 죽어가고 있더라는 것이다.

매주 금요일 자기 부인이 현금을 그렇게 많이 가지고 나오는 것을 아는 사람은 자기 종업원들밖에 없다고 한다. 종업원들 중에 흑인 여자가 있는데, 그 흑인 여자의 남자 친구가 직업도 없이 빈둥거리는 불량한 사람이라고 장담했다. 그 친구가 가게에 자주 나타나 서성거리다 가곤 했는데 그 사람이 범인임에 틀림없다는 것이다. 그래서 경찰에게 그 친구가 확실한 범인이라고 이야기를 했지만 증거가 없기 때문에 경찰도 어떻게 할 수가 없다는 것이다.

경찰도 어찌할 수 없으니 자기가 복수를 하기 위해 권총을 사서 쏴 죽일 것이라고 비장하게 이야기하는 것이다. 자기는 월남전에 육군 대위로 참전하여 사람도 많이 죽여 봤기 때문에 그 녀석을 쏴 죽이는 것은 문제도 아니라고 이야기했다. 그래서 "그 사람을 쏴 죽이면 유 선생님은 감옥에 갈 터인데, 어린 아들딸 남매는 어떻게 할 것이냐?"고 물었더니 눈물이 글썽글썽한 얼굴로 "그래서 지금 당장 쏴 죽이고 싶지만 망설이고 있다"고 하였다.

복음 외에는 무슨 말로도 위로가 될 수 없다는 것을 알기에 교회는 나가느냐고 물어보았더니, 자기는 "예수를 믿느니 내 주먹을 믿으라"고 말하던 사람이며, "죽으면 모든 것이 끝나는 것이지 무슨 영혼이 있어서 천국을 가고 지옥을 가느냐? 헛소리들 좀 그만하라"고 하던 사람인데 자기 부인이 권총에 맞아 죽는 것을 지켜보면서 의문이 생기기 시작했다고 한다. 구급차가 오기 전 피투성이가 된 자기 부인을 끌어안고 손을 잡고 있었는데, 처음에는 따뜻하던 손이 점점 차가워지더니 숨을 멈추더라는 것이다. 그것을 보면서 영혼이 육체에서 떠나는 것이 죽음인가 보다 하는 것을 느꼈다고 한다. 그러면서 '영혼이 육체에서 떠나면 그 영혼은 어디로 가는 것일까? 정말 천국과 지옥이 있어서 영혼은 천국이나 지옥으로 가는 것인가?' 하는 의문이 생기기 시작했다고 한다.

성령님께서 구원하기로 예비하신 심령이라는 생각이 들면서도 가게에 손님들이 계속해서 들락거리니 주위가 산만해 이야기를 계속할 수가 없었다. 종업원이 있기는 하지만 계속해서 손님들이 오기 때문에 그곳에서 복음을 전하는 것은 무리인 것 같아서 다음날 저녁 식사 후 7시에 집으로 찾아가기로 약속하고 주소를 받아 가지고 내 사업장인 인쇄소로 돌아왔다.

이튿날 저녁 7시에 아내와 함께 집으로 찾아가니, 초등학교에 다니는 남매와 함께 반갑게 맞이해 주었다. 아내는 남매를 데리고 옆방으로 들어가고 나는 전도폭발훈련에서 배운 대로 '그들의 일반 생활'부터 시작하면서 그의 부인이 이화여대 무용과 출신인 것을 알게 되었다. 이 사람은 굉장히 논리적인 사람이라는 것을 대화를 나누면서 느꼈다. 논리가 정연한 사람이기에 질문도 많았다. 성경에는 원수를 사랑하라고 하는데 교회 다니는 사람들이 더 잘 싸우고, 목사와 장로들이 사기는 더 잘 친다는 것이다. 그래서 안 싸우는 교인이 더 많고 사기 안 치는 목사 장로가 훨씬 더 많지만, 모든 인간은 불완전하기에 예수님이 필요한 것이라고 설명을 해주면, 준비라도 했다는 듯이 또 다른 질문을 한다.

밤 12시가 되어 가는데 아직 복음은 반도 전하지를 못했다. 7시부터 밤 12시까지 5시간 동안 퍼부어대는 질문을 당시 평신도인 내가 어떻게 그렇게 이해가 되도록 설명을 했는지 나 자신도 신기할 정도였다. 그런데 밤 12시가 되니 전혀 예상치 못했던 말을 하는 것이었다.

"그러니까 당신들 말에 의하면 예수 믿지 않고 죽은 사람은 지옥에 간다는 말 아니오? 그러면 내 아내는 교회를 안 다니고 죽었으니까 지옥에 가 있을 것 아니오? 그렇다면 나는 내 아내를 너무너무 사랑하기 때문에 나도 예수 믿지 않고 죽어 지옥으로 가 내 아내를 만나야겠소!"

아내를 너무너무 사랑하기 때문에 아내를 만나려면 예수 안 믿고 지옥 가겠다는데 말문이 탁 막혀 버렸다. 그래서 눈을 뜬 채로 기도를 했다.

"하나님, 이럴 때는 뭐라고 대답해야 하죠? 마태복음 10장 19절에 임금들과 총독들에게 끌려갔을 때 무엇을 말할까 염려하지 말라고, 할 말을 주시겠다고 약속하지 않으셨습니까?"

> 또 너희가 나로 말미암아 총독들과 임금들 앞에 끌려가리니 이는 그들과 이방인들에게 증거가 되게 하려 하심이라 너희를 넘겨 줄 때에 어떻게 또는 무엇을 말할까 염려하지 말라 그 때에 너희에게 **할 말을 주시**

리니(마 10:18–19)

그런데 순간적으로 '그들의 일반 생활'을 나눌 때 그의 부인이 이화여대 무용과를 나왔다는 이야기가 머릿속을 스쳐가는 것이었다. 그래서 이렇게 말했다.

"유 선생님! 부인이 이화여대 무용과를 졸업했다고 하셨죠? 제가 알고 있는 상식으로는 이화여대는 기독교 학교이기 때문에 채플 시간도 있고 성경 공부도 해야 졸업을 하는 것으로 알고 있는데, 지금은 예수를 믿느니 내 주먹을 믿으라고 하는 유 선생님 같은 분하고 살다 보니 교회를 못 나가고 있었지만, 대학생 시절 예수님을 영접했는지 어떻게 아십니까? 한 번 얻은 구원은 영원히 잃어버릴 수가 없습니다. 그러므로 유 선생님은 사랑하는 아내를 만나기 위해 예수 안 믿고 죽어서 지옥에 갔더니 아내는 그곳에 없고 천국에 있다면 어떻게 하겠습니까?"

갑자기 유 선생의 눈빛이 반짝하더니 "어? 말 되네!" 하는 것이었다. 이제야 겨우 마음 문이 열리기 시작했는데 벌써 밤 12시가 넘었으니 좀 미안한 생각이 들어 "오늘은 이만하고 내일 다시 올게요" 했더니, 내 손을 꽉 잡으면서 "오늘 아주 뿌리 뽑읍시다" 하는 것이다. 그래서 다시 복음을 전하기 시작했고 계속되는 질문에 대답을 하면서 복음을 전하다 보니 새벽 3시가 되었다. 무려 8시간을 한 사람에게 쉬지도 않고 복음을 전한 것이다. 새벽 3시가 되니 "송 선생님, 나 예수님 영접할 터이니 기도해 주세요" 하는 것이다. 그래서 우리는 함께 손을 잡고 영접 기도를 했다. 할렐루야!

아이들은 어느새 쌔근쌔근 잠이 들었고, 아내는 그가 영접 기도를 할 즈음에 살며시 곁에 와 앉아 함께 기도에 동참하였다. 집으로 돌아오는 발걸음은 조금도 피곤치 않고 오히려 감사 찬양이 흘러 나왔다.

내 영혼이 은총 입어 중한 죄 짐 벗고 보니
슬픔 많은 이 세상도 천국으로 화하도다
할렐루야 찬양하세 내 모든 죄 사함 받고
주 예수와 동행하니 그 어디나 하늘나라

그 후 그는 믿음 좋은 착하고 예쁜 여자를 만나 재혼하여 두 아이들과 함께 신앙생활 열심히 하고, 전도폭발훈련도 받아 전도를 많이 하고 다닌다는 소식을 들었다. 그가 전도하는 곳마다 능력이 나타난다고 하는데, 그 이유는 바로 그가 체험했던 아내의 죽음이었다. 따뜻했던 아내의 온몸이 서서히 차가워지며 영혼이 떠나가는 것을 경험하면서, 자기와 똑같이 "죽으면 그만이지, 영혼이 어디 있어서 무슨 천국, 지옥을 가느냐?"고 반발하는 사람들에게 그 간증을 해준다고 한다.

"나도 당신들과 똑같은 생각을 하고 살아왔는데 내 아내가 피투성이가 되어 죽어가는 것을 보면서 영혼이 있다는 것을 알았소. 영혼이 육체에서 떠나가는 것이 바로 죽음이오. 죽음 이후에 영혼은 오직 천국이 아니면 지옥이라는 곳으로 가게 되오"라고 말하면 대부분 마음 문을 열고 예수님을 영접하더라는 것이다.

하나님은 그의 아픈 체험까지도 복음을 증거하는 능력의 도구로 사용하고 계신 것이다.

우리가 알거니와 하나님을 사랑하는 자 곧 그 뜻대로 부르심을 입은 자들에게는 모든 것이 합력하여 선을 이루느니라(롬 8:28)

2
너는 도구일 뿐이야

전도폭발훈련을 마치고 훈련자로서 훈련생 두 사람을 훈련시키기 위해 심방을 가는 첫날이었다. 훈련을 받을 때에는 심방을 나가서 좀 실수를 해도 훈련자가 다 뒷마무리를 해주므로 별 걱정이 없었으나, 막상 내 자신이 훈련자로서 훈련생들에게 시범을 보여야 하는 입장이 되니 책임이 무거워지는 것은 당연한 일이었다.

함께 훈련을 마치고 훈련자가 된 아내는 걱정이 태산 같다면서 자기는 기억력도 안 좋을 뿐만 아니라 말재주가 없어서 큰일이라며 사업장에 오고가는 차 안에서도 성경 구절을 암송하고 하나님께 도와달라고 기도를 하였다. 그러나 어려서부터 잘 외우고 훈련 중에도 잘한다는 소리를 듣던 나로서는 어느 정도의 자신을 가지고 첫 심방을 나간 것이다. 교회에서 준 주소를 가지고 찾아가 만난 사람은 한국에서 연구 차 미국에 와 있는 젊은 물리학 박사였다.

훈련을 받을 때 배운 대로 서론에서부터 시작하여 두 가지 진단에 들어갔는데, 박사님 말씀이 천국이 있다는 것을 어떻게 믿을 수 있느냐는 것이다. 성경책을 펴서 요한일서 5장 13절을 보여주었으나 성경이 하나님의 말씀이라는 것을 어떻게 믿을 수 있느냐는 것이다. 그래서 창세기부터 요한계시록이 쓰여지기까지는 약 1,600년이 걸렸으며, 40여 명의 저자들이 각기 다른 언어로 기록하였으되 한결같이 말씀하고 있는 내용은 똑같으며, 그 예언된 말씀들이 그대로 이루어져 가고 있는 상태이며, 디모데후서 3장 16절과 베드로후서 1장 21절을 펴서 보여주면서 성경은 성령의 감동을 입은 사람들이 하나님께 받아 기록한 것이라고 설명했다.

> 예언은 언제든지 사람의 뜻으로 낸 것이 아니요 오직 성령의 감동하심을 받은 사람들이 하나님께 받아 말한 것임이니라(벧후 2:21)

그러나 그것을 어떻게 과학적으로 증명할 수 있느냐는 것이다. 자기도 믿고 싶지만 도무지 자기 상식으로는 믿어지지 않는다는 것이다. 하나님의 말씀을 물리학 박사와 과학적인 이론에 입각해서 말씨름을 하러 온 것은 아니었지만 묻는 질문에 납득이 가도록 설명은 해주어야 할 텐데, 내가 할 수 있는 마지막 무기는 간증이었다. "내가 이 말씀을 붙들고 이렇게 했더니 하나님께서 이렇게 역사해 주시더라. 그러니 당신도 믿어라" 하고 이야기할 수밖에 없었다. 그러나 대답은 "나도 그렇게 믿고 싶지만 믿어지지 않는 것을 어떻게 하느냐"는 것이다. 사탄이 그의 마음 문을 강하게 닫아 놓은 것 같았다.

복음 제시는 해보지도 못하고 돌아가야 할 시간이 되었다. 훈련생들 앞에서 창피하기도 하고 은근히 화가 나서 돌아와 보니 아내는 첫 심방에 결신자를 얻고 기뻐하고 있었다. "하나님이 나에게도 좀 쉬운 사람을 붙여주시지 하필이면 물리학 박사를 붙여주실 게 뭡니까"라고 중얼거리면서 일주일 후 두 번째 심방을 나가게 되었다. 이번에는 꼭 성공해서 아내를 이겨야지 하는 마음으로 열심히 복음을 제시했지만 또 실패였다. 내가 생각하기에 훈련받은 대로 하나도 틀리지 않고 잘 한 것 같은데 받아들이지 않는 것을 어떻게 하나, 그런데 아내는 또 성공하고 온 것이다. 이럴 수가 있나? 나한테는 까다로운 사람들만 붙여주어 실패를 하는데……. 세 번째는 꼭 성공을 해야지 하면서 준비를 더 열심히 하기 시작했다. 일주일 후 또다시 교회에서 주는 주소를 가지고 세 번째 심방을 나갔지만 또 실패였다. 훈련생들에게도 체면이 말이 아니고 기가 죽어서 돌아오니 아내는 연거푸 세 번을 성공하고 돌아온 것이다.

이때 성령님께서 깨닫게 해주시는 것이었다.

"전도는 네가 하는 것인 줄 아냐? 너는 도구일 뿐이야."

그렇구나! 나는 이제껏 내가 전도하는 것으로 착각을 하고 내 자신만을 믿고 나갔던 것이 사실이었다. 하지만 아내는 비록 성경 구절은 나보다 잘 못 외우지만 늘 하나님께 도와 달라고 기도하면서 심방을 나갔던 것이다. 전도는 성령님이 하시는 것이라고 훈련을 받으면서 귀가 아프도록 듣고 입으로는 훈련생들에게 나도 똑같은 소리를 하면서도, 나는 나 자신을 믿고 있었던 사실을 발견한 것이다. 엎드려 기도하기 시작했다.

"하나님, 용서해 주세요. 제가 교만했었습니다. 제 자신이 홀로 할 수 있는 일이 하나도 없음을 깨달았나이다. 함께하시고 도와주시어서 열매를 따는 기쁨을 맛보게 해주옵소서"라고 기도하면서 네 번째 심방에 임하였다.

네 번째 심방은 도저히 복음을 전할 수 없는 상황이었음에도 불구하고, 성령님께 의지하고 나가니 복음을 전할 수 있게 해주시고 결신자를 얻게 해주신 감격스러운 저녁이었다.

큰 집에는 금 그릇과 은 그릇뿐 아니라 나무 그릇과 질그릇도 있어 귀하게 쓰는 것도 있고 천하게 쓰는 것도 있나니 그러므로 누구든지 이런 것에서 자기를 깨끗하게 하면 귀히 쓰는 그릇이 되어 거룩하고 주인의 쓰심에 합당하며 모든 선한 일에 준비함이 되리라(딤후 2:20–21)

다음은 이 감격적이었던 첫 성공담을 소개하고자 한다. 아울러 전도는 내 자신의 힘만을 가지고서는 절대로 안 되는 것이다. 또한 성령님이 하시는 것이라고 해서 자신은 전혀 준비를 안 하고 "성령님이 인도하시는 대로 하면 되지!" 하고 전도를 나가는 사람들을 볼 수 있는데 준비가 되지 않은 그릇은 하나님께서 쓰시지 않는다는 것도 명심해야 하겠다.

디모데후서 2장 20-21절을 보면, 큰 집에는 금그릇과 은그릇과 나무 그릇과 질그릇이 있지만, 어떤 그릇이라도 깨끗해야만 주인이 사용할 수 있다는 것이다. 깨끗하다는 이야기는 사용할 준비가 되어 있다는 말이다. 자기가 암송해야 할 개요나 성경 구절을 제대로 준비하지 않고, 전도는 성령님이 하시는 것이라 생각하고 전도를 나가면 하나님께서 그 그릇을 쓰실 리가 없다는 것이다.

3
저희는 그 교회 안 나가는데요!

1988년 6월 14일 교회에서 뽑아 준 주소를 가지고 지도를 펼쳐서 위치를 확인하였다. 우리 교회에서 그리 멀지 않은 곳이다. 훈련생으로는 Y집사님과 C집사님이었다.

이전까지는 나 자신만을 믿고 전도를 나갔다가 세 번이나 연거푸 실패하고 돌아왔기 때문에 하나님께 정말 간절한 마음으로 기도하면서 문을 두드렸다. "누구세요?" 하면서 젊은 여자 분이 상냥하게 문을 열었다. "J교회에서 왔는데요" 하고 대답하니 "저희는 그 교회 안 나가는데요" 하는 것이다. "혹시 L씨 댁이 아닌가요?" 하고 물으니 "예, 저희 어머님을 찾아오셨군요. 어머님은 지금 한국에 가시고 안 계시는데요" 하는 것이다. '이거 또 틀렸구나!' 하는 생각이 들었지만 용기를 내어 "좀 들어가서 말씀드려도 될까요?" 하니 "들어오세요" 하는 것이다.

응접실에 들어가 앉아서 "오늘은 어떠한 일이 있어도 성공하게 해 달라"고 기도를 드리고 나니 요리를 하고 있었는지 조금 후 부엌에서 나와 자리에 앉으면서 하는 말이 '오늘은 남편이 친구들과 함께 집에 와 식사를 하고, 또 어디를 가야 한다'는 것이다. 상황을 볼 때 도저히 복음을 제시할 형편이 아니었다. 남편 한 사람의 식사 준비가 아니라 친구들까지, 그리고 식사 후에 또 어디를 가야 한다니…….

시작을 안 하는 것이 좋겠다는 생각이 들었지만, "때를 얻든지 못 얻든지 너희는 말씀을 전파하라"는 말씀이 생각나서 복음 제시를 하기 시작했다. 처음에는 손님 접대 차원에서 들어주는 것 같았는데 점점 눈빛이 달라지기 시작했다. 그리고 순수하게 복음을 받아들이기 시작하는 것이다. 한창 복음 제시가 무르익어 갈 무렵 남편 친구인 듯한 사람들이 들어오고, 몇 마디 말을 주고받더니 다시 돌아와 앉는 것이다. 일이 변경되었다는 것이다. 무슨 일인지는 모르지만 이 상태에서 복음 제시를 중단해야 할 판이었는데 천만 다행한 일이다.

이렇게 해서 순조롭게 결신을 하고 즉석 양육 지도를 했다. "예수님을 믿고 하나님의 자녀가 되셨으니 현재 나가시는 교회에 가서 열심히 봉사하십시오. 어느 교회를 다니시든지 복음이 있는 교회라면 상관이 없으니까요"라고 이야기한 후 "대단히 감사합니다"는 인사를 받으며 그 집을 나왔다.

Y집사는 벌써 흥분해 있었다. 평소에 별로 말이 없는 분인데도 "바로 그겁니다. 내가 버지니아에서 먼 길을 오고 가며 전도폭발 훈련을 받아야 할 이유를 발견했습니다"라고 하는 것이다. C집사도 "정말 전도는 성령님이 하시는 것이네요" 하면서 우리는 들뜬 감격을 안고 교회에 돌아와 그대로 보고했다. 그리고 나는 이분에 관해

서 완전히 잊어버렸다. 왜냐하면 우리 교인이 아니고 다른 교회에 나가고 있는 분이기 때문에 Follow up 할 생각을 안 했기 때문이었다. 그 후부터 나 같은 사람도 하나님이 쓰신다는 기쁨에 열심히 전도를 하러 다녔다.

매주 화요일은 직장에서 일 마치는 대로 집에도 못 들르고 곧바로 교회에 가서 훈련 받고, 훈련생을 데리고 전도 나갔다가 다시 교회에 돌아와 보고회를 마치고 집에 들어가면 보통 밤 12시가 넘는다. 그리고는 간신히 1시경에나 잠자리에 들지만 한 영혼을 건지는 기쁨 때문에 하나도 피곤하지 않고 오히려 기운이 넘쳤다.

1988년 11월 22일, 또다시 교회에서 준 주소를 가지고 다른 훈련생 두 사람과 함께 집을 찾아 가는데 언젠가 한번 와 본 것 같은 길이었다. 그러나 매주 화요일 저녁이면 교회에서 뽑아준 주소를 가지고 전도 심방을 다니다 보니 비슷한 곳이겠지, 하며 별 신경을 쓰지 않고 집 앞에 도착하였다. 셋이 함께 전도의 문이 열리도록 기도 한 후 문을 두드리니 "누구세요?" 하는 젊은 여자 분의 목소리가 들리고는 문이 열렸다. "안녕하세요? J교회에서 왔습니다" 하고 이야기했더니 "예, 안녕하세요? 어서 들어오세요" 하면서 반갑게 맞아 주는 것이다. 감사한 마음으로 응접실로 들어가 앉았다.

여자 분과 두 남자 분이 우리를 맞아 주셔서 함께 응접실에 앉았다. 그들과 함께 일반적인 이야기들을 나누면서 한 분은 남편이고, 다른 분은 남편의 친구임을 확인하였다. 함께 공통점을 찾으며 일반적인 대화를 나누다가 마음들이 부드럽게 열리는 것을 확인한 후 복음 제시를 하기 시작했다.

먼저 남편에게 "천국 갈 확신이 있느냐?"고 물었더니 천국 갈 확신이 있다는 것이다. 그래서 남편 친구에게 천국 갈 확신이 있느냐고 물었더니 질문 자체를 별로 탐탁하게 여기는 것 같지가 않았다. 그러면서 천국 갈 확신이 없다고 대답하였다. 그 다음 부인에게 질문했더니 "저번에 우리 집에 오셔서 말씀하셨잖아요?"라고 이야기하는 것이다. 가만히 기억을 더듬어 보니 5개월 전에 결신을 하고 기뻐했던 그분이었다. 우리 교회 교인이 아니기에 신경도 안 썼고 잊어버렸는데, 이야기를 들어보니 복음을 듣고 결신한 후에 우리 교회가 정말 좋은 교회라는 생각이 들어 남편과 함께 우리 교회로 옮겨왔다는 것이다. 그리고 남편 친구 분이 당분간 한집에 있기로 되어 있어 남편과 함께 우리 교회에 등록하고 출석하기 때문에 교회에서 새 교우 주소로 준 것이었다.

첫눈에 알아보지 못한 것이 미안하기도 했지만 우리 교회로 옮겨왔다는 이야기를 들으니 '바로 이것이 우리 교인을 늘리는 전도도 되는구나!' 하는 생각이 들었다. 구태여 "우리 교회 나오십시오"라고 하지 않아도 복음을 올바로 전하기만 하면 "섬기시는 교회에서 열심히 섬기십시오"라고 이야기해도 올바른 복음을 전하는 교회로 찾아오는 것이 아니겠는가 하는 생각이 들었다.

그날 복음을 전하면서 남편의 신앙에 감복이 되었다. 친구는 전혀 예수를 믿지 않는 사람이었다. 그러나 친구를 예수 믿게 하기 위하여 자기 집에서 함께 기거하면서 우리 교회로 인도했을 뿐만 아니라 내가 친구에게 복음을 제시하면 거기에다 알기 쉽게 설명까지 더 붙이는 것이었다.

부인과 남편과 우리 전도폭발 팀 세 사람이 친구 한 사람을 이해시키기 위해 하나가 되었고, 마침내는 친구도 예수님을 나의 구세주요 주님으로 받아들이겠다고 고백하였다. 그래서 우리는 함께 손을 잡고 하나님께 감사의 기도를 드렸다. 지금도 주일이면 어김없이 세 사람이 예배를 드리고 기쁜 얼굴로 나오는 것을 보면 마치 오래 사귀어 온 친구들을 대하는 것 같은 기분이 든다. 그후 남편은 우리 교회에서 전도폭발훈련을 마치고 훈련자로 봉사하고 있으며 부인은 꽂꽂이로 열심히 봉사하고 있는 모습이 너무 아름다웠다.

4
스바냐 3장 17절

가끔 점심시간이면 상냥하게 웃으며 우리 인쇄소에 들러서는 바쁜 일손을 도와주느라고 때로는 스테이플 작업도 해주시고, 땀을 뻘뻘 흘리며 접지하는 것을 도와주기도 하시는, 무척 예의 바르고 박식하신 한국 신사 분이 한 분 계신다. 나중에 안 일이지만 그는 미국에서도 명문인 조지타운 대학교를 나오시고 공부도 많이 하신 분이다. 현재 이 근처에 있는 미국의 큰 회사에 중역으로 계시며 기독교 모임에도 관여하고 계신 이씨 성을 가진 분이다.

그분을 볼 적마다 저런 분이라면 세상에 법이 없어도 되겠다는 생각을 가질 정도로 선량하고 솔직하신 분이다. 매월 교회 회보 〈땅 끝까지〉가 발간될 즈음엔 잊지 않고 들르셔서 두 권씩(한 권은 친구에게) 가져가시는 〈땅 끝까지〉 애독자시다. 특히 내가 한국 전도 여행을 하고 돌아와서 〈땅 끝까지〉에 게재하고 있는 전도의 현장을 재미있게 읽는다는 것이다. '이분이야 구원의 확신이 있는 크리스천이겠지' 하는 생각이 들면서도 "돌다리도 두드려 보고 건너라"는 속담이 머리를 스치기에 두 가지 진단 질문부터 시작했다.

"선생님, 만약 오늘 이 세상을 떠나면 천국에 가실 확신이 있습니까?"라고 묻자, "아니요"라고 대답하는 것이다. 전도를 하다 보면 이해할 수 없는 것 중 한 가지가 어떤 사람은 내가 보기에 별로 선하게 사는 것 같지도 않은데 자기는 죄가 전혀 없다고 주장하는 사람이 있는가 하면, 지금 이분처럼 예의가 바르고 남에게 폐를 조금도 끼치지 않으려 하고, 또 남을 도와주고 살려고 하는, 정말 법이 없어도 살 수 있는 분이라고 생각되는데도 그런 분일수록 자기는 죄인이며 이 세상에 죄 없는 사람이 어디 있느냐고, 모든 인간이 죄인임을 쉽게 수긍하는 사람도 있다.

이분은 자신이 죄인이라고 하면서 자기는 천국에 갈 자신이 없는데 도와줄 수 있겠느냐는 것이다. 인쇄소가 좀 바쁜 시간이었지만 모든 일을 아내에게 맡겨 놓고 사무실로 함께 들어갔다. 마음 문이 활짝 열려 있는 상태이기에 곧바로 복음 제시를 했다. 복음을 다 듣고 난 이분 말씀이, "그전에 미국 교회에 나갔었는데 미국 목사님이 똑같은 말씀을 하면서 자기를 따라서 기도하라고 강요하다시피 하는 바람에 따라서 기도했었다"는 것이다. 그렇지만 그때는 모든 것이 확실하지 않은 상태이면서도 주위에서 강요하는 바람에 따라서 기도를 했는데 오늘은 모든 것이 확실하게 이해가 될 뿐만 아니라 믿어진다는 것이다. 그러나 만약 따라서 결신 기도를 해 놓고 말씀대로 살지 못하면 어떻게 하나 겁이 난다는 것이다.

그래서 요한1서 1장 9절 말씀을 가지고 설명을 했다. 아무리 우리가 예수님을 나의 구세주와 주님으로 영접했어도 이 세상에 사는 동안은 인간이기에 넘어지고 쓰러질 수밖에 없다고, 그래서 우리에게는 그리스도가 필요한 것이라고 말했다. 그러자 그분 말씀이 "그렇다면 죽기 전에만 믿으면 될 것 아니냐?"는 것이다.

사람이 태어나는 순서는 있어도 죽는 데 무슨 순서가 있단 말인가? 만약 사람이 자기 죽는 날을 안다고 하면 이것이야말로 큰 문제가 아닐 수 없으며 사회가 혼란해지지 않을 수 없을 것이다. 자기가 죽는 날이 내일이라는 것이 틀림없는 사실이라면 어떤 사람은 모든 것을 체념하며 시간을 기다릴 것이고, 어떤 사람은 최후의 순간까지 발악을 하면서 즐기다 죽으려는 쾌락주의자도 있을 것이며, 어떤 사람은 내일 죽을 바에야 오늘 내가 갖고 싶은 것 다 갖고, 먹고 싶은 것 다 먹어 보겠다는 생각에 총칼을 들고 대낮에 강도짓도 해볼 것이다. 그래 봐야 최악의 경우 잡혀서 감옥에 간다고 해도 내일이면 죽을 터이니 말이다.

그러나 우리 크리스천에게는 죽는 것이 끝이 아니요 새로운 시작인 것이며, 이 세상 고작해야 칠십 평생, 강건해야 팔구십인데 그동안 어떻게 살았느냐에 따라 죽은 후의 영원한 세월을 천국에서 보내냐 지옥에서 보내느냐를 판가름하는 것인데, 하루라도 빨리 예수님을 믿고 천국을 갈 수 있도록 해 놓아야 하지 않겠느냐고 하면서 스바냐 3장 17절을 펴서 읽어 주었다.

> 너의 하나님 여호와가 너의 가운데에 계시니 그는 구원을 베푸실 전능자이시라 그가 너로 말미암아 기쁨을 이기지 못하시며 너를 잠잠히 사랑하시며 너로 말미암아 즐거이 부르며 기뻐하시리라(습 3:17)

전능자 하나님께서 내가 이 시간 선생님에게 전도하고 있는 이 장면을 바라보시면서 나로 인하여 기쁨을 감추지 못하고 계시다는 사실을 생각하면 나는 가슴이 터질 것 같으며 왜 내가 진작 예수님을 믿고 하나님을 하루라도 빨리 기쁘시게 해드리지 못했는가 후회스러우며 이제 나이 40이 넘어서 예수님을 믿는 것이 마치 시들은 꽃을 하나님께 드리는 것 같아 죄송스러울 뿐이라고 설명했다. 이 말을 듣던 그분은 내 손을 꼭 잡으며 기도해 달라는 것이다. 그래서 우리는 함께 손을 잡고 결신 기도를 드렸다. 나로 인하여 기쁨을 감추지 못하시는 하나님을 바라보면서 말이다.

그날 이후 그분은 한국 교회에 나가시면서 얼마 전엔 성가대에 헌신하기로 결심하셨고, 많은 보람을 느끼며 신앙생활을 하신다는 소식을 전해 주었다. 할렐루야!

5
십일조

그 날도 평상시와 마찬가지로 교회에서 뽑아주는 주소를 가지고 훈련생 두 사람과 함께 전도 심방을 나갔다. 그날 받은 주소는 다행히도 10여 년 전 미국에 처음 와서 살던 아파트 동네여서 쉽게 찾을 수 있었다.

문을 두드리니 젊은 여자 분이 문을 반쯤 열고 "어떻게 오셨어요?"라고 묻는 것이다. "안녕하세요? 저는 J교회 송제오입니다. 이쪽은 K씨이고, 저쪽은 C양입니다. 잠깐 들어가서 말씀드려도 되겠습니까?" 하고 물었더니 "애 아빠도 아직 안 들어오시고 오늘은 안 되겠는데요"라고 대답하는 것이다. "그러면 다음 주 화요일 이 시간에 방문해도 되겠습니까?" 하고 물었더니 다음 주에도 안 된다는 것이다.

보기 좋게 문전박대를 당하고 시계를 보니 벌써 8시 30분이 훨씬 넘었다. 이제 또 다른 주소를 가지고 찾아가려면 밤 9시가 넘을 것 같았다. 그래서 훈련생 두 사람에게 그 아파트의 각 동을 돌아다니며 우편함을 조사해서 한국 사람의 이름이 있으면 찾아가자고 했다.

우편함을 일일이 조사해 보니 그 옆 동에 한국 분이 계셨다. 문을 두드리고 먼저 번과 똑같은 절차를 밟았다. 굉장히 친절하신 두 젊은 부부가 들어오시라고 하는 것이다. 들어가 앉아서 이야기를 나누다 보니 두 분은 우리 교회가 아닌 다른 교회에 나가시는 분이다. 우리 교회 성도들을 여러 분 알고 계셨고, 특히 남편은 믿음이 좋아서 오늘 당장 죽어도 천국에 갈 확신이 있었으며 "하나님은 왜?"에 대한 대답도 정확하게 해주었다. 그런데 부인은 확실한 것 같지는 않은데 남편이 대답한 대로 똑같이 따라서 대답하는 것 같은 기분이 들었다. 그러니 복음 제시를 할 수도 없고 안 할 수도 없어서 좀 망설이고 있는데, 부인이 "제가 질문을 하나 해도 되겠습니까?" 하는 것이다. 그래서 "그럼요, 제가 잘 알지는 못하지만 만약 잘 모르면 우리 목사님에게라도 여쭈어 보아 대답해 드릴 터이니 말씀해 보세요"라고 했다.

그러자 부인 말씀이 "우리 둘이 벌어서 아파트세 내고 생활비하고 차 할부금 내면 남는 것이 별로 없는데 그래도 십일조를 내야 하나요? 저이(남편)는 자꾸 내야 한다고 하는데 저는 내지 말자고 우겨서 십일조를 안 하고 있는데 이것이 죄입니까?" 하고 묻는 것이다. 그래서 "십일조란 '우리가 소유한 모든 것이 하나님께로부터 왔기 때문에 모두가 하나님의 것입니다'라는 고백의 표시로서 하나님께 십분의 일을 드리는 것"이라고 설명하면서 다음과 같은 예화를 이야기해 주었다.

어느 날 이웃 동네에서 목회하시는 두 목사님이 만나셔서 이야기하시다가 한 목사님이 다른 목사님에게 질문하기를 "저희 교회는 십일조를 내는 교인이 70% 되는데 목사님 교회는 어떻습니까?"라고 자랑스럽게 물었습니다. 질문을 받은 목사님이 대답하시기를 "우리 교인들은 100% 십일조를 합니다"라고 대답하셨답니다. 이 소리를 들은 목사님이 깜짝 놀라 "목사님 교회 교인들은 어떻게 100% 십일조를 할 수가 있습니까?" 하고 물으니, 이 목사님이 이렇게 대답하시더랍니다.

"우리 교회엔 십일조를 자진 납부하는 교인이 70%이고, 나머지 30%는 하나님께서 강제 징수하신답니다. 예를 들자면 몸이 아파서 병원엘 가야 한다든가, 교통사고가 나서 차가 망가져 돈을 써야 한다든가, 강도를 당해서 돈을 빼앗긴다든가 해서 십일조를 안 하는 것 이상으로 돈이 나가도록 하므로 하나님께서 강제 징수를 하고 계시죠."

이 말을 듣고 있던 부인이 무릎을 탁 치면서 하는 말이 "맞아요, 내가 십일조를 하지 말자고 우겨서 십일조를 안 했더니 지난주에 교통사고가 나서 십일조 낼 돈보다 더 많이 없어졌어요" 하는 것이다. 그래서 "그것 보세요. 하나님은 정확한 분이시거든요. 십일조를 안 하시니까 마음이 편하시던가요?" 하고 물었더니 "마음이 편치가 않으니까 제가 질문을 했잖아요. 이제부터는 십일조 꼭 할게요" 하는 것이다. 이 말을 듣고 있던 남편이 "정말 감사합니다. 십일조 때문에 가끔 가정불화가 생기고 이것이 귀찮아서 십일조를 못했는데 십일조를 하게 되니 마음이 후련해지네요. 오늘 하나님께서 우리 교회도 아닌 J교회의 분들을 보내 주셔서 십일조 문제를 해결해 주셨군요. 감사합니다" 하며 두 부부가 밝은 표정으로 웃는 것이다.

그래서 말라기 3장 8-10절을 펴서 하나님께서 십일조에 대해서 뭐라고 하시나 들어 보시라고 읽어 주었다.

사람이 어찌 하나님의 것을 도둑질하겠느냐 그러나 너희는 나의 것을 도둑질하고도 말하기를 우리가 어떻게 주의 것을 도둑질하였나이까 하는도다 이는 곧 십일조와 봉헌물이라 너희 곧 온 나라가 나의 것을 도둑질하였으므로 너희가 저주를 받았느니라 만군의 여호와가 이르노라 너희의 온전한 십일조를 창고에 들여 나의 집에 양식이 있게 하고 그것으로 나를 시험하여 내가 하늘 문을 열고 너희에게 복을 쌓을 곳이 없도록 붓지 아니하나 보라(말 3:8-10)

문전박대를 당했어도 하나도 실망할 필요가 없는 것은 하나님의 계획은 사람의 계획과 이렇게 다르기 때문이다.

6
너무나 기쁘고 쉬운 이야기

일주일에 서너 차례씩 우리 인쇄소에 와서 self service copy machine에 열심히 책을 복사해 가시는 30대 중반의 서글서글한 한국 아주머니 한 분이 계신다. 고객의 95% 이상이 미국 사람인데 어쩌다가 가끔씩 한국 분이 오시면 반가운 마음에 가격도 싸게 해주고 대화도 함께 나누게 되는 것이 동족애의 발로 때문이리라.

그분은 현재 한국 정부의 경제 부처에 근무하고 있으며 연수차 미국에 와서 조지 워싱턴 대학교에서 석사과정을 공부하고 있단다. 어떻게 보면 결혼을 한 것도 같고, 미혼인 것도 같으며 무척 쾌활한 성격인데도, 어딘가 모르게 무엇인가 체념한 듯한 인상을 숨길 수가 없었다. 그 날도 점심때쯤 와서 복사를 하고 계셨다. 아내한테 점심을 한 사람분 더 준비하라고 해 놓고 식사 안 하셨으면 함께 하자고 권했더니, 기꺼이 응해 주셨다.

우리는 점심을 함께 먹으며 훨씬 친해질 수가 있었다. 대화 중 그분은 아직 미혼이며 교회는 전혀 나가 본 경험이 없었다는 것을 알게 되었다. 얼마 안 있으면 석사 과정을 마치고 한국으로 돌아가야 하는데, 직장에 나가면 남자들이 귀찮게 굴어서 돌아가고 싶지 않지만 어쩔 수 없이 돌아가야만 한다는 것이다. 차라리 결혼을 하자고 귀찮게 굴면 좋으련만 그런 의미가 아닌 것 같아 결혼을 못했다고 한다. 아깝게도 그분은 얼굴 한쪽에 커다란 푸르스름한 반점이 있는 것을 제외하고는 이목구비가 뚜렷하고 예쁜 얼굴이다. 그래서 그런지 그 나이에 본의 아니게 결혼도 못하고, 믿지 않는 사람들 사이에서 직장 생활을 해 나가자니 고충이 말이 아닌 것 같았다.

그래서 두 가지 진단 질문을 했다.

"사람이 태어나면 언젠가는 한번 죽게 마련인데, 대단히 죄송한 말씀이지만 자매님께서는 만약 오늘 이 세상을 떠나시면 천국에 갈 확신이 있습니까?"

"천국 갈 자신이 있는 사람이 이 세상에 어디 있어요?"

"그러면 어떤 사람이 천국에 갈 수 있다고 생각하세요?"

그러자 "죄를 안 짓고 좋은 일을 많이 하는 사람"이라고 대답하였다. 그래서 식사를 마치고, 바쁜 시간이었지만 인쇄소를 아내와 종업원들에게 맡겨 놓고 사무실로 들어가서 조용히 복음을 전하기 시작했다.

"저는 오늘 당장 죽어도 천국에 갈 확신이 있는데 자매님도 이런 확신을 가지고 살고 싶지 않으세요?" 하고 물었다. "글쎄요, 송 선생님은 교회에 열심히 나가시고 좋은 일도 많이 하시겠지만, 그래도 어떻게 천국에 갈 자신이 있다고……" 하며 어떻게 자신 있게 말할 수 있느냐는 표정을 지으며 말꼬리를 흐리는 것이다. 맞는 말이다. 이 세상에 누가 감히 자신의 행위로 천국에 갈 수 있다고 이야기할 수 있겠는가?

> 너희는 그 은혜에 의하여 믿음으로 말미암아 구원을 받았으니 이것은 너희에게서 난 것이 아니요 하나님의 선물이라 행위에서 난 것이 아니니이는 누구든지 자랑하지 못하게 함이라(엡 2:8-9)

"맞아요, 자매님! 이 세상의 어느 누가 감히 자신의 힘이나 행위로 천국에 갈 수 있다고 말하는 사람이 있다면 그는 건망증 환자이거나 정신 병자일 겁니다. 그렇기 때문에 우리는 예수님이 필요한 겁니다. 천국에 들어갈 수 있는 하나님의 기준은 죄가 손톱만큼도 없어야 하는데(마 5:48) 이 세상의 모든 사람은 죄인(롬 3:23)이며, 그 죄의 대가는 사망(롬 6:23)이므로 모든 인간은 자기의 죄 때문에 죽어야 합니다. 그러나 하나님께서는 우리를 사랑하시기 때문에(요일 4:8) 독생자 예수님을 이 땅에 보내셔서(요 1:14) 우리의 죄를 지고 십자가에서 피 흘려 돌아가셨기 때문에 우리의 죗값이 치러졌으며, 이 사실을 믿는 것이 곧 예수님을 믿는 것입니다. 우리는 죄인이지만 예수님을 믿음으로 예수님이 나의 죗값을 치러 주셨기 때문에 나는 죄 없는 사람으로 여김을 받고 천국에 갈 수 있게 된 것이지요. 그래서 저는 오늘 당장 죽어도 천국에 갈 확신이 있답니다"라고 알아들을 수 있도록 많은 예화를 들어가면서 설명했다.

그러자 얼굴 표정이 밝아지면서 무슨 말인지 이해가 된다는 것이다. 그래서 그분은 우리의 죗값을 치러 주기 위해서 돌아가셨을 뿐만 아니라 성경대로 장사한 지 3일 만에 다시 살아나셔서(고전 15:4)

지금도 이 자리에서 자매님과 나의 대화를 듣고 계시는데, 그분을 구세주와 주님으로 모셔 들이지 않겠느냐고 구원 초청을 했다. 또한 이 세상은 고작해야 칠십, 강건해야 팔십이지만 그 후에는 영원한 세월이 있으며, 이 세상에서 좀 어렵고 힘든 일이 있어도 또 비록 결혼을 못했다고 해도 주님이 늘 함께하신다고 생각하면 무엇이 두렵겠느냐고 설명해 주었다.

이 자매님은 자기 생전에 이런 이야기는 처음 들어 볼 뿐만 아니라 너무나 기쁘고 쉬운 이야기라는 것이다. 그래서 복음(Good News)이 아니겠는가, 아무리 좋은 소식이라 해도 너무 많은 대가나 희생이 요구된다면 그것이 무슨 'Good News'이겠는가. 이미 그 대가는 예수님이 치러 주셨기에 'Good News'인 것이다.

이러한 이야기를 모두 경청하여 듣고 난 자매님은 기쁨으로 예수님을 마음에 구주와 주님으로 영접하겠다고 고백하여 함께 하나님 앞에서 결신 기도를 했다. 결신 기도가 끝난 후 "자, 만약 오늘 이 세상을 떠난다면 천국에서 눈을 뜰 수 있습니까?" 하는 질문에 자신 있게 "예!" 하고 대답하였다. 또한 두 번째 질문에도 확실한 믿음의 고백으로 대답하였다.

자매님은 밝고 환한 미소를 지어 보이면서 하는 말이, "며칠 후 한국으로 돌아가게 되는데 한국에 가면 집에서 가까운 교회를 찾아 나가 열심히 신앙생활을 하겠습니다"라고 확실하고 분명하게 말하였다.

7
방언을 주시려거든 차라리 영어 방언을…

그날 저녁도 마찬가지로 교회에서 뽑아준 주소를 가지고 훈련생 두 사람과 함께 전도 심방을 나갔다. 이제까지는 주로 내게 맡겨진 훈련생들이 나이가 드신 여자 집사님들이기에 운전수 겸 훈련자 노릇을 해왔는데 이번에는 훈련생 두 사람 중 한 사람이 젊은 남자 집사이기에 모처럼 운전을 안 해도 되는 날이다.

하루 종일 사업장에서 바쁘게 일하다가 저녁 식사도 제대로 못하고 매주 화요일 저녁이면 교회로 달려오는 차 속에서 운전을 하면서 빅맥이나 치킨 맥너겟으로 저녁 식사를 대치하고선 또 운전수 노릇을 하면서 지도를 가지고 집까지 찾아야 할 때보다는 한결 마음에 부담이 덜한 편이다. 하나님께서는 그것까지도 아시고 젊은 훈련생을 붙여 주셨다.

이번에 주어진 주소는 로럴과 컬럼비아였다. 컬럼비아는 전혀 생소한 곳이고 멀어서 로럴 쪽으로 가기로 결정하고 출발하기 전 차 안에서 돌아가면서 기도를 했다. 찾아가는 집을 잘 찾을 수 있도록, 또 훈련생들이 담대하게 복음을 전하며 성령님께서 함께하시어서 하나님의 살아 계심을 체험하는 귀한 밤이 되도록 간절히 기도를 드렸다.

밤 9시가 넘어서 도착한 로럴의 아파트에는 아무리 문을 두드려도 인기척이 없었다. 불이 켜 있지 않은 것으로 보아 이사를 했거나 아니면 아직 직장에서 돌아오지 않은 것 같았다. 이럴 줄 알았으면 떠나올 때 전도 대상자가 꼭 집에 있게 해 달라고 기도하는 건데……. 그냥 돌아갈 수는 없고 그렇다고 이 늦은 시간에 컬럼비아 쪽으로 갈 수도 없어서 아파트 우편함을 체크해서 한국 사람 이름이 있으면 무조건 방문하기로 했으나, 한국 사람 이름은 비슷한 것도 발견할 수가 없었다.

어떻게 해야 할지 막연했다. 로럴까지 왔다가 그냥 돌아가기는 너무나 억울하고 그렇다고 한국도 아닌 미국에서 밤중에 한국사람 집을 찾는다는 것을 불가능한 일이었다. 기왕 방언을 주실 바에야 영어 방언이나 주셨으면 이럴 때 한국 사람의 집을 찾느라고 고생하지 않아도 될 터인데, 짧은 영어를 가지고 복음을 전하기 위해 이 밤중에 미국 사람 집을 노크한다는 것은 모험이 아닐 수 없었다.

그런데 하나님께서 지혜를 주시는 것이다. 내가 J교회로 오기 전에 섬기던 교회에서 함께 신앙생활 했던 분이 생각났다. 부인은 어렸을 때부터 교회생활을 해오면서 성가대에서 봉사를 했다는데 남편은 그다지 신앙이 깊지 않은 것 같았으며, 교회에 대해서는 비판적인 분이라 복음 전하기는 쉽지 않을 것 같았던 분으로 기억된다. 또 들리는 소문에 의하면 요즈음 나가던 교회를 그만두고 교회를 못 정해서 방황한다는 것이다.

그러나 이 밤중에 주소도 없이 무척 오래 전에 한번 가 본 집을 찾을 수 있을지도 의문이었다. 하나님께 의지하는 수밖에 없었다. 갑자기 그 사람 얼굴을 떠오르게 해주셨으니 길도 인도하시겠지 하는 믿음을 가지고 집을 찾아 나섰다.

어렴풋한 기억을 더듬어 골목길을 돌아 그 집 문 앞에 섰다. 혹시 이 집이 아니면 어떻게 하나 마음 졸이면서 초인종을 눌렀다. 그런데 "누구세요?" 하는 것이다. 목소리가 귀에 익은 것 같아 반가운 마음에 "송제오입니다"라고 대답했다. 곧 문이 열리며 "송 집사님이 이 밤중에 웬일이세요?" 하는 것이다. 오랜만에 만나는 반가움에 성큼 집 안으로 들어갔다. 거실에 앉아 잠시 기도하면서 정확하게 우리의 발걸음을 인도하신 하나님의 그 섬세하심에 감사를 드렸다. 오늘밤은 무엇인가 좋은 시간이 될 것 같은 예감이 들었다.

한동안 지난 이야기들을 하다가 자연스럽게 두 가지 진단 질문으로 들어갔다. 예상했던 대로 부인은 확신이 있었으나 남편은 확신이 없었다. 그래서 복음을 제시했다. 남편은 반듯이 앉아 복음을 경청해서 듣고는 아무런 거부 반응 없이 어린아이와 같이 순수한 마음으로 예수님을 구주와 주님으로 영접하는 것이다. 결신 기도를 또박또박 따라하고는 감사하다는 인사까지 하였다.

하나님은 정말 희한하신 분이다. 하나님은 우리가 우리의 경험이나 부정적인 생각들을 버리고 온전히 순종만 하면 어떠한 환경, 어떠한 조건이라도 들어 쓰시며 자기의 뜻을 이루시는 분이다. 그래서 "너희 안에서 행하시는 이는 하나님이시니 자기의 기쁘신 뜻을 위하여 너희에게 소원을 두고 행하게 하시나니"(빌 2:13)라고 바울 사도는 빌립보 교인들에게 편지를 썼나 보다. 허탕을 치게 하심으로 나는 전혀 생각지도 못했던 영혼을 구원하시려고 그 사람의 얼굴을 떠오르게 하시고 길까지 인도하시니 정말 감격하지 않을 수 없다.

나에게 영어 방언을 안 주신 데에도 이유가 있다. 영어 방언을 주셨더라면 엉뚱한 미국 사람 집을 두드리고 문전박대를 받는 수모를 당하며 시간만 낭비했을 터이니 말이다. 하나님이 필요로 하시면 언젠가는 영어 방언도 주시리라 믿는다. 그런데 이상한 것은 내 마음속에 '미국 온 지 13년이 넘어서 이제는 사업도 두 군데나 할 수 있도록, 영어로 의사소통을 할 수가 있는데 왜 영어 성경을 안 보느냐?'라는 부담을 주시는 것 같다. 이것이 사실이라면 내 안에서 착한 일을 시작하신 이가 이루실 줄을 믿는다. 그저 크리스천이 할 일은 순종밖에 없는 것 같다.

그분들은 성격상 큰 교회에서 신앙생활 하는 것보다는 작은 교회에서 가족적인 분위기로 신앙생활 하기를 원하셔서 지금은 개척 교회에서 열심히 성경공부도 하며 봉사하신다는 소식을 전해 왔다. 지금은 더 먼 곳으로 이사를 했음에도 불구하고, 두 아들들은 현재 우리 교회 대학부에서 열심히 교회생활을 즐기는 것을 보면서 마음이 흐뭇함을 느낀다.

8
돌다리도 두드려 보는 사람

“돌다리도 두드려 보고 건너라”는 속담이 있다. 급속도로 회전하고 변화하는 과학 문명 속에서 정신없이 이민 생활을 하다 보면 돌다리를 두드려 보고 건넌다는 것은 얼마나 고지식하고 답답해 보이는 일인지 모른다. 그럼에도 불구하고 이 속담은 우리에게 꼭 필요한 생활 지침이기도 하다.

하루는 미국식품의약국(FDA)에 근무하는 친구 A박사에게서 전화가 왔다. 이번 주 금요일 오후에 친구를 데리고 인쇄소로 갈 터이니 복음을 좀 전해 달라는 것이다. 아무리 성경 말씀을 이야기하고 하나님에 대해서 이야기해도 “하나님이 계시다는 것과 천국과 지옥이 있다는 사실이 믿어지지 않는다”고 한다는 것이다. 전에는 교회에도 열심히 나가 봉사도 많이 했던 분인데 한동안 교회생활을 하면서 회의를 느끼게 되었고, 하나님이 살아 계시다는 증거를 전혀 발견할 수 없었기에 교회생활도 집어 치운 박사님이시란다.

논리적으로 따져서 이치에 맞고 이해가 되어야만 받아들이는 것이 생활화된, 특히 자연과학 계통의 박사님들에게 보이지 않는 하나님이 계시다는 것을 입증하기란 정말 어려운 이야기이다. 그러기에 박사님이 박사님에게 전도를 하다가 하나님이 계시다는 증거를 대라고 하니까 성경 말씀을 펼쳐서 아무리 설명을 해보았지만 이번에는 성경이 하나님의 말씀이라는 증거가 무엇이냐고 따지고 드니 최선을 다해서 설명을 해도 먹혀들어가지가 않는다는 것이다.

같은 계통에서 일하고 있는 A박사님이 이해시키지 못한 L박사님을 나 같은 사람이 어떻게 해야 할지 정말 캄캄한 일이었다. 보이지 않는 하나님이 살아 계시다는 것을 어떻게 증거할 것인가? 기도하는 수밖에 없었다.

"하나님, 저에게 지혜를 주시옵소서!"라고 간절히 기도하는데 마가복음 5장의 사건이 생각났다. 예수께서 거라사 지방에 가셨을 때 군대 귀신 들린 사람을 만나 귀신들을 쫓아내므로 귀신들이 돼지 떼에게로 들어가 2천여 마리의 돼지 떼가 바다에 빠져 몰사하는 사건이 일어났다. 귀신들렸던 사람이 정신이 온전하여져서 옷을 입고 예수님을 따라 배에 오르려고 할 때 예수님께서는 "나를 따라 오너라 내가 너로 사람을 낚는 어부가 되게 하리라"라고 말씀하신 것이 아니라, 5장 19-20절을 보면 "허락하지 아니하시고 그에게 이르시되 집으로 돌아가 주께서 네게 어떻게 큰 일을 행하사 너를 불쌍히 여기신 것을 네 가족에게 알리라 하시니 그가 가서 예수께서 자기에게 어떻게 큰 일 행하셨는지를 데가볼리에 전파하니 모든 사람이 놀랍게 여기더라"라는 말씀이 생각났다.

그렇다! 하나님이 살아 계시다는 증거는 그분이 어떻게 큰일을 행하셔서 나를 불쌍히 여기신 것을 고하는 간증밖에 무엇이 더 필요하겠는가? 그래서 간증에 중점을 두기로 마음먹었다.

오후 5시가 좀 넘어서 두 박사님께서 우리 인쇄소인 'Press Express'에 오셨다. 인쇄소 일은 모두 아내에게 맡기고 두 박사님을 모시고 사무실 안으로 들어갔다. "하나님은 누가 뭐라고 해도 살아 계신 분이고, 천국과 지옥은 있다고 믿는 사람이건 없다고 믿었던 사람이건 간에 관계없이 똑같이 적용되는 것"이라고 힘을 주어 말했다.

"만약 천국과 지옥이 없다고 생각했던 사람에게는 없고, 있다고 생각했던 사람에게만 있는 것이라면 믿지 않는 사람들에게 얼마나 다행한 일이겠습니까. 그렇지만 믿지 않는 사람에게도 천국과 지옥은 반드시 있는 것이며, 믿지 않는 사람은 유황 불구덩이 지옥으로, 믿는 사람은 천국으로 가게 됩니다. 만약 박사님께서 이 세상에 계실 때 하나님은 살아 계신 분이고 천국과 지옥은 정말 존재하는 것이라 믿고 성경 말씀대로 살려고 노력하다가 어느 날 죽었는데 죽어 보니 천국과 지옥이 없더라고 가정해 봅시다. 천국과 지옥이 없다는 이야기는 영혼도 죽어 없어진다는 이야기이므로, 즉 천국과 지옥이 있다 없다는 것조차도 느끼지 못하는 상태이므로 'That's OK!' 뭐 별로 손해 볼 것도 없지 않습니까? 그러나 하나님도 존재하지 않고 천국과 지옥도 기독교에서 만들어낸 말에 불과하다고 생각하며 살다가 어느 날 죽었는데 정말 천국과 지옥이 있다면 박사님은 어떻게 하시겠습니까? 'That's too late!' 그때는 후회해 봐도 소용이 없다는 이야기입니다. 성경 말씀에 모든 죄는 다 용서를 받을 수 있지만 믿지 않는 죄는 용서를 받을 수가 없다고 되어 있거든요."

이렇게 말하자 믿어지지가 않는데 어떻게 믿느냐는 것이다. 그래서 별로 공개하고 싶지 않은 나의 부끄러운 과거의 이야기로부터 시작해서 하나님이 나를 얼마나 불쌍히 여기시고 축복 주셔서 오늘의 내가 되게 하셨는가에 대한 간증을 했다.

하나님의 음성을 들었던 간증에서부터 사업을 하다가 사기를 당하고 고소까지 당하여 너무 억울해서 하나님께 눈물로 기도했더니, 하나님의 음성은 들리지 않고 답답하여 성경책을 펴고 읽어 내려간 것이 시편 37편 32-34절이며, 이 말씀이 곧 기도의 응답이었고, 그 말씀대로 재판이 거의 2년을 끌었지만 법정에 한번 나가지 않고 해결되었던 일과 그동안 가정과 사업상에 일어났던 기적 같은 이야기를 자세히 설명해 주었다.

그리고 현재 닥친 가장 어려운 문제인 사업의 리스(lease)가 정부로부터 'Sub-lease'를 받은 것인데 임대 만료가 얼마 남지 않았으나 정부에서 나가라거나 그대로 있으라는 통고를 해주어야 함에도 불구하고 통고를 해주지 않고 임대 만료 1개월 전에 알려주겠다고 하였다. 만약 이사를 하려면 최소한 6개월의 기간은 있어야 장소를 얻고 모든 준비를 해야 하는데 1개월 전에 알려준다면 나는 어떻게 하란 말인가? 그렇다고 리스를 받을 수도 있는데 미리 새로 장소를 얻어 이사를 한다면 확보해 놓은 손님들도 잃어버릴 수가 있고 사업상 많은 손실이 생기므로, 그럴 수도 없는 진퇴양난에 처한 꼴이 된 상태에서 하나님께 기도를 하고 있었다.

"이제까지도 주님이 지켜주시고 이끌어주신 이 사업체가 이런 어려운 결정을 해야 하는데 어찌하여야 좋겠습니까?" 하고 기도했더니 내 마음속에 주님께서 대답하시기를 "아무 걱정 말아라. 내가 네 머리털까지 헤아리고 있는데 무슨 걱정을 하니? 더 좋은 것으로 줄 터이니 걱정하지 말아라" 하는 것이다.

참 신기한 노릇이었다. 이제까지의 모든 기도 응답이 그랬듯이 귀로 들리는 음성은 아니었다. 마음속에 정확하게 들려오는 영음이라고나 할까? 여하간 그 응답을 듣고 몇 개월을 편안한 마음으로 지냈지만 아직 이렇다 할 변화는 사업상에 일어나지 않고 있는 상태였다. 이제 임대 만료가 정말 몇 달 남지 않았는데 말이다. 그러나 나는 하나님의 신실하신 약속을 믿기에 L박사님에게 앞으로 일어날 일에 대한 하나님의 약속까지를 자신 있게 이야기할 수 있었다.

"박사님, 내가 이런 일이 있어서 이렇게 기도했더니 하나님께서 '걱정하지 마라. 더 좋은 것으로 주겠다'고 하셨는데 두고봅시다. 하나님이 이 일을 어떻게 해결해 주실지 말입니다."

너무나 진지하게 앞으로 일어나야 할 일을 놓고 자신 있게 이야기하는 나의 태도에 감명을 받았는지 "하나님이 살아 계시다는 것을 믿을 수 있을 것 같은데 그러면 성경이 하나님의 말씀이라는 것은 어떻게 믿을 수 있느냐?"는 것이다.

모든 성경은 하나님의 감동으로 된 것으로 교훈과 책망과 바르게 함과 의로 교육하기에 유익하니(딤후 3:16)

그래서 나는 성경 디모데후서 3장 16절 "모든 성경은 하나님의 감동으로 된 것으로", 또 베드로후서 1장 21절 "오직 성령의 감동하심을 받은 사람들이 하나님께 받아 말한 것"이 성경이라고 설명했지만 그 자체를 어떻게 믿을 수 있느냐는 것이다. 그래서 성경은 40여 명의 저자들이 1,600여 년에 걸쳐 각기 다른 시대에 각기 다른 장소에서 다른 말로 기록된 것이지만 내용은 한결같이 똑같은 말을 하고 있다는 것은 성경 작가들이 성령의 감동을 받아 작성했기 때문이라고 설명하면서, 이 성경에는 약 3천여 가지의 예언이 기록되어 있는데 그중에 현재 2/3가 문자적으로 성취되었고, 나머지 1/3도 계속해서 그 예언들이 한마디도 빠짐없이 성취되어 가는 중이라고 설명했다.

벌써 인쇄소 문을 닫을 시간이 지나서 아내는 일을 끝내고 기다리고 있었다. 두 시간이 넘도록 간증 이야기를 한 것이다. 성경이 하나님의 말씀이라는 구체적인 증거를 듣기 위하여 다음 주 금요일 같은 시간에 만나기로 약속하고 헤어졌다.

일주일 후 금요일 오후 5시가 조금 넘자 두 박사님이 정확하게 나타났다. 모든 일을 아내에게 맡겨놓고 다시 사무실에 들어가서 성경이 왜 하나님의 말씀이냐에 대한 이야기를 하기 시작했다. 평신도인 나의 짧은 실력으로 성경이 하나님의 말씀이라는 증거를 돌다리도 두드려 보려는 L박사님에게 이해가 되도록 설명하기란 결코 쉬운 일이 아니었다. 그래서 전도 폭발 3단계 교재로 쓰고 있는 제임스 케네디(James Kennedy) 목사님의 《나는 왜 성경을 믿는가?》라는 소책자의 내용을 읽어 주었다.

그 책에는 두로와 시돈에 대한 예언이 성경이 쓰여질 당시에는 불가능한 것 같은 이야기였지만 말씀 한마디 틀리지 않고 그대로 이루어진 사실과, 사마리아와 예루살렘에 대한 예언 또 거대한 도시였던 바벨론에 대한 성경의 예언들이 어떻게 성취되었으며, 구약성경에만 언급된 2천여 가지의 예언들이 글자 하나 틀리지 않고 그대로 성취된 예들이 열거되어 있었다.

이것을 듣고 있던 L박사님이 하는 말씀이 성경이 하나님의 말씀이라는 것은 이제 조금 믿어질 것 같은데, 성경을 보면 하나님께서는 이스라엘 민족을 선택하셔서 축복을 주셨는데 만약 하나님이 선택해 주시지 않으면 아무 소용이 없지 않느냐는 것이다. 만약 자기가 오늘부터 예수님을 믿기로 결심하고 노력하지만, 하나님이 택하신 백성 중에 들어 있지 않다면 아무 소용이 없는 것이 아니냐는 것이다. 정말 갈수록 태산이라는 생각이 들었다. 하나님이 계시다는 사실도, 성경이 하나님의 말씀이라는 사실도 조금은 이해가 되었지만 자기 자신이 하나님이 택하신 백성 중에 들어 있는지 아닌지를 알아야 하겠다니 내가 하나님인가? 그래서 그 유명한 요한복음 3장 16절을 인용해서 설명했다.

> 하나님이 세상을 이처럼 사랑하사 독생자를 주셨으니 이는 그를 믿는 **자마다 멸망하지 않고** 영생을 얻게 하려 하심이라(요 3:16)

누구든지 믿는 자마다 멸망치 않고 영생을 얻는 것이지 믿어도 선택되지 않은 사람은 구원받지 못하는 것이 아니라고, 믿을 수 있는 사람은 이미 선택된 사람이라고, 또 하나님이 이스라엘 민족을 선택하셨다는 것은 마치 학교에서 선생님이 많은 학생들을 지도하는 데 본보기로 몇 학생을 택해서 잘하면 상을 주고 못하면 벌을 주는 것과 같이 택했다는 의미 외에 선택이란 아무런 의미가 없는 것이라고 설명했다. 그러면서 요한계시록 3장 20절 말씀을 인용하여 "'볼지어다 내가 문 밖에 서서 두드리노니', 지금도 예수님께서는 박사님의 마음을 이 송제오를 통해 두드리고 계신데 마음의 문을 여시지 않겠습니까? 문을 열기만 하면 그 다음은 예수님이 책임 지신다고 성경은 이야기하고 있으며, 또 '두세 사람이 내 이름으로 모인 곳에 나도 함께하겠다'고 예수님은 약속하고 계십니다. 그러므로 지금 이 자리에도 예수님은 오셔서 우리의 대화를 다 듣고 계시는데 우리 함께 마음의 문을 열겠다는 기도를 드리지 않겠습니까?"라고 제의했다.

그제야 L박사님은 마음의 문을 열기로 결심하였다. 그래서 우리는 셋이 함께 손을 잡고 결신 기도를 했다.

> 볼지어다 내가 문 밖에 서서 두드리노니 누구든지 내 음성을 듣고 문을 열면 내가 그에게로 들어가 그와 더불어 먹고 그는 나와 더불어 먹으리라(계 3:20)

그 후 박사님께서는 교회를 선택하는 문제도 마치 돌다리를 두드려 보는 식으로 심사숙고를 하시더니 자기 성격에 맡는 볼티모어의 B교회를 선택해서 다니기 시작했다. 지금은 정말 훌륭한 크리스천으로서 그 교회의 장로가 되어서 신앙생활을 하고 계시다는 소식을 들었다. 그 당시의 욕심 같아서는 우리 교회에서 두 박사님들과 함께 신앙생활을 하고 싶은 마음이 있었는데, 원래 개성이 뚜렷해서 본인이 심사숙고해 결정한 교회이며 또 그분의 집에서는 B교회가 더 가까우므로 그의 결정에 함께 기뻐했다.

그후 L박사님을 만났을 때 "하나님이 우리 사업에 리스 관계를 어떻게 해결해 주셨는지 아세요?" 하고 물었더니, 벌써 친구에게 이야기를 들어서 다 알고 있다면서 정말 하나님은 살아 계시고 신실하게 약속을 이행하시는 분이라고 대답했다. 더 좋은 것으로 주시겠다고 한 약속대로 더 좋은 인쇄소를 백악관 근처에다 하나 더 주셨을 뿐만 아니라, 먼저 가지고 있던 인쇄소는 렌트를 매달 반으로 줄여주셔서 이제는 사업장을 두 개씩이나 하고 있으니 이것이 하나님이 하신 일이 아니면 누가 할 수 있단 말인가?

얼마 전 한국에서는 공업용 기름을 사용하여 라면을 만들어서 폭리를 취하던 식품회사들이 신문지상을 떠들썩하게 하더니, 또 요즘은 소고기 무게를 무겁게 하기 위해 살아 있는 소의 발목을 자르고 트럭 뒤에 묶어서 끌고 다니면서 탈진시킨 상태에서 소의 심장에 고무 호수를 대고 물을 먹이는 잔인하고 끔찍스런 악덕업자들의 이야기가 TV 화면을 얼룩지게 했다.

이처럼 무자비하고 부도덕한 한국 식품업계나 의약품업계에 돌다리도 두드려보고 건너는 틀림없는 이런 L박사님이 책임자로 계시다면, 아니 한국 보사 행정의 총책임자로 계시다면 우리 한국 국민들은 마음 놓고 식품이나 의약품을 사먹을 수 있지 않겠는가? 미국 식품의약국(FDA)에 이런 분이 심의관으로 계시다는 것은 우리 교포들에게도 얼마나 자랑스러운 일인지 모르겠다.

9
다이아몬드가 없는 다이아 반지

요즘 결혼식 때 주고받는 다이아 반지는 그 디자인이 아주 심플해진 편이다. 우리 연령의 사람들이 결혼하던 1960년대 말에는 주로 백금을 사용하여 여러 가지 아름다운 무늬를 집어넣어서 다이아몬드 반지를 만들었었다. 이렇게 아름답게 디자인해서 만든 다이아몬드 반지에서 다이아몬드가 빠져 버렸다면 이 백금 반지는 아무런 값어치가 없게 마련이다.

지난달 구역 예배 때 Y집사님이 예쁘장한 아주머니 한 분을 모시고 와서 언제 시간을 좀 내서 심방을 가 복음을 전해 주었으면 좋겠다고 부탁하셨다. 밤낮으로 바쁘게 돌아가다 보니 심방 약속도 못하고 한 달이 지나서 다음 구역 예배 날이 되었다. Y집사님께서 그분을 다시 모시고 와서 심방을 부탁하시는 것이다. 그래서 그 아주머니와 이야기를 나누어 본 결과 일요일 저녁이 좋겠다는 것이다. 결국 주일 저녁 예배 후에 구역장님과 부구역장님 그리고 Y집사님과 함께 그분 댁을 심방하기로 약속했다. 저녁 식사를 준비해 놓을 터이니 저녁 식사를 하지 말고 오라는 것이다.

약속 시간에 모두 Y집사님 댁에 모여서 그분 댁으로 함께 갔다. 포토맥(Potomac)의 숲 속에 새로 만든 동네로 아주 조용하고 깨끗한 분위기였다. 집 앞에서 잠시 마음속으로 기도를 하고 초인종을 눌렀다. 부부가 반갑게 나와서 맞아 주었다. 집 안에 들어서자 고등학생쯤 되어 보이는 아들과 딸이 옷을 단정하고 예쁘게 차려입고 나와서 한국말로 똑똑하게 인사를 하는 것이다. 집 안을 휙 둘러보니 너무나 잘 정돈되고 깨끗하면서도 세련되게 집 안을 꾸며 놓은 것이 인상적이다.

저녁 식사가 시작되는데 아들과 딸이 부엌에서 어머니의 시중을 들면서 음식을 날라다 주는 모습이 매우 아름답고 가정교육이 잘되어 있다는 것을 느낄 수 있었으며 공부도 잘하여 딸은 금년에 명문대인 미시건 대학교(University of Michigan)에 합격했다고 한다.

경제적으로도 그만하면 부족한 것이 없어 보였고, 분위기도 정말 행복해 보이는, 그야말로 이상적인 가정임에 틀림없었다. 정말 다이아 반지를 만들기 위해서 백금으로 아름답게 무늬를 아로새겨 만들어 놓은 반지의 링과 같았다. 이 반지에 다이아몬드만 박아 놓는다면 얼마나 아름다울 것인가? 이 가정에 예수님만 모셔 들인다면 얼마나 아름다운 가정이 되겠는가? 가슴이 뛰기 시작했다.

사실 처음 심방을 오면서 구역장님은 혹시 남편이 어떤 분인지 모르는데 오늘은 교제만 하고 복음은 다음 기회에 전하는 것이 어떻겠느냐고 나의 의사를 타진했었다. 그래서 "성령님이 인도하시는 대로 합시다"라고 대답했었는데, 도저히 그냥 교제만 하고 있을 수가 없었다. 그래서 자연스럽게 그들의 일반적인 생활 이야기로부터 시작하여 그들의 종교 배경을 알아 본 후 나의 개인적인 간증으로 연결하였다.

"저도 사실 한국에서는 전혀 교회에 안 나갔었거든요"라고 시작해서 그분들과 동질감을 갖도록 분위기를 유도하면서 간증을 간단하게 한 다음, 두 가지 진단 질문을 하면서 함께 심방을 간 부구역장님의 남편에게도 복음을 전해야겠다는 마음이 들었다. 항상 사업 때문에 바쁘신 분이라 복음을 전할 기회도 없었을 뿐더러 집에 계시는 것을 알아도 혹시 자존심을 건드리지 않을까 걱정되어 심방을 못했었는데 마침 기회가 온 것이다. 두 가지 진단 질문 결과 예상했던 대로 세 사람이 모두 다 복음을 필요로 하고 있었다.

세 사람에게 열심히 복음을 전했다. 하나님께서 이미 이들의 마음을 준비시켜 주셨기 때문에 순수한 마음으로 조금도 거부 반응을 느끼지 않으면서 주님을 세 분이 모두 다 영접하였다. 할렐루야! 세 쌍둥이가 태어난 것이다.

다이아 반지를 만들기 위해서 아름답게 무늬를 새긴 백금 반지의 다이아몬드가 박혀야 할 자리에 다이아몬드가 박혀지는 감격의 순간이었다. 또 뜻하지 않게 남편과 함께 심방을 왔다가 남편이 예수님을 구세주와 주님으로 영접하고 이제 당장 죽어도 천국에 갈 수 있다고 이야기하는 남편을 바라보는 부구역장님의 그 흐뭇한 표정을 나는 지금도 잊을 수가 없다.

그 다음 주부터 이 가정이 아이들과 함께 열심히 우리 교회에 나오는 모습을 보면서, 또 얼마 전 김삼환 목사님을 강사로 모셨던 워싱턴 복음화 대회에도 두 내외분이 참석하는 것을 바라보면서 이것이 바로 전도자만이 느낄 수 있는 기쁨이며 특권이라는 것을 다시 한 번 생각했다. 나에게 복음 전하는 자의 사명을 주신 하나님께 진심으로 감사를 드렸다.

10
내가 그 피 값을 네 손에서 찾을 것이고

MET(Mission Explosion Team) '90 선교 준비로 한창 바쁘던 수요일 저녁 예배 후였다. K집사님이 활짝 웃는 얼굴로 다가와서 하시는 말씀이 다음 주 토요일 저녁에 시간을 내 주실 수 있겠느냐는 것이다. 다음 토요일 저녁이면 MET '90 선교 팀이 한국으로 떠나기 이틀 전이며 아내와 아들딸이 모두 선교 팀에 함께 가야 하기 때문에 모두 한국으로 선교를 보내 놓고 한 달 동안 혼자서 의식주 문제와 사업 두 개를 운영해야 할 준비를 하지 않으면 안 되는, 나에게는 정말 바쁜 날일 수밖에 없었다. 또 그날 저녁은 김동길 교수 강연회가 우리 교회에서 있는 날이다.

신문지상의 글이나 테이프를 통해서 김 교수님의 신앙적인 면에는 동의할 수 없는 부분이 많이 있음에도 불구하고, 원래 유명하고 말씀을 잘하시기에 강연회에 참석하고 싶은 것이 솔직한 심정이었다. 그래서 선뜻 대답을 못하고 스케줄이 어떻게 될지 모르겠다고, 무슨 일이냐고 물었더니, 복음을 꼭 전해야 할 사람이 있는데 자기는 자신이 없고 저녁 식사 초대를 해 놓았으니 함께 식사한 후에 복음을 전해 주었으면 좋겠다는 것이다. 주님의 지상 명령인 전도보다 더 우선적인 일이 무엇이겠는가? 하지만 인간적인 마음이 앞서 시간 약속을 하지 못하고 다시 연락하자고 여운을 남긴 채 헤어졌다.

아내가 한국에 가서 한 달을 있다가 오려면 제일 문제가 되는 것이 인쇄소에서 유일하게 아내만이 할 수 있는 식자(typesetting)이다. 한글과 영어가 함께 되는 식자식 컴퓨터가 새로 나온 지 얼마 안 되어 손님들의 이력서를 예쁘게 조판해서 이력서 종이와 봉투가 세트로 된 종이에 인쇄해 주는 작업(그 당시에는 PC가 흔하지 않았음)이다.

그런데 그보다 더 중요한 것은 1988년 4월에 창간해서 이제까지 한 달도 쉬지 않고 매월 발간했던 교회 회보 〈땅 끝까지〉를 한 달 쉴 수도 없고 해서, 미리 원고 수집을 해서 아내가 한국으로 떠나기 전에 어느 정도 그 일을 마무리해 놓고 쉬운 것은 내가 배워서 하기로 계획을 세워 놓은 상태인데 모든 일이 그렇게 쉽지만은 않았다. 원고 수집도 제대로 안 될 뿐만 아니라 다른 바쁜 일이 겹쳐서 식자(typesetting)를 배우기는커녕 컴퓨터 앞에 앉아 보지도 못했다. 아무래도 다음 주 토요일도 출근해서 밤늦게까지 일을 해야 할 것 같아 주일 K집사님을 만났을 때 도저히 시간이 나지 않는다고 거절할 수밖에 없었다.

그런데 참으로 이상한 것은 그 시간부터 에스겔서 3장 18절 말씀이 계속 내 마음을 괴롭히기 시작했다.

가령 내가 악인에게 말하기를 너는 꼭 죽으리라 할 때에 네가 깨우치지 아니하거나 말로 악인에게 일러서 그의 악한 길을 떠나 생명을 구원하게 하지 아니하면 그 악인은 그의 죄악 중에서 죽으려니와 내가 그의 피 값을 네 손에서 찾을 것이고(겔 3:18)

전도를 했는데 그들이 믿지 않아서 구원을 받지 못하면 그것은 그들 책임이지만 전도를 할 수 있는데도 안 해서 그들이 구원을 받지 못한다면 하나님이 그 피 값을 내 손에서 찾으시겠다는 그 무시무시한 말씀이 하루도 빼놓지 않고 나를 괴롭히기 시작했다. 드디어 토요일이 되었다. 예상했던 대로 아침부터 출근해서 아내와 함께 일을 하고 있는데 또다시 "내가 그의 피 값을 네 손에서 찾으리라"고 귓전에 쟁쟁하도록 하나님께서 내게 말씀하시는 것 같았다.

마음이 너무 괴로워 K집사님 댁으로 전화를 했다. 마침 집사님이 전화를 받으셨다. 도대체 어떤 분이기에 이처럼 하나님이 나를 괴롭게 하시는가 궁금해서 여쭈어 보았더니, 워싱턴 지역에 거주하는 교포라면 이름만 대도 모르는 사람이 없을 정도로 유명한 B총영사(현 유엔 사무총장)로 얼마 전 미주 국장으로 승진이 되어 본국으로 들어가셨고, 부인과 아이들이 다음 주에 한국으로 들어가시는데 그 부인이 K집사님의 친척 아주머니가 되신다는 것이다. 그래서 오늘이 아니면 시간이 전혀 없는데 송 집사님이 시간이 없다고 하셔서 저녁 식사 후에 김동길 교수 강연이나 들으러 갈까 생각하고 있다는 것이다. 그래서 "제가 가겠습니다"라고 이야기했더니 K집사님이 무척 좋아하셨다.

그분을 전도하기 위해서 벌써 몇 달 전부터 기도를 해왔으며, 이상하게 송 집사님에게 부탁하고 싶었다는 것이다. 참으로 이상한 것은 우리 교회에 목사님들도 많이 계시고 전도사님들도 많이 계실 뿐만 아니라 전도폭발훈련을 받은 훈련자들이 70여 명이 넘는데, 왜 하필이면 나에게 부탁을 하게 하시고 내가 시간이 없다는데도 다른 사람에게 부탁하지 않고 김동길 교수 강연을 들으러 가려고 생각했는지 모르겠다. 그렇다면 이것은 곧 나와 그들에 대한 하나님의 계획이라는 생각이 들었다. 하나님의 계획이라면 나는 가서 복음만 전하면 되는 것이고, 그들은 오늘 저녁 틀림없이 예수님을 영접할 것이라는 확신이 생겼다.

저녁때가 되어 못 다한 일은 내일이 주일이기는 하지만 1부 예배를 드린 후(주님이 시키는 일이니까) 다시 와서 하기로 하고 약속 장소로 갔다. 식당 분위기가 복음 전하기엔 적합하지 않으므로 저녁 식사 대접을 잘 받고 장소를 K집사님 댁으로 옮겼다. 전도 대상자는 4명이었다. B총영사의 부인과 아들, 그리고 두 딸이었다. 부인은 전형적인 한국 여인상인 현모양처로서의 품위를 지닌 조용하고 인자해 보이는 분이셨으며, 큰딸은 여자대학의 명문인 스미스 대학(Smith College)에 금년에 합격했다고 한다. 아들은 키가 훤칠하게 커서 언뜻 보기엔 대학생인 줄 알았으나 세상의 때가 하나도 묻지 않은 착하고 순진해 보이는 고등학생임을 금방 알아볼 수 있었다. 작은딸은 이목구비가 뚜렷하고 아주 영리하게 생긴 고등학생이다. 큰딸은 스미스 대학에 입학했기에 미국에 남아 있고 작은딸과 아들은 다음 주에 한국으로 같이 들어간다고 하였다.

보스턴에 있을 때 교회를 나가본 적이 있었지만 현재는 안 나간다고 하였다. 그래서 첫 번째 질문을 한 결과 부인과 두 딸은 천국에 갈 확신이 없다고 대답했고, 아들은 천국에 갈 수 있다고 대답했다. 그래서 두 번째 질문을 했더니 고등학교에 다니는 아들의 대답이, '엄마 아빠의 말을 잘 들었고 나쁜 짓을 하지 않았기 때문에 천국에 갈 수 있다'는 것이다. 정말 천국에 갈 수 있을 만큼 착하고 순진해 보이는 인상이었다.

그래서 천국에 갈 수 있는 하나님의 기준은 죄가 하나도 없어야 하는데 하지 말아야 할 일을 하는 것이 죄이며, 해야 할 일을 안 하는 것도 죄일 뿐만 아니라 실제로 하지는 않았어도 생각만 했어도 죄라고 설명하였다. 그리고 성경이 이야기하는 가장 큰 죄는 하나님이 이루어 놓으신 일을 믿지 않는 것이며, 다른 죄는 다 용서받을 수 있어도 하나님을 믿지 않는 죄는 용서받을 수 없다고 이야기해 주면서 성경에서는 하나님을 믿지 않는 사람을 가리켜 악인이라고 한다고 했더니, 그렇게 착하고 순진해 보이는 아들도 천국에 갈 수 있다고 이야기한 것이 멋쩍은 듯 천국에 갈 수 없다고 정정하여 이야기했다.

그러므로 '이 세상에 존재하는 모든 인간은 죄인이기 때문에 자기 자신의 힘으로 천국에 갈 수 있는 사람은 한 사람도 없다, 그럼에도 불구하고 하나님은 자비하신 분이기에 우리를 지옥에 보내기를 원치 않으시지만, 또한 하나님은 공의로운 분이시기에 우리의 죄를 처벌하셔서 우리의 죄 문제가 해결되어야만 우리를 천국에 데려가실 수 있다, 창조주이신 하나님께서 그의 아들 예수님을 우리와 똑같은 육신을 입히셔서 이 땅에 오게 하시고, 또한 우리의 죄를 대신 짊어지고 십자가에서 우리의 죄 값을 대신 치르게 하시기 위해 그 고통과 천대와 멸시를 당하고 피 흘려 돌아가신 것'이라고 설명해 주었다.

열심히 설명을 하면서 가족들의 얼굴을 바라보니 금년에 대학교에 들어가는 큰딸이 안경 밑으로 눈물을 닦아내고 있었다. 이것을 본 맞은편에 앉은 어머님의 눈시울도 뜨거워지는 것을 느꼈다. 2천 년 전에 십자가에서 당하신 예수님의 고통과 피 흘리심이 자기 때문이라는 생각이 들지 않고서야 어찌 눈에서 눈물이 나올 수 있단 말인가? 나는 교회에 나가서 성경공부를 하면서도 2천 년 전에 십자가에서 흘리신 예수님의 피가 오늘을 사는 나의 죄 때문이라는 사실이 가슴에 와 닿기까지는 무척 오랜 세월이 흘렀었는데 말이다. '이것이 성령님의 역사로구나' 하는 것을 실감하면서 계속 복음을 전하고 나서, 이해가 되느냐고 물었더니 모두 이해가 된다는 것이다.

그런데 똘망똘망하게 생긴 작은딸이 '믿는다는 것이 어떻게 믿어야 하는 것인지 잘 이해가 안 된다'는 것이다. 그래서 여러 가지 예화를 들어서 이해가 되도록 설명한 다음, "믿는다는 것은 곧 교회를 나간다는 것을 의미하는 것이 아니고 예수님이 나의 죄를 위해서 십자가에서 피 흘려 돌아가심으로 내 죄 값을 치러 주셨기 때문에 나는 죄 없는 사람으로 여김을 받아 천국에 갈 수 있게 된 것이며, 그분은 돌아가신 지 3일 만에 부활하셔서 지금도 살아 계셔서 지금 이 자리에 와 계심으로 우리의 대화를 듣고 계시다는 시실을 믿는 것이다. 이 사실을 머리로만 믿어서는 안 되고 가슴으로 믿어야 하며, 우리가 그분을 나의 구세주와 주님으로 영접할 때 그분은 우리 안에 들어오셔서 우리의 삶을 주관하시며 우리의 삶을 책임져 주신다"라고 설명하면서, 요한계시록 3장 20절 말씀과 같이 오늘도 예수님께서 송제오 집사를 통하여 여러분의 마음 문을 두드리고 계시는데 모두 마음 문을 열고 그분을 영접하지 않겠느냐고 이야기했다.

네 사람 모두 진지하게 예수님을 영접하겠다고 대답했다. 그래서 우리는 모두 함께 손을 잡고 하나님 앞에서 예수님을 나의 구세주와 주님으로 모셔 들이겠다는 영접 기도를 했다. 비록 나는 약하고 부족하지만 내 안에 들어오셔서 나의 삶을 주관해 달라고 간절히 기도했다. 네 쌍둥이가 태어난 셈이다. 가장 기뻐하는 사람은 K집사님이었다. 그동안 이 가족들을 위하여 계속해서 기도하시면서 기회만 있으면 교회로 모시고 나가려고 노력했었다고 한다.

얼마 전 한사랑선교회에서 미스바 대륙 횡단 대행진을 하면서 우리 교회에서 집회를 할 때에도 이 3남매를 데리고 교회에 갔었는데 손뼉 치고 율동을 하면서 찬양하는 다른 사람들을 따라하는 모습이 얼마나 즐거워 보였는지 모른다고 한다. 그래서 "너희들 솔직히 교회에 나가고 싶지?" 하고 물으니 3남매가 모두 한목소리로 "네!"라고 대답했다고 한다. 이것을 본 어머님은 "제가 아이들을 교회에 보내지 않은 것이 큰 죄였었군요"라고 말씀하면서 회개하더라는 것이었다. 할렐루야!

11
삼전사기

사자성어에 '칠전팔기'라는 말이 있다. 일곱 번 넘어져도 여덟 번째는 일어서야 한다는 뜻으로, 결코 넘어져서는 안 된다는 말이다. 모든 일이 그러하겠지만 특히 전도는 더욱더 그럴 것이라는 생각이 든다. 왜냐하면 한 영혼이 구원을 받아서 영생을 얻느냐 아니면 구원을 받지 못하고 영벌을 받느냐 하는 갈림길에서 전도자의 역할은 매우 중요한 일이기에, 일곱 번이 아니라 열 번을 실패해도 또다시 일어나 돌진해야 하는 것이다. 하물며 세 번 정도의 헛수고나 문전박대로 기가 죽어서 되돌아선다면 주님의 지상 명령인 땅 끝까지 이르러 주님의 증인이 되기란 어림도 없는 일이 아니겠는가?

전도폭발 8기생들이 몇 주간의 실내 공부를 마치고 처음 심방 훈련을 나가는 날이었다. 심방 첫날이기에 대부분의 훈련생들은 앞으로 전개될 일들에 대한 기대와 흥분 속에 약간 마음이 들뜨게 마련이다. 훈련자들도 첫날의 현장 시범이기에 잘해 보이려고 긴장을 하게 마련이다. 그날도 교회에서 뽑아주는 두 군데 주소를 받아 가지고 훈련생 두 사람과 차 안에서 돌아가면서 기도를 한 다음 출발했다.

벌써 저녁 8시 반이니 어물어물하다가 집을 찾지 못하면 허탕을 쳐야 하겠기에 서두르지 않을 수가 없었다. 첫 번째 주소는 아파트 넘버가 없는 것으로 보아 개인 집일 것이라는 추측이 들어 아파트 단지를 지나 개인 집을 찾아보았으나, 계속해서 길 옆이 산림으로 우거져 있었고 얼마를 지나니 쇼핑 센터가 나왔다. 그러나 번지수는 이미 훨씬 지난 숫자였다. 그렇다고 되돌아가자니 틀림없이 아파트인 모양인데 아파트 넘버가 없으니 찾을 길이 없고 해서 두 번째 주소를 찾아가기로 했다. 두 번째 주소는 다른 지역으로 정확하게 아파트 넘버가 기록되어 있기는 했지만 아파트 구조가 이상하게 되어 있어 집 찾기가 그리 쉽지는 않았다.

차를 아파트 주차장에 세워놓고 한참만에야 아파트 층계를 올라가 집을 찾을 수가 있었다. 그러나 아무리 문을 두드려도 인기척이 없었다. 교회에서 받아 가지고 나온 주소는 두 개밖에 없는데 두 군데 다 허탕을 쳤으니 그냥 돌아갈 수도 없고(어떤 훈련 팀들은 밤중에 남의 집 문을 두드리고 들어가는 것이 두렵고 용기가 나지 않아 이런 경우 '아이고, 하나님, 감사합니다' 하고 되돌아온다고 하지만……) 해서 망설이고 있는데, 어디선가 한국말 소리가 들리는 것 같았다. 아무리 귀를 기울여도 우리가 두드리는 집은 아니고 앞집이거나 아니면 층계 밑에 있는 집인 것 같았다. 문에 귀를 가까이 대고(그러다가 문이라도 안에서 확 열면 어쩌려고……) 들어 보았으나 앞집은 아닌 것 같아 층계를 다시 내려왔다.

하던 짓도 멍석 깔아 놓으면 안 한다더니 말소리가 중단되고 간간이 TV에서 흘러나오는 소리만이 들려 왔다. 문 앞이나 우편함을 조사해 보았으나 이름이 붙어 있지 않았다. 한참 만에 다시 말소리가 들려오는데 억양이 한국 말소리 같기에 문을 노크했다. "Who is it?" 하고 안에서 들려오는 말소리는 미국 사람 발음은 아니었다. "예, J 교회에서 나왔는데요" 하고 이야기하자 "저희는 성당에 나가는데요" 하면서 문이 열렸다. "사실은 2층에 사는 K씨를 찾아왔는데 아무리 문을 두드려도 대답이 없네요" 했더니, 얼마 전 이사를 갔다는 것이다. 그래서 잠깐 들어가 이야기를 나누어도 되겠느냐고 했더니 밤이 늦어서 안 된다는 것이다. 보기 좋게 문전박대까지 당하고 보니 세 번째 실패였다.

심방 첫날 훈련자 체면이 말이 아니었다. 칠전팔기라는데 우리는 아직 세 번밖에 실패하지 않았는가? 그래서 다시 첫 번째 주소를 가지고 지나쳐 왔던 아파트 단지로 다시 갔다. 그 주소가 붙어있는 건물은 고층 아파트였다. 그 고층 아파트에서 아파트 넘버도 없이 어떻게 이름만 가지고 사람을 찾는단 말인가? 정문은 잠겨 있어서 안에서만 열 수 있게 되어 있었다. 주소 밑에 전화번호는 적혀 있었지만 어디 가서 전화를 건단 말인가?(휴대전화가 없었던 시절이다.) 망설이고 있자니 안에서 사람이 나오는 것이다. 그 틈을 타서 우리는 아파트 안으로 들어갈 수는 있었으나 남대문에 가서 김씨를 찾는 격으로 막연하기만 했다.

그런데 하나님께서 지혜를 주셨다. 아파트 사무실 안에서 당직자가 문을 잠가 놓고 TV를 보면서 졸고 있는 모습이 보였다. 가서 문을 두드리니 귀찮다는 듯이 문을 열어 주었다.

"Do you know this person? He didn't give me apartment number" 하며 주소가 적힌 종이쪽지를 보여 주었다. 물론 그의 입

에서 "I don't know"라는 말이 나올 것이 뻔하지만 밑에 전화번호가 적혀 있는 주소를 보여 주면서 전화를 사용하자는 수작이었다. 문을 두드려 다짜고짜 전화 좀 사용하자고 하면 당장 "No!" 할 것 같아 이렇게 했더니 전화를 사용하라는 것이다. 전화를 거니 남자분이 전화를 받았다. 벌써 밤 10시가 가까웠으니 잘못하면 거절을 당할 것 같아 "J교회 송제오인데요. 사실은 주소에 아파트 넘버가 없어서 이제껏 헤매다가 지금 아래층 아파트 사무실에 와서 전화를 하는 건데 잠깐 방문해도 되겠지요?" 하고 물었더니, 처음에는 무척 망설이는 듯하더니 "아래층에 와 계시다니 올라오십시오" 하면서 아파트 넘버를 알려주었다. 이렇게 해서 우리의 첫 심방은 삼전사기 끝에 성공한 것이다.

그들은 다른 교회를 다니다가 우리 교회로 옮긴 지는 이제 한 달 정도밖에 안 되었으며 복음에 대해서는 전혀 모르고 있었다. 그래서 늦은 시간이었지만 복음을 처음부터 끝까지 전했으며 아주 진지하게 부부가 복음을 받아들였다. 밤 12시가 가까웠는데도 아주 기쁜 표정으로 두 분 다 예수님을 영접하고 결신을 한 것이다. 결신 기도가 끝나고 "만일 선생님이 오늘 이 세상을 떠나신다면 어디서 눈을 뜨시겠습니까?" 하고 물었더니 "천국에서지요"라고 자신 있게 대답하였다. 할렐루야!

만약 세 번 실패했다고 그냥 교회로 돌아갔다면 이 두 영혼은 어떻게 되었겠는가? 물론 하나님이 택하신 백성들이기에 다른 때에 다른 사람을 통해서 구원하시겠지만 나라는 인간은 아무 쓸모가 없으며 하늘나라의 면류관은 나와 상관없는 이야기가 되지 않겠는가?

교회에 돌아오니 이미 보고회가 끝나서 다들 집으로 돌아가고 아내를 비롯해서 몇 사람만 남아서 밤 12시가 훨씬 넘은 시간임에도 불구하고 우리를 기다리고 있었다. "늦게 돌아오는 것을 보니 결과가 좋으신 모양이죠?" 하고 물었다. "두 사람 결신했습니다"라고 대답하니 모두들 기뻐하였다. 이 기쁨 때문에 우리는 오늘도 여러 사람의 집을 노크하는 것이다.

12
두 개의 얼굴

하루는 교회의 어느 분이 전도 심방을 함께 나갔으면 좋겠다는 것이다. 말씀인즉, 그분 부인과 같은 직장에서 일하시는 여자 분이 있는데 개인의 프라이버시에 관계되는 일이기에 글로써 밝히기는 곤란하지만 복음이 꼭 필요한 분으로 가끔 성당에 나가신다는 것이다.

거리상으로 굉장히 먼 곳이었으며 주중 일과 시간이 끝난 저녁 시간에 심방을 가야 하므로 생각 같아서는 거절하고 싶었으나, 주님의 지상 명령에 불복종해서야 되겠느냐는 생각과 아울러 그분의 영혼을 사랑하는 그 열정에 감복되어 서둘러 사업장 문을 닫고 아내와 함께 약속 장소로 갔다. 우리가 저녁 식사를 못하고 왔을 것을 알고 간단하게 저녁 식사를 마련해 놓고 기다리고 있었다. 그분은 다른 일이 있어서 함께 갈 수 없고 그분 부인과 아내와 함께 셋이 심방을 가기로 했다.

그 부인이 운전하는 차를 타고 약 1시간 이상을 간 것 같았다. 한적하고 조용한 동네에 들어섰을 때 왼편으로 밖에 불이 환하게 켜져 있는 집이 있었다. 바로 그 집이 우리의 전도 대상자가 살고 있는 집이다. 오늘 심방을 온다는 것을 알고 있었으므로 밖에 불을 훤하게 켜 놓고 기다리고 있었다. 생각했던 것보다 아주 조용하고 얌전해 보이는, 그러면서도 진지한 분위기를 느끼게 하는 30대 중반의 여인이 중학생쯤 되어 보이는 아들과 단둘이 살고 있었다.

원래 훈련받은 대로 하자면 부인의 일반생활을 먼저 나누어야 하는데 대화가 자칫 잘못하면 그의 사생활을 캐묻는 것처럼 느껴질 것 같아 형식적인 몇 가지 이야기를 나눈 뒤 간단하게 개인 간증을 하고 곧바로 두 가지 진단 질문을 했다.

"자매님! 사람은 이 세상에 태어나서 살다가 언젠가는 죽게 마련인데 자매님이 만일 오늘 이 세상을 떠나신다면 천국 갈 것을 확신하세요?"

그 자매님의 대답은 "네!"였다. 그래서 두 번째 진단 질문으로 들어갔다.

"그렇다면 자매님이 이 세상을 떠나서 천국 문 앞에 서 있는데 하나님께서 내가 너를 천국에 들여보내야 할 이유가 무엇이냐고 물으신다면 어떻게 대답하시겠습니까?" 하고 질문했더니, "예수님의 보혈 때문이에요"라고 대답하는 것이다. 대답하는 것으로 보아서는 이미 크리스천이었다. 그러나 사전에 들은 이야기가 있었기에 혹시나 하는 생각에 "예수님의 보혈 때문이라는 말이 무슨 뜻이죠?" 하고 물었더니, "예수님이 우리를 위해서 십자가에서 피 흘려 돌아가셨기 때문이에요"라고 대답하였다. 더 이상 무슨 대답을 요구하겠는가? 비록 그녀가 두 가지 진단 질문의 대답만을 알아가지고 정답을 이야기한 것이라 할지라도 나로서는 할 말이 없었다.

그는 오히려 복음보다는 성경의 여러 가지 부분에 의문이 있었으며 특히 인간의 영혼과 육체에 대해서 관심이 많았다. 인간이 죽은 후에는 영혼과 육체가 어떻게 되는가에 대해서 궁금해하였다. 그래서 창세기 2장 7절을 펴서 보여주었다.

"여호와 하나님이 흙으로 사람을 지으시고 그 코에 생기를 불어 넣으시니 생령이 된지라"라고 되어 있으므로 인간의 구성 요소를 육체와 영혼으로 구분하는 이분설과 육체와 영과 혼으로 구분하는 3분설이 있는데, 나의 개인적인 생각으로는 3분설이 맞는 것 같다고 했다. 육체는 죽은 후에 흙으로 돌아가고, 혼은 그 기능이 정지되며, 믿고 죽은 영은 천국으로, 믿지 않고 죽은 영은 지옥으로 가게 된다고 설명하면서 영혼을 영과 혼으로 구분해야 하느냐 안 해야 하느냐를 가지고 자기 생각이 꼭 맞는다고 주장할 필요는 없는 것 같다고 이야기했다. 왜냐하면 이것은 어디까지나 개인의 생각이며 인간을 창조하신 창조주 하나님만이 정확한 것을 알고 계시기 때문이라고 설명했다.

그렇기 때문에 우리 믿는 사람들은 성경의 핵심 부분인 복음에 관해서는 그 주장을 누구에게도 양보할 필요가 없지만 그 외의 하나님께서 우리에게 정확하게 알려주시지 않은 부분, 예를 들어 전천년설, 후천년설, 무천년설 등에 관해서는 자기 주장이 꼭 맞는다고 주장하다 보면 싸움이 일어나고 갈라지는 결과밖에 나오지 않기 때문에 오늘날과 같은 많은 교파들이 생겨난 것이라고 설명했다. 그러면서 성경의 핵심 부분인 복음만은 어느 교회나 마찬가지이며 이 복음을 부인하거나 변질시킨 것이 곧 이단이라고 말했다.

복음은 아무리 들어도 손해날 것이 없는 귀중한 것이기에 자연스럽게 복음 제시에 들어갔다. 인간 부분에 와서 "성경은 모든 사람이 죄인이라고 이야기하고 있습니다. 저도 죄인이고 자매님도 죄인이고, 이 세상에 존재하는 모든 사람이 죄인이라고 이야기하고 있는데 자매님은 자신을 죄인이라고 생각하세요?"라고 물었더니, "모르고 짓는 죄야 할 수 없지만 알고서야 죄를 질 수 있나요?"라고 대답하는 것이다. 다시 말해서, 이 자매님은 알고 지은 죄는 없다는 것이다.

그렇다면 이 자매님은 얼마나 착하고 선하며 성숙한 크리스천이겠는가? 마치 천사와 같은 사람이라고 표현해도 과언이 아닐 것 같았다. 복음을 전하러 온 나 자신은 하루에도 몇 번씩 알고도 죄를 짓고는 가슴 아파하는데……. 부끄러운 생각이 들었다. 이렇게 착하고 선하며 오늘 당장 죽어도 천국에 갈 수 있는 사람에게 왜 복음을 전하러 가자고 했는지 알 수가 없었다.

복음 전하러 함께 갔던 그 자매는 돌아오는 차 속에서 고개를 가로저으며 세상에 이럴 수가 없다는 것이다. 엊그제 질문을 했을 때만 해도 자기는 천국에 갈 수 없다고 했으며, 너무나 그녀의 사생활을 잘 알고 있는 그 자매의 친구로서 도저히 이해가 안 간다는 것이다. 그동안 어디서 복음을 듣고 주님을 영접했기 때문이라면 얼마나 좋을까? 그러나 그렇지 않은 것 같았다.

그후 같은 직장에서 일하시는 다른 분에게 그 자매님에 대해서 물어 볼 기회가 있었다. 그 자매님은 한마디로 이야기해서 "여자의 무기를 최대한으로 이용하는 무서운 여자"라는 것이다. 보기와는 전혀 다른 두 개의 얼굴을 가진 여자라는 생각이 들었다. 과연 나 자신은 다른 사람들이 볼 때 두 개의 얼굴을 가진 사람이라고 보지 않을 만큼 말과 행동이 일치하는 삶을 살고 있는지 자신을 되돌아보지 않을 수 없었다.

"아버지 하나님! 이런 때에는 어떻게 해야 합니까? 복음은 전했으니 나머지는 아버지의 책임입니다. 의사 앞에 온 환자가 자기의 아픈 곳을 정확하게 이야기하지 않는다면 어떻게 병을 고칠 수 있단 말입니까? 그러나 '하나님의 말씀은 살아있고 활력이 있어 좌우에 날선 어떤 검보다도 예리하여 혼과 영과 및 관절과 골수를 찔러 쪼개기까지 하며 또 마음의 생각과 뜻을 판단하나니 지으신 것이 하나도 그 앞에 나타나지 않음이 없고 우리의 결산을 받으실 이의 눈앞에 벌거벗은 것 같이 드러나느니라'(히 4:12-13)라고 말씀하지 않았습니까? 이 말씀에 의지하여 그의 영혼이 새로워질 수 있음을 믿습니다. 씨를 뿌리고 물을 주는 일은 저희들이 할 일이요 자라나게 하시는 이는 하나님이심을 믿습니다. 아멘!"

13

사공이 많으면 배가 산으로 가는 법이죠

교회 창립 16주년 기념 예배 및 목사, 집사 안수식이 있는 날이었다. 그날 집사 안수를 받는 나로서는 기쁨보다는 어깨가 무거워짐을 느끼지 않을 수 없다. 장로교로 말하면 장로가 된 것이니 안수를 받는 날부터 더욱 말 한마디, 행동 하나에도 책임감 있게 조심하지 않으면 안 된다는 생각에 두려움이 앞섰던 것이다.

1년 전에 아주 친하게 지내던 전도사님의 목사 안수식에 참여한 적이 있었다. 그때 안수식이 끝나고 파티 및 사진 촬영이 다 끝나 돌아갈 시간이 되었는데도 축하객(다른 교회에서 왔던 분들) 몇몇 분이 그냥 헤어지기가 아쉬운 듯 서성거리는 모습이 보기에 몹시 안타까웠었다. 그렇다고 내가 안수 받는 것도 아닌데 우리 집으로 가자고 할 수도 없어 그냥 헤어졌던 경험을 되살려 나의 안수를 축하해 주기 위해 다른 교회에서 오신 분들을 집으로 모시고 가서 저녁 식사를 하기로 했다.

그런데 K집사님이 나에게 저녁에 무슨 계획이 있느냐고 묻는 것이다. 왜 그러느냐고 했더니, 한국에서 같은 직장에 있던 분인데 미국에 출장 오셔서 저녁에 만나기로 했고 내일 아침이면 떠나신다는 것이다. 그런데 그분이 믿지 않는 분이므로 자기가 저녁을 살 터이니 복음을 전해 달라는 것이다. '하필이면 오늘 같은 날 나에게 부탁할 것이 뭐람!' 하는 생각이 들었지만 그 집사님의 한마디가 더욱 나를 거절 못하게 만들었다.

"주님의 지상 명령인 복음을 전하는 일보다 더 우선적인 일은 없겠죠?"

선택의 여지가 없는 질문이었다. 저녁에 손님들이 집에 오시게 되어 있으니 모시고 우리 집으로 오라고 하는 수밖에 없었다. 안수식이 끝나고 타 교회에서 일부러 오신 분들과 늘 가까이 지내던 분들과 함께 집으로 돌아왔다.

K집사님은 식사가 거의 끝나갈 무렵에야 손님을 모시고 왔다. 우리는 함께 식탁에 둘러앉아 자연스럽게 인사를 하고 교제를 나누는 가운데 그분이야말로 KS(경기고, 서울대 출신)임을 알 수 있었다. 현재 한국의 불우 아동을 도와주는 자선기관의 부장 직을 맡고 있으며 하는 일 못지않게 풍기는 인품이 선하고 예의 바른 분이었다. 또한 KS답게 이지적이고 자기 철학이 뚜렷하며 날카로운 면을 온화한 인상 속에서 엿볼 수 있었다. 마침 그날 우리 집에 오신 분 중에 서울대 출신이 두 명 있어 대화는 부드럽게 전개되었다.

1년 전 목사 안수를 받은 그분의 선배 되시는 K목사님께서 "예수도 안 믿으면서 그렇게 좋은 일을 하신다는 것이 참 기적이군요" 하면서 농담 비슷하게 화제를 바꾸어 복음 제시를 시도하였다. 오늘은 그분을 전도하는 것이 목적이므로 가장 자연스럽게, 그러면서도 능수능란하게 화제를 이끌어 가시는 K목사님께 오늘의 대권(?)을 맡기기로 마음에 작정하고 있었다. 그런데 그분 대답이, 예수를 믿으려 해도 제일 먼저 문제가 되는 것이 제사인데 집안 어른들을 설득시킬 수 없을 뿐만 아니라 자기 자신도 조상들에게 제사드리는 문제는 오히려 찬성하기 때문에 예수를 믿을 수 없다는 것이다.

제사 문제에 대해서는 그날 그 자리에 모인 사람들의 생각이 조금씩 달랐다. 제사를 지내는 것은 우상에게 절하는 것이므로 절대로 해서는 안 된다는 강경파와 우선은 그대로 제사를 지내면서 교회를 나가도 되지 않겠느냐는 양보파와 교회를 나가다 보면 왜 제사를 지내지 말아야 하는가를 알게 되므로 그 문제는 그때 가서 해결하면 되지 않겠느냐는 차차파로 의견이 대립되었다.

모두 다 일리가 있는 이야기지만 특히 전도할 때에는 사공이 많으면 배가 엉뚱한 방향으로 갈 가능성이 있기에 이래서는 안 되겠다고 생각하여 입을 다물고 있었다. 그런데 K집사님이 "송 집사님은 어떻게 예수를 믿게 되었는지 간증 좀 해주세요" 하고 요청하는 것이다. 오늘의 대권을 K목사님께 넘기기로 했는데 이렇게 되면 상황이 달라지는 것이다. 눈치가 빠른 K목사님은 나에게 바통을 넘기고 간증 이야기를 조금 듣다가 슬그머니 자리에서 일어나 눈짓을 하고는 나가셨다.

간증이 끝나고 두 가지 진단 질문의 죽음과 영혼 문제가 등장하자 그의 질문은 KS답게 날카로웠으며, 그에 대한 나름대로의 이론이 정립되어 있어 쉽게 넘어갈 수가 없었고 또 다른 사람들도 한마디씩 자기의 생각을 이야기하다 보니 시간은 오래 걸릴 수밖에 없었다.

게다가 그분을 모시고 온 K집사님이 "제가 예수를 믿게 되었다는 것은 기적이 아니에요?" 하면서 자기 간증을 시작했다. 한국에서 같은 직장에 근무할 때부터 시작해서 미국에 와서의 생활 등 간증은 매우 길어졌고 두 사람은 옛날 이야기를 하느라 시간 가는 줄 몰랐다.

복음을 전해 달라고 친구를 데리고 왔으면 나에게 복음 전할 기회를 주어야지 저렇게 오래 떠들고 있으면 어떻게 하란 말인가? 다른 사람들은 한 사람 두 사람 화장실을 가는 척하고 자리를 빠져 슬그머니 집으로 가고 있는데, 그렇다고 일어나서 인사를 할 수도 없었다. 그저 모르는 척하고 앉아서 간증이 끝나기를 기다려 다시 복음을 전하려 하니 주위를 한번 둘러본 그분은 사람들이 모두 가 버리고 없는 것을 보고 당황하면서 시계를 보는 것이다. 벌써 밤 11시를 가리키고 있었다. 밤 10시에 한국에 전화하기로 했는데 하면서 몹시 당황해하였다.

복음 제시는 해보지도 못하고 나를 축하해 주기 위해 오신 분들에게는 인사도 제대로 못하고 보내서 미안하기도 하고 은근히 속으로 화가 났지만 어쩔 수 없지 않은가. "사공이 많으면 배가 산으로 가는 법"이라는 옛 속담이 한마디도 틀리지 않구나 생각하면서 씁쓸하게 배웅을 했다.

하나님께서 계획하시면 다시 한 번 기회를 허락하실 줄 믿으며 아쉬운 마음에 잠자리에 누워 천장을 바라보니, 닭 쫓던 개 지붕 쳐다보는 격으로 놓쳐 버린 영혼에 대한 안타까운 생각이 들었다.

14
세 살 먹은 어린애인 줄 아슈?

1991년 4월 2일, 이날도 보통 때와 마찬가지로 교회에서 뽑아주는 주소를 가지고 훈련생 2명과 함께 전도 훈련을 나갔다. 우리가 만나야 할 사람은 여자 분으로 교회에서 자주 뵈어서 아는 분이지만 남자 분은 얼마 전 새 교우 환영회에서 처음 만났던 분으로 연세는 62세 정도로 한국말보다 영어를 더 많이 사용하시는 편이었다. 술을 무척 즐겨 드시는 것 같았다. 그날도 맥주를 드시면서 TV를 보고 계셨던 것 같다.

술을 드신 분한테 복음을 전한다는 것이 좀 마음에 걸렸으나 지도에서 집을 찾기가 좀 힘들어서 헤맨 탓으로 다른 집을 방문하기엔 이미 늦은 시간이기에 그대로 복음을 전하기로 결정하고 대화를 나누기 시작했다. 인간의 심리가 다 그렇겠지만 또 한잔을 하신 터이니 왕년의 이야기가 얼마나 길어지는지, 이러다가는 복음을 꺼내 보지도 못하고 돌아가야 할 것 같았다. 그는 약 30여 년 전의 기억을 되살리면서 이야기를 꺼내기 시작했다.

모처럼 큰마음을 먹고 교회를 갔는데 목사라는 사람이 설교를 하면서 자기는 십일조를 처음 시작할 때처럼 마음이 기뻤던 때가 없었다고 하더라는 것이다. 그 소리를 듣는 순간 '누가 세 살 먹은 어린애인 줄 아슈?'라고 말하고 싶었고 그 후로는 예배에 참석해 본 적이 없으며 아내가 운전을 못하므로 교회까지 태워다 주고는 차 안에서 예배가 끝나기까지 기다리든가, 아니면 예배 끝날 때쯤 다시 가서 데려오든가 했다는 것이다.

그래서 "눈물 젖은 빵을 먹어 본 사람이 아니면 그 맛을 모른다는 말이 있지요? 사람은 각자 생각하는 것이 다르고 느끼는 것이 다르듯이 저는 오히려 목사님의 그 말씀을 이해하고 동감할 수가 있네요. 왜냐하면 그 사실을 경험해 보지 않은 사람은 그 심정을 이해할 수 없기 때문이지요. 호랑나비가 애벌레였을 때 아무리 호랑나비가 되어 공중을 날아다닐 때의 광경이나 기분을 설명해 주어도 애벌레 때는 이해할 수 없는 것과 마찬가지로 선생님도 진짜로 예수님을 믿고 십일조를 해 보기 전에는 그 심정을 이해할 수 없는 것이 아니겠어요?"라고 말씀드렸더니, 안색이 조금 달라지는 것이다. 계속해서 말을 이었다.

"어떤 사람은 같은 십일조를 해도 기쁜 마음이 없이 아까운 생각을 하면서 십일조를 내는 사람도 있을 것이 아니겠어요?" 하면서 "가장 중요한 것은 하나님은 기쁜 마음으로 내는 그 마음을 원하시지 하나님이 돈이 없어서 돈을 원하시는 것이 아니지요. 이 세상의 모든 것이 하나님의 것인데 꼭 우리가 그것을 교회에 가져다 내야 하나님 것이 되는 것은 아니지 않겠어요?"라고 설명했다.

그는 슬며시 일어나더니 화장실에 가는 것 같았으나 2층으로 올라갔다가 한참 만에 내려왔는데, 직감적으로 맥주 한 캔을 더 드시고 온 것 같았다. 어차피 전도는 내가 하는 것이 아니고 성령님이 하시는 것이며 나의 임무는 복음을 전하는 것으로 주님의 명령에 순종하는 것이며, 또 두 명의 훈련생에게 현장 시범을 보여줌으로 훈련을 시키는 것이므로 계속해서 복음을 전하기 시작했다.

두 가지 진단 질문 직전에 "사람은 언젠가는 죽게 마련이지요" 하고 사람은 죽는다는 것에 대해 말을 꺼내자, 젊어서 군대에 있을 때 전쟁터에서 사람 죽은 이야기로 말머리를 돌리기 시작하였다. 이러다가는 밤새도록 해봐도 복음 서론도 말하지 못할 것 같아 기분이 상하지 않는 선에서 말을 막고 더 이상 말할 기회를 주지 않으며 복음 제시를 하기 시작했다.

복음은 확실히 능력이 있었다. 말만 꺼내면 이야기가 삼천포로 빠지던 분이 조용히 그리고 진지하게 복음을 듣기 시작하였다. 그러고는 예수님을 영접하겠다고 결신 기도를 똑똑한 목소리로 따라서 하는 것이다.

가장 기뻐하는 것은 그의 부인이었으며 전도 심방을 온 우리 세 사람도 처음에 예상했던 것과는 전혀 다른 결과에 다시 한 번 놀라지 않을 수 없었다. 이런 상황 속에서 우리는 또 다른 교훈을 얻었다. 늦은 시간이었지만 즉석 양육 지도를 통해 하나님과의 관계와 교회의 예배에 참여해야 하는 이유 등을 통해 열심히 교회생활 하겠다는 다짐을 받고 돌아왔다.

그후 교회에서 자주 볼 수 있었으나 교인 수가 많다 보니 제대로 돌보지를 못하고 부인에게만 열심히 교회 프로그램에 참여할 수 있도록 권하라고 부탁하였다. 또한 단계적인 성경공부에 참여할 수 있도록 적극 부탁만 하였다. 그런데 얼마 후 교회에서 뵐 수가 없어 부인에게 물어 보았더니 또 다시 옛날생활로 돌아가셨다는 것이다.

부모가 자식을 낳아놓고 돌아보지 않는 것과 같이 복음만 전해놓고 양육하지 못한 죄책감이 오늘도 나를 괴롭힌다.

"주여! 용서하옵소서! 바쁘다는 핑계로 또 어떤 이유를 붙여가면서 자기 합리화를 하고 주님의 명령에 불순종하는 이 죄인을……."

15
'참사랑'이란?

교회에서 있게 될 제 14차 국제 전도 폭발 지도자 임상 훈련에 대비해서 훈련자들이 첫 번째 모이는 날이다. 직장에서 끝나기가 무섭게 저녁 식사도 제대로 못한 채 교회에 도착하니 심방 요청이 들어왔는데 내가 갔으면 좋겠다는 것이다. 이야기인즉, 한국에서 제약회사에 근무하는 분인데 연수차 미국에 와서 NIH에서 연수를 받고 이틀 후 한국으로 가는데, 부인이 구원의 확신이 없을 뿐만 아니라 교회에 별로 흥미를 느끼지 못하는데 이렇게 복음적인 좋은 교회에 와서 부인에게 믿음도 하나 제대로 심어주지 못하고 떠나는 것이 너무 안타까워 남편이 부인 모르게 전도 심방을 요청했다는 것이다.

이야기를 다 듣고 보니 그 남편의 아내에 대한 극진한 사랑과 정성에 감동되었다. 그래서 순종하는 마음으로 대답했다. 아내와 C집사님이 함께 동행하기로 하고 주소를 받아 들고 그 집을 찾아 나섰다. 심방 요청을 한 집이기에 불이 켜진 집만을 생각하며 찾아보았으나 의외로 캄캄하게 불이 꺼져 있는 것이 아닌가. 혹시 주소를 잘못 적어준 것이 아닌가 하고 그 앞집에 불이 환하게 켜져 있기에 문을 두드렸더니 미국 사람이 귀찮다는 듯이 문을 열고는 그런 사람 없다는 것이다.

어떻게 할까 하고 잠시 생각하다가 일단 불이 꺼져 있더라도 문을 두드려봐야겠다는 생각을 하고 문 앞으로 가서 두드려 보았다. 얼마 후 불이 켜지며 미국 사람이 잠옷 바람으로 나와 누구를 찾느냐고 묻는 것이다. 집을 잘못 찾은 모양인데 대단히 죄송하다고 하고, 우리가 찾는 사람은 한국 사람인데 'Mr. Choi'라고 했더니 자기 집 뒤쪽으로 돌아가면 지하실로 통하는 문이 있는데 가보라는 것이다. "그러면 그렇지, 심방 요청을 해 놓고 잠을 잘 리가 있나?"라고 쾌재를 부르며 셋이 집 뒤쪽으로 돌아가 문을 두드렸다. 남편이 기다렸다는 듯이 문을 재빨리 열어주며 반갑게 인사를 했다.

> 너는 말씀을 전파하라 때를 얻든지 못 얻든지 항상 힘쓰라 범사에 오래 참음과 가르침으로 경책하며 경계하며 권하라(딤후 4:2)

예고 없이 밤중에 들이닥친 불청객들에 대한 무례함 때문이었는지 부인은 화가 난 것처럼 보였으며 형식적인 인사를 하고 그 다음부터는 전혀 말을 하지 않았다. 어색한 집안 분위기였지만 "때를 얻든지 못 얻든지 말씀을 전파하라"(딤후 4:2)는 바울 사도의 명령에 힘입어 복음을 전하기 시작했다. 대답을 시원스럽게 하지 않는, 화가 나 있는 것 같은 사람에게 복음을 전한다는 것이 얼마나 어색하고 힘든 일인가는 경험해 본 사람이 아니면 이해하기 어려우리라. 함께 심방을 간 C집사님과 아내가 옆에서 그 사람의 마음 문을 열어달라고 눈을 뜨고 열심히 기도하고 있음을 피부로 느낄 수가 있었다.

어색한 가운데서도 어느 정도 분위기가 무르익어 가자, 갑자기 다섯 살쯤 되어 보이는 그 집 딸이 복음 전하는 데 끼어들어 큰소리로 엄마에게 엉뚱한 질문을 하기 시작하는 것이다. 깜짝 놀란 C집사님이 아이를 데리고 거실 겸 침실로 쓰고 있는 옆 공간으로 데리고 가서 장난감을 가지고 함께 놀아주었다. 그런데도 분위기가 무르익을 만하면 엄마에게 뛰어와 큰소리로 떠들어대는 것이다. 아내가 얼른 쫓아와서 아예 아이를 화장실로 데리고 들어가서(다른 방이 없으므로) 문을 닫아놓고 별 수단을 다 써 가면서 복음 전하는 데 방해가 되지 않도록 해주었다.

나중에 들은 이야기지만 모든 장난감에 싫증이 나고 화장실에서 물장난까지 싫증이 난 아이는 엄마에게 자꾸만 가려고 해서 가방에서 화장품이며 온통 있는 것을 다 꺼내어 주다가 나중엔 지갑을 꺼내 돈으로 흥미를 끌게 하려고 지갑을 열어보니 20불짜리밖에 없더라는 것이다. 그래서 20불짜리를 주면서 "너 오늘 말 잘 듣고 여기서 나하고 잘 놀면 이 돈을 줄 터이니 내일 엄마한테 장난감 사달라고 하라"고 꾀면서 겨우 붙들고 아이를 씻기고 이를 닦여 바로 잠자리에 들 수 있도록 시간을 끌었다는 것이다.

복음을 다 전하고 이해가 되느냐고 부인에게 물었을 때, 갑자기 말문이 터지기 시작했다. 자기는 한국에서 교편을 잡고 있으며 성당에 나갔었고 개신교와 교리상 별 문제가 없는 것으로 생각했었는데, 막상 결혼 후 교회에 나가 보니 이질감을 많이 느꼈으며 믿는 사람들의 행동에서 너무나 실망을 많이 했다고 울면서 이야기하는 것이 아닌가? 그러면서 이틀 후에는 한국으로 떠나야 하기 때문에 지난 2일간 새벽 4시까지 이삿짐을 싸느라고 잠도 제대로 못 잤다고 한다. 그래서 피곤해서 좀 쉬려고 했는데 예고도 없이 손님이 들이닥치니 정말 짜증스럽고 화가 나더라고 고백을 하는 것이다. 말을 한번 시작하니 교편을 잡은 사람답게 말을 조리 있게 잘하는 침착한 분이었다.

자기의 현재 심정을 털어놓을 수 있다는 것은 마음 문이 열렸다는 증거이기 때문에 결신을 촉구했지만, 또 C집사님 특유의 언니와 같고 어머니 같은 포근한 설득력에도 선뜻 결신에 응하려 하지 않았다. 믿음이란 것이 무엇인가에 대해서 여러 가지 예화를 들어가면서 설명을 하고, "예수를 믿는다는 것은 교회를 나가기만 하면 된다는 뜻이 아닙니다. 모든 인간은 죄인이므로 자기 힘으로 천국에 갈 수 없지만 예수님이 십자가에서 대신 처벌받으심으로 우리의 죄 값을 지불해 주셨기 때문에 의인으로 여김을 받아서 천국에 갈 수 있게 되는 것입니다. 그분은 십자가에서 죽어 없어진 것이 아니라 3일만에 부활 승천하셨고 지금도 살아 계셔서 우리의 대화를 이 자리에 오셔서 듣고 계실 뿐만 아니라 자매님을 사랑하셔서 구원하시기 위해 우리를 이 자리에 보내 주신 것입니다"라고 설명했다.

부인은 진지하게 듣고 있었다. "이 값없이 주시는 영생의 선물을 받으면 자매님의 것이 될 뿐만 아니라 그 순간부터 하나님의 자녀가 되는 것"이라고 설명하니, 자기도 그 영생의 선물을 받을 수 있게 인도해 달라는 것이다.

우리는 함께 손에 손을 잡고 하나님 앞에 감격스런 결신 기도를 했다. 기도가 끝나고 난 그의 얼굴은 천사처럼 환해져서 전혀 피곤해 보이지 않았다. 결신 기도가 끝난 후 오늘 이 세상을 떠난다면 천국에 갈 수 있느냐고 다시 질문을 했더니 자신 있게 갈 수 있다고 대답했다. 또한 "하나님이 왜 자매님을 천국에 들여 보내주시겠느냐?"는 질문에는 "예수님이 나의 죄 값을 대신 치러 주셨기 때문"이라고 진지하고 정확하게 대답하였다. 우리는 자매님이 구원의 확신을 가진 것에 감격하며 밤 12시가 넘어 아쉬운 작별 인사를 하고 헤어졌다.

자기 아내의 구원을 위해 간절히 기도하는 가운데 여러 가지 여건상 도저히 전도 심방을 요청할 수 없는 상황 속에서도 자기 아내를 사랑하는 마음에 전도 심방을 요청한 남편의 그 진실한 사랑에 응답하시는 하나님을 찬양하였다.

참사랑이란 여자들이 좋아하는 보석을 부인에게 보따리로 선물하는 것보다 그 영혼의 구원을 위해, 또 구원받은 영혼이라면 믿음이 성장할 수 있도록 여건을 마련해 주고 함께 기도하며 예수님을 닮아가는 것이라고, 그래서 우리의 창조주이신 하나님을 기쁘시게 해드리는 일이라고 정의를 내려 본다.

16
이삿짐도 날라 주면서…

전도 폭발 10기 훈련이 시작되어 처음으로 전도 심방을 나가는 날이다. 훈련생 한 사람과 9기를 갓 졸업한 준훈련자 한 사람을 대동하고 교회에서 받은 주소를 가지고 집을 찾아 나섰다. 교회에서 떠나기 전에 열심히 기도한 덕분에 어렵지 않게 집을 찾을 수 있었다. 그러나 나이 많으신 할머님이 창 밖을 내다보고 계신 것이, 아무래도 집안에 식구들이 안 계신 것 같은 기분이 들었다. 할머님에게라도 복음을 전해야겠다고 생각하고 초인종을 눌렀더니, 예상대로 할머니와 고등학생쯤 되어 보이는 남학생만이 집을 지키고 있었다. 집안 분위기로 보아 갓 이사를 온 것 같았다.

"이사 오신 지가 얼마 안 되셨나 보죠?" 하고 여쭈어 보았더니 지금 이사 중이란다. 그래서 아들 며느리 손주가 이삿짐을 가지러 먼저 살던 집에 갔단다. 분위기로 보아 어수선하고 또 복음을 전하는 도중 식구들이 오면 그나마 분위기도 깨질 것 같아 한참을 기다렸지만 좀처럼 식구들이 돌아오지 않기에 할머니와 학생을 앉혀놓고 복음을 전하기 시작했다.

중간쯤 전했을 때 밖에서 인기척이 났으며, 스테이션 웨건과 승용차에 이삿짐을 잔뜩 싣고 와서 집으로 들어오는 것이다. 우리가 안에서 문을 열고 인사를 하면서 맞으니 약간 당황하는 것 같았다. 인사를 드리고 나서 우리 세 사람은 재빨리 신을 신고 나가 차에 싣고 온 이삿짐을 열심히 집 안으로 나르기 시작했다. 이삿짐을 차 속에 그대로 둔 채 복음을 전할 수가 없었으며 어색한 분위기를 전환시키기에는 안성맞춤이었다. 또한 그들은 도움을 필요로 할 만큼 피로해 보였다. 낮에는 일터에서 하루 종일 일하고 저녁 시간에 자기들 차로 이삿짐을 날라 오는 것 같았다.

이삿짐을 모두 집 안으로 옮겨 놓고 나니 두 부부가 굉장히 고마워했고, 우리도 기분이 좋아져 서로 서먹서먹한 분위기가 완전히 사라졌다. 세 사람이 더 왔으니 복음을 처음으로 돌아가서 다시 시작할 수밖에 없었다. 두 가지 진단 질문을 한 바에 의하면 부부는 확신이 있고, 할머니와 두 손자는 확신이 없었다. 부모와 함께 이삿짐을 가지러 갔던 큰아들은 한국말을 잘 못 알아듣는 것 같았다. 네 사람은 굉장히 진지하게 복음을 듣고 있었다. 극성(?) 맞은 준훈련자 P집사님이 얼른 눈치를 채고는 한국말을 잘 못 알아듣는 학생을 데리고 옆방으로 가서 영어로 복음을 전하는 것 같았다.

나는 네 사람에게 10기 훈련생들 앞에서 시범도 보일 겸 열심히 복음을 전한 결과 할머님과 학생이 예수님을 영접하겠다고 기도 인도를 해 달라는 것이다. 우리는 함께 손을 잡고 하나님 앞에 결신기도를 드렸다. 특히 연세 많으신 할머님이 "이제 내가 당장 죽어도 천국에 갈 수 있단 말이지?" 하면서 좋아하시는 것을 보니 우리 모두가 기뻤다. 큰아들을 옆방으로 데리고 들어갔던 P집사님도 자기가 짧은 영어로 복음을 전했는데도 학생이 주님을 영접했다고 좋아서 어쩔 줄 몰라 하셨다. 특히 오늘 훈련생으로 처음 전도 심방을 따라 나온 L양은 너무나 감격이 되어 "전도한다는 것이 이런 것이군요" 하면서 상기된 얼굴로 도전을 받는 것 같았다.

한 영혼이 천하보다도 귀하다고 하는데 오늘 세 명의 영혼을 주님께로 인도했다는 기쁨 때문에 우리는 하루 종일 쌓였던 피곤이 봄눈 녹듯 풀리며 얼굴에 생기가 돌았다. 밤 12시가 훨씬 넘어서 교회에 도착했다. 그때까지 기다리고 있던 L집사님 부부가 환하게 웃으며 "이렇게 늦게 돌아오시는 걸 보니 틀림없이 좋은 소식일 것"이라고 한마디 하셨다. 주님의 지상 명령이 전도일진대 이보다 더 좋은 소식이 어디에 있겠는가?

내 영혼이 은총 입어 중한 죄 짐 벗고 보니
슬픔 많은 이 세상도 천국으로 화하도다

새벽 1시가 가까워 오는 늦은 시간이지만 기쁨으로 가볍게 콧노래를 부르며 상쾌한 새벽 공기를 가르며 집으로 향했다.

17
태어나자마자 죽은 갓난아이는?

제14차 국제 전도 폭발 지도자 임상 훈련이 교회에서 있었다. 세계 각처에서 전도폭발훈련을 받기 위해 오신 56명의 목사님, 전도사님, 장로님과 집사님, 그리고 독일에서 오신 선교사님과 불란서 파리에서 오신 목사님 사모님들이 1주일간의 훈련 기간 중 교실 수업이 끝나고 OJT(On the Job Training)을 나가는 9월 24일 저녁이다.

우리 조는 플로리다 주에서 오신 목사님 한 분과 집사님 한 분이시다. 세 명이 차 안에서 열심히 기도하고 출발했다. 우리가 받은 주소는 다행히도 교회에서 과히 멀지 않은 아파트였다. 아파트인데도 문을 두드리니 개가 자지러지게 짖는 것으로 보아 애완용 개를 기르고 있는 것 같았다.

얼마 후 문이 열리며 부부가 웬 일이냐고 물었다. 우리는 J교회에서 왔는데 좀 들어가서 말씀드려도 되겠느냐고 했더니, 머뭇머뭇하면서 할 수 없이 허락을 하였다. 사실은 부인이 저녁에 영어를 배우러 다니는데 오늘 저녁은 몸살감기로 예정보다 일찍 돌아왔다는 것이다.

결혼한 지 10년이 넘었는데도 아직 아기가 없어 부부가 귀엽게 생긴 애완용 개를 자식처럼 생각하면서 키우고 있는 것 같았다. 우리 교회의 예배에도 몇 번 참석한 적이 있으며 교회에 대해서 굉장히 긍정적이었다. 몸이 불편해서 일찍 들어왔다는 부인도 집에 돌아오니 아픈 것이 나은 것 같다는 것이다. 상당히 마음이 열려 있는 상태를 보면서 정말 성령님이 준비해 놓으신 가정이라는 생각이 들었다.

'평신도가 목사님 앞에서 전도 시범을 보여야 할 터이니 하나님께서 미리 준비를 시켜 놓으셨구나' 하는 생각이 들 정도로 사람들이 순수하고 긍정적이었다. 반면에, 성경에 대해서 알고 싶어하는 좋은 방향의 질문들이 많았다. 죄의 기준 문제 등 여러 가지 이야기를 나누면서 복음을 전하는데, 이 세상에 존재하는 모든 인간은 죄인이라는 사실을 인정하면서도 태어나자마자 죽은 갓난아이는 어떻게 되느냐고 묻는 것이다. 자기 생각에는 태어나자마자 죽었으니까 죄가 없으므로 천국에 갔을 것이라고 한다.

이런 질문에서 잘못 섣불리 대답했다가는 꼬리를 잡히게 마련이며 또 전도란 말씨름이 아니라 영혼을 구원하는 엄청난 사역이기에 전도자 자신이 솔직하지 않고는 성령의 역사가 일어날 수가 없는 것이다. 그래서 이렇게 말했다.

"성경에서는 인간이 원죄를 가지고 태어나기 때문에 태어나자마자 죽어도 천국에 갈 수 없는 것으로 알고 있는데, 솔직히 이 문제에 대한 답은 모릅니다. 그러나 가장 중요한 것은 갓난아이가 죽으면 천국 가느냐 지옥 가느냐가 아니고 내가 죽었을 때 천국에 갈 수 있느냐 아니면 지옥에 가느냐가 문제이지요. 이에 대해선 성경에서 분명하게 대답을 해주고 있어요.”

솔직하게 모르는 것은 모른다고 이야기하니 오히려 상대방이 마음 문을 열고 친근감을 느끼는 것 같았으며 아무런 거부 반응을 느끼지 않고 복음을 전할 수가 있었다. 그런데 사탄의 방해 공작은 결정적인 순간에 시작되었다.

“두 분도 이 영생의 선물을 받기 원하십니까?” 하고 질문했을 때 전화벨이 따르릉따르릉 울리기 시작하였다. 부인이 얼른 가서 전화를 받으니 남편은 무조건 전화를 끊으라는 것이다. 부인이 전화를 끊고 제자리로 돌아오자 이번에는 문을 노크하는 소리가 들렸다. 아울러 애완용 개가 또 자지러지듯이 짖어대며 문 쪽으로 달려가는 것이다. 이번에는 남편이 나가서 문을 열었다. 결정적인 순간의 사탄의 방해는 전도를 해 본 사람이라면 누구나가 경험해 보았을 것이다. 우리는 눈을 뜬 채 속으로 기도하기 시작했다. 이 사탄의 방해를 물리쳐 주십사고…….

문을 닫고 돌아온 남편 말에 의하면 신문을 구독하라고 사람이 찾아왔다는 것이다. 이 밤중에 신문을 구독하라고 남의 집 문을 두드리다니 정말 이해가 안 되는 일이다. 흐트러진 분위기를 다시 바로 잡으려니 한참 뒤로 돌아가서 시작을 하는 수밖에 없었다.

이날 밤 사탄의 방해에도 불구하고 두 분은 결국 예수님을 영접하였다. 임상 훈련 규칙상 목사님이나 전도사님을 모시고 나갈 때 훈련자는 평신도이기 때문에 훈련생의 신분을 밝히지 않고 김 선생님, 이 선생님 등으로 소개해야 하므로 처음에 그대로 소개했지만, 두 분이 예수님을 영접하고 기뻐하는 것을 보면서 플로리다에서 오신 목사님의 신분을 사실대로 밝히고 아기도 가질 수 있도록 축복 기도를 부탁드렸다. 그렇지 않아도 평신도들 앞에서 침묵을 지키느라고 고생(?)하시던 목사님께서 이제야 내 일을 찾으셨다는 듯이 속이 후련하도록 축복 기도를 해주셨다.

18
밤중에 남의 집을 전화도 하지 않고 찾아오다니…

교회에서 뽑아준 이름과 주소를 보니 전에 두 번이나 갔다가 허탕을 치고 온 집주소였다. 한번은 좀 늦은 시간이었는데 집안에 불이 완전히 꺼져 있을 뿐만 아니라 새벽에 일을 나가시는 분이라는 것을 알았기에 문을 두드릴 용기가 나지 않아서 되돌아왔고, 한번은 밤 8시 30분경인데도 거실에만 희미한 불빛이 있고 모든 방에 불이 꺼져 있어 용기를 내어 초인종을 계속 눌렀지만 인기척이 없어서 되돌아왔던 집이다. 또한 14차 지도자 임상 훈련 때 심방 팀이 뉴욕에서 온 목사님을 모시고 갔다가 문전박대를 받고 돌아온 집이라고 어느 집사님이 넌지시 이야기해 주셨다.

훈련생인 두 여 집사님과 함께 초인종을 눌렀더니 부부가 반색을 하면서 어서 들어오라고 하였다. 마치 기다리고 있었던 것 같은 인상을 느껴 의아한 마음으로 들어가 거실에 함께 앉았다. 앉자마자 지난달 심방 팀을 문 밖에서 쫓아버렸던 일을 스스로 이야기하시는 것이다.

이른 새벽에 일을 가야 하기 때문에 일찍 잠자리에 들었는데 누가 초인종을 누르기에 잠옷 바람으로 양말도 신지 못하고 맨발로 나가 문을 열고 보니 교회에서 나왔다고 하는데 '교회 다닌다는 사람들이 이렇게 예의가 없을 수 있는가?' 하는 생각이 들면서 '밤중에 남의 집을 전화도 하지 않고 찾아오다니……' 어이가 없었단다. 더구나 자기는 이제까지 살아오는 동안 남에게 양말을 신지 않은 맨발을 보여준 적이 없었는데 자다 말고 맨발로 나가 보니 교회에서 왔다고 하니까 화부터 나더라는 것이다. 그래서 문 안에 발도 못 들여놓게 쫓아 보내고 나서는 그래도 화가 안 풀려 다음 주일에 이동원 목사님에게 항의를 좀 해야겠다고 벼르고 있는데 그러면 그럴수록 마음이 편치 않고 괴로웠다고 한다.

'보통 때도 내가 손님 대접을 이렇게 해본 적이 없는데 멀리서 오신 목사님들을 문전박대를 했다니…….' 도무지 마음이 괴로워 견딜 수가 없어서 그들이 전하고자 하는 성경 말씀이 무엇인지 궁금해서 성경을 읽기 시작했다고 한다. 성경을 밤낮으로 읽다보니 말씀이 깨달아지기 시작했다는 것이다. 사람들과 어울려 교제하는 것이 좋아서 구역 예배는 가지만 찬송가 부르는 사람들만 보면 주먹으로 한 대씩 때려주고 싶은 충동을 느끼면서 구역 예배가 끝나고 나면 오기로 유행가를 부르는 시간을 갖곤 했다는데 이제는 찬송을 부르는 시간이 그렇게 즐거울 수가 없다는 것이다.

지난번 문전박대했던 분들이 다시 한 번 심방을 와 주실 수만 있다면 극진히 대접해 드릴 수 있을 터인데 이제는 임상 훈련이 끝나고 모두 세계 각처로 흩어져 갔으니 다시 모실 수도 없고, 덕분에 다음 타자로 등장한 우리 심방 팀이 대접을 잘 받게 되었고 더욱 은혜로운 시간을 가질 수 있었다. 두 분은 마음 문이 완전히 열려 있는 상태였고 건드리기만 해도 떨어질 만큼 무르익은 과일을 연상케 했다.

하나님의 방법은 정말 인간의 방법과 다르며 최선의 방법이라는 생각을 다시 한 번 해보면서 당나귀 입을 통하여 발람 선지자를 꾸짖게 하시던 하나님의 방법이 이번에는 심방한 사람들에게 맨발을 보여줌으로 수치심을 자극하여 분노를 느끼게 하고 그 분노가 심방한 사람들을 문전박대함으로써 인간의 양심을 자극하게 하여 성경을 읽지 않고서는 견딜 수 없도록 만드신 하나님의 방법에 다시 한 번 감탄하지 않을 수가 없다.

복음을 전하기 시작하자 모든 말씀을 긍정하는 것은 물론 그동안에 있었던 생활 간증까지 하므로 우리는 마치 부흥회를 하는 기분이었다. 복음을 다 전한 후 자연스럽게 함께 손을 잡고 결신 기도를 하였다. 결신 기도가 끝나고 나니 제일 기뻐하는 사람은 부인이었다. 남편이 이제껏 자기가 원하는 것이라면 무엇이든지 해주었을 뿐만 아니라 그 비싼 벤츠 자동차까지 사 주었지만 남편을 예수 믿게 하는 것은 마음대로 되지 않는 괴로움에 세상의 물질적인 만족이 아무런 즐거움을 주지 못했다고 한다. 그런데 이제 마지막 소원인 남편이 예수를 믿게 되었으니 이 세상에 자기처럼 행복한 사람이 어디 있겠느냐고 기뻐하는 것이다.

이렇게 전도를 하러 다니다 보면 전도한 사람들을 양육시켜서 하나의 크리스천으로서 재생산할 수 있도록 하는 데까지 책임을 져야 하는 것이 주님의 지상 명령인 것을 알면서도 바쁘다는 핑계로 양육을 못하는 것에 죄책감을 느낄 적이 너무나 많다. 그런데 나중에 안 일이지만 함께 심방을 나갔던 여 집사님 중 J집사님은 매주 설교 테이프를 사서 일주일 동안 테이프를 들을 수 있도록 하고 그 다음 주에 다른 테이프를 사서 먼저 테이프와 교환하여 먼저 테이프는 또 다른 사람들에게 전해 줌으로써 전도한 사람들을 설교 테이프를 통해 양육하고 있었다. 이렇게 하나님이 그의 백성들을 요소요소에 배치하시고 사용하시는 것을 보면서 빈틈없는 주님의 역사에 다시 한 번 감탄했다.

19
세상이 감당치 못하는 못 말리는 사람

언제부터인가 낯선 얼굴 치고는 교회에서 꽤 설치고(?) 다니는 젊은 친구가 하나 있어서 누구인지 사무실에 물어 보았더니 유성회(유학생 성경공부 모임) 소속으로 주님을 위한 일이라면 못 말리는 사람이라고 P자매가 귀띔해 주었다. 그리고는 얼마나 열성이 대단한 사람인지 에피소드를 이야기해 주었다.

약 1년 전 동부 KOSTA를 개최해야 할 장소는 좁고 인원은 신문에 광고를 내지 않아도 충분히 채워질 것 같아 준비위원들 간에 예산도 부족하니 신문 광고를 하지 말자는 의견이 나왔었는데, 이 젊은 친구가 한마디로 잘라서 반대하기를 “150불 들여 신문 광고를 해서 단 한 명이 이 광고를 보고 찾아와 구원을 받는다면 당연히 신문 광고를 해야지 무슨 소리들을 하고 있느냐?”라고 호통(?)을 치는 바람에 준비위원들이 찍 소리도 못하고 신문 광고를 내기로 했다는 것이다.

그 이후로 이 젊은 친구를 유심히 살펴보면서 관심을 갖기 시작했다. 현재 메릴랜드(Maryland) 대학교에서 공학 박사 과정을 공부하고 있으며 우리 교회에 오기 전에는 어느 감리교회에 출석했었는데 교단에서 지정한 일정 기간이 지나도록 교회가 성장하지 못함으로 목사님은 다른 교회로 발령이 나서 가 버리셨는데, 목자 없는 양들을 이끌고 버틸 수 있는 데까지 버티어 보다가 평신도로서 역부족임을 깨닫고 더 배워야겠다는 생각에 우리 교회로 옮겨 온 것이다. 그리고는 전도 폭발, 목자 훈련을 비롯해 고급 성경공부는 다 찾아다니며 공부할 뿐만 아니라 새벽기도에도 젊은 부부가 매일 아침 나오는 것이었다. 정말 대단한(대가리가 단단한) 사람이라고 생각했다.

마치 성경(히 11:38)에 나오는 세상이 감당치 못하는 사람(믿음의 사람)이 바로 이 젊은 친구 같은 사람이라는 생각을 했는데, 어느 날 교회 복도에서 만나니 “한국에서 우리 장모님이 오셨는데 다음 주에 인사시켜 드릴 터이니 한번 시간을 내서 우리 집에 오셔서 장모님에게 복음을 전해 주세요” 하고 부탁하는 것이다. 그래서 왜 직접 전하지 그러느냐고 했더니 “예수님도 고향에서 배척받은 것 아시잖아요?” 하면서, 장모님이 미국에 머무시는 동안 어떻게 해서라도 예수님을 믿고 구원을 받도록 해드려야겠다고 간청하는 것이다. 역시 세상이 감당치 못하는, 못 말리는 사람임이 확인되었다.

그 다음 주 교회 친교실에서 만나 뵌 젊은 친구의 장모님은 어찌나 젊고 애교가 많은지 이 친구 부인의 어머니라고 믿어지지가 않을 정도였다. 약속 날이 되어 직장에서 끝나는 대로 아내와 함께 주소와 설명서를 가지고 집을 찾아 나섰다. 못 말리는 사람답게 자세한 설명서는 어느 길에서 몇 미터 가면 우체통이 있는데 거기서 우회전하라는 정도로 자세히 설명해 주어 생전 처음 가보는 동네였지만 쉽게 찾을 수 있었으며, 메릴랜드 대학교 근처의 아파트로 유학생들이 많이 살고 있음을 한눈에도 알 수 있었다. 아파트 넘버를 찾아가니 벌써 문을 열고 나와서 반갑게 맞이해 주는 것이다. 집 안에 들어서니 저녁상이 마련되어 우리를 기다리고 있었다.

복음을 전하러 다니다 보면 문전박대를 받기가 일쑤인데, 오늘은 맛있는 음식까지 마련해 놓고 기다리고 있으니, 대접받고 주님의 명령에 순종하고 정말 해볼 만한 일이다. 저녁 식사가 끝난 후 여러 가지 이야기를 하면서 자연스럽게 복음을 전하기 시작했다.

미국 와서 얼마 되지는 않았지만 그동안 사위와 딸이 신앙생활하는 것을 보면서 제일 먼저 느낀 것이 좀 적당히 믿을 수는 없을까 하는 것이었다고 한다. 새벽같이 일어나서는 가까운 거리도 아닌 교회에 가 새벽 기도를 하고 와서 학교가 끝나면 저녁에 또 교회를 가니 저렇게 매일 교회에만 붙어 살면 언제 공부를 해서 박사 학위를 받을지 걱정이 된다는 것이다. 그래서 이왕 신앙생활 할 바엔 저렇게 화끈하게, 못 말릴 정도로 하는 것도 좋은 일이며 나머지는 하나님이 책임져 주실 터이니 걱정하지 말라고 말씀드렸지만 자못 걱정스러운 눈치였다.

복음을 듣고 다 이해가 된다고 하시면서도 선뜻 결신하기를 꺼려하셨는데, 그 이유는 결신해 놓고 교회에도 못 나가고 지켜야 할 일들을 제대로 못 지키면 오히려 마음이 편치 않기 때문이라는 것이다. 그래서 예수를 믿고 모든 것을 다 지킬 수 있는 사람은 이 세상에 한 사람도 없으며, 믿는 사람과 믿지 않는 사람의 차이점은 믿는 사람은 그 순간부터 하나님의 자녀가 되므로 잘못한 것을 하나님

아버지께 자백함으로 용서받고 천국에 갈 수 있지만 믿지 않는 사람은 창조주 하나님과 아무런 관계가 없으므로 잘못을 용서받을 수 없기 때문에 죽으면 지옥에 가는 것이라고 설명했더니 천국과 지옥이 있는지 없는지 어떻게 아느냐고 되묻는다.

"만일 우리가 예수 믿고 이 세상을 살다가 죽어보니 천국과 지옥이 없다고 가정해 봅시다. 천국과 지옥이 없다는 것은 우리의 영혼도 죽으면 없어진다는 이야기이므로 That's OK, 손해 볼 것이 아무것도 없지만, 만일 천국과 지옥이 없다고 생각하면서 예수를 믿지 않고 살다가 어느 날 죽었는데 천국과 지옥이 있다고 하면 그때는 어떻게 하시겠습니까? That's too late! 그때는 후회해도 소용없고 탄식해도 소용없이, 지옥의 유황불 속에서 죽고 싶어도 영원히 죽을 수 없는 고통 속에서 살아야 한다는 것을 생각해 보세요. 주님이 어머님의 마음 문을 항상 두드리고 계시는 것은 아닙니다. 오늘 저라는 사람을 통해 어머님의 마음 문을 두드리고 계신데 어서 마음 문을 열고 주님을 영접하십시오. 주님을 영접하고 난 후에는 못 지킬 것부터 걱정하지 마시고 그분에게 모든 것을 맡기고 도와 달라고 기도하시면 됩니다."

우리는 드디어 함께 손을 잡고 하나님 앞에서 예수님을 나의 구세주와 주님으로 받아들이겠다는 결신 기도를 드렸다. 그 뒤로 매주 교회에서 뵐 적마다 옛날부터 사귀어 온 사람처럼 반가웠다.

그 후 이 젊은 친구는 자기 집에서 성당에 다니는 사람들을 모아놓고 매주 수요일 저녁 소그룹 성경공부를 한다는 소식을 들으며 역시 세상이 감당치 못하는 못 말리는 사람임을 다시 한 번 확인했다.

2부

때를 얻든지 못 얻든지

한국 편

1
때를 얻든지 못 얻든지

미국 온 지 11년 만에 고국 방문길에 올랐다. '오죽 사람이 변변치 못하면 11년 동안 한국을 한 번도 못 가 봤을까?' 생각하니 정말 변변치 못함을 다시 한 번 느낀다. 미국 온 지 3-4년 되었을 때만 해도 그렇게 가보고 싶었던 고국인데 예수님을 나의 구세주와 주님으로 모신 후부터는 간절하게 가고 싶은 생각은 없어졌다. 왜냐하면 인생의 가치관이 달라졌다고나 할까? 예수님 믿기 전에는 내 인생의 우선순위가 돈과 명예였으니, 이에 수반되는 술과 담배, 그리고 여자는 자연히 뒤따르게 마련이었고 한국에 가고 싶었던 것도 그런 세상적인 즐거움을 찾기 위해서였는데, 예수님을 믿고 나니 이런 것들이 다 무용지물이 되어 버렸기 때문이다. 그렇다고 전도를 하자니 한국에 있는 전도 대상자가 워싱턴에 있는 우리 교회에 나올 리 만무하고(전도는 꼭 우리 교회로 데려와야만 하는 것으로 알았다), 그렇다고 한국에 있는 친구들을 만나면 술집에 데리고 갈 터인데 술, 담배 끊었다고 안 먹고 안 마시다가는 낭패만 당할 것이 뻔하지 않은가.

그런데 교회에서 매주 화요일에 증인반(전도 폭발) 훈련을 수료한 후부터는 전도의 의미가 달라졌고 사명감이 달라졌다. 전도는 꼭 우리 교회로 인도해야 하는 것이 아니며 어느 곳에 있든지 있는 자리에서 불신자들을 예수님 앞으로 이끌어 주는 일이며, 무엇보다 중요한 것은 예수님을 나의 구주와 주님으로 영접시키는 일이라는 것을 알았다. 그리고 이 일은 내가 하는 것이 아니고 성령께서 하시는 일이고 우리는 그 도구로 사용되기만 하면 되는데, 그 도구로 사용되기 위해서는 준비가 되어 있어야 한다는 사실(딤후 2:21)을 알았다.

이 전도 훈련을 받고 난 후에는 한국에 가야겠다는 의욕이 생겼다. 왜냐하면 한국에 있을 때 교회에 나가지 않았던 나의 배경으로서는 이보다 더 좋은 황금 어장은 없었기 때문이다. 내 머릿 속에는 믿지 않는 세상적인 친구들이 헤아릴 수 없이 스쳐갔다. 그 친구들을 자신 있게 만날 수 있을 것 같았다. 그래서 결국 11년 만에 한국을 방문하게 된 것이었다.

나는 비행기에 오르기 전 다시 한 번 하나님께 기도드렸다. 이번 한국 여행이 보람있는 전도 여행이 되게 해 달라고, 그래서 세상에 태어나서 처음으로 사람다운 노릇을 하게 해 달라고 말이다. 그러나 기도가 부족했던지 옆자리에 앉은 사람은 한국 사람이 아니었다. 둘러보며 전도 대상자를 찾았으나 빈 자리가 없이 꽉 찬 비행기 내에서 개인 전도는 거의 불가능이었다. 그러나 성경에 "너는 말씀을 전파하라 때를 얻든지 못 얻든지 항상 힘쓰라"(딤후 4:2)는 말씀이 생각나 비행기 안을 한 바퀴 도는데, "아저씨!" 하고 부르는 소리가 들렸다.

부르는 쪽을 바라보니 10년 전, 이민 온 지 얼마 안 되어 High's에서 일할 때 파트타임으로 일했던 고등학생 J군이 듬직한 청년이 되어 나를 알아보고 부르는 것이었다. 나는 그 J군을 전도 대상자로 마음먹고 기회를 찾았으나, 장소가 마땅치 않아 시애틀에서 비행기를 갈아타기 위해 3시간을 기다려야 하는 그 시간을 이용하기로 했다. J군은 시애틀 공항에서 디트로이트에 사는 외사촌 동생 K군을 만나 함께 한국으로 가기로 했다는 것이다.

약 8시간 만에 시애틀에 도착하여 두 사람이 만났고, 그 두 사람을 옆에 앉혀 놓고 기도하는 마음으로 질문을 시작했다. 질문을 통해 J군은 가끔 가까운 교회를 나갔으며, K군은 전혀 교회에 나가지 않는다는 사실을 알게 되었다. 그래서 두 사람에게 간단한 나의 간증 이야기를 했다.

하나님은 살아 계셔서 지금도 우리의 모든 것을 지켜보고 계시다는 사실과 우리가 죽은 후에 우리의 영혼이 천국이나 지옥으로 가서 영원히 살게 되는데 지옥에 간 영혼은 유황 불못 속에서 죽고 싶어도 죽지 못하고 영원토록 그 형벌을 받아야 한다는 것을 알리고는 슬며시 두 청년에게 "지금 이 세상을 떠난다면 천국에 갈 확신이 있느냐?"고 물었다. 둘 다 "자신이 없다"고 말했다. 그러면 어떤 사람이 천국에 갈 수 있다고 생각하냐고 물었더니, J군은 "예수를 믿어야 한다"고 말하면서 자기는 너무나 부끄럽게 예수를 믿어서 천국에 못 갈 것이라고 말했고, K군은 "좋은 일을 많이 하는 사람만이 갈 수 있을 것"이라는 대답을 했다.

나도 전에는 좋은 일을 해야만 천국에 갈 수 있는 것으로 알았는데, 하나님의 감동으로 쓰여진 성경(딤후 3:16) 말씀에 의하면 천국은 하나님께서 우리에게 값없이(공짜로) 주신 선물이며(롬 6:23), 그것은 돈이나 공로나 자격으로 얻어지는 것이 아니라는 것(엡 2:8-9)을 성경 말씀을 찾아서 읽어 주었다. 처음에 아주 무관심한 것처럼 듣고 있던 K군의 눈에 빛이 번쩍하는 것을 느낄 수 있었으며, 아울러 성령께서 역사하고 계시구나 하는 확신을 가질 수 있었다.

하나님께서 천국 갈 수 있는 기준을 하나님처럼 온전(죄가 전혀 없음)해야 한다(마 5:48)고 정해 놓으셨는데, 아담의 혈통을 타고난 모든 인간은 죄인일 수밖에 없다는 것과 그렇기 때문에 인간은 자기 자신의 힘으로는 천국 갈 수 없다는 것을 예를 들어 설명해 주었다. 두 사람은 심각하게 죄인인 것을 인정하면서 나에게서 무슨 말이 더 나올까 하는 궁금한 표정을 지었다.

> 사랑하지 아니하는 자는 하나님을 알지 못하나니 이는 하나님은 사랑이심이라(요일 4:8)

그럼에도 불구하고 하나님은 사랑(요일 4:8)이시기 때문에 우리 죄인들을 벌 주기를 원치 않으시지만, 또한 하나님은 공의로운 분(출 34:7)이시기 때문에 우리의 죄 문제를 해결하지 않고서는 우리를 천국에 데려갈 수 없기 때문에 그 전지전능하신 하나님께서 제한된 우리의 육신을 입고 이 땅에 오신 것(요 1:1, 14)이라고 성경 말씀을 풀어서 설명하며 이해를 돕기 위해 개미의 예화를 들었다.

"어느 날 길을 걸어가는데 개미들이 장마철이라 그런지 줄을 지어서 아스팔트길을 건너가는 거야. 저쪽에서는 아스팔트 공사를 해오고 있어서 그대로 두면 개미들이 다 죽을 것 같아 개미들에게 '야,

개미들아, 그대로 길을 건너면 안 돼'라고 이야기했지만, 개미들은 사람의 말을 알아들을 수 없기 때문에 계속해서 길을 건너가고 있는 거야. 그래서 어떻게 하면 저 개미들을 살려줄 수 있을까 생각해 보니 내 자신이 개미가 되어 그들 속에 들어가 그들이 알아들을 수 있는 말로 위급한 상황을 알려주는 방법밖에는 없는데 사람이 어떻게 개미가 될 수 있느냐는 말이야. 그러나 하나님은 전지전능하시기 때문에 개미도 될 수 있고 사람도 될 수 있는 분이므로 우리 인간들이 죄의 길로 지옥에 가고 있는 것을 보시고 인간들에게 인간들이 알아들을 수 있는 말로 위급한 상황을 알려주어 천국으로 가게 해주기 위해서 오신 분이 바로 예수님이시며, 그 예수님이 곧 하나님이시란다."

둘 다 이해가 되는지 고개를 끄덕였다. 그러면 그 예수님이 이 땅에 오셔서 무엇을 하셨는가? 우리가 교회에 나가면 "예수님이 십자가에서 피를 흘리심으로 우리의 죄 값을 치러 주셨기 때문에 우리는 예수를 믿음으로 천국 갈 수 있다"라는 이야기를 귀가 아프도록 듣는다. 그렇지만 나의 경험에 의하면 오랫동안 교회에 다니면서도 이 말이 이해가 안 되었고, 하나님이 살아 계시다는 것을 체험하면서도 '예수님의 피가 어떻게 나의 죄를 씻어 줄 수 있는가?'라고 생각했고, 부활절이 되어도 예수님의 십자가 사건이 실감나질 않았었다. 그런데 성경을 읽으면서 깨닫게 되었고 믿음이 없는 나에게 믿음까지도 하나님께서 은혜로 주셨던 것을 생각하며 눈물 흘렸던 기억이 나면서 이 문제를 자세히 설명해야겠다고 생각했다.

그래서 성경을 꺼내 창세기를 펼쳤다. 하나님이 태초에 천지를 창조(창 1:1)하시고, 만물을 창조하신 후 우리 인간들에게 지켜야 할 법을 주셨는데, 아담이 하나님의 명령을 거역하고 에덴동산에서 선악과를 따먹고 눈이 밝아져 벗은 줄을 알고 무화과나무로 치마를 만들어 입었을 때(창 3:7), 하나님께서는 자비로우신 분이기에 아담을 그 자리에서 죽이시지 않고 대신 동물을 잡아 가죽옷을 지어 입히셨다(창 3:21)고 되어 있다.

이 말은 곧 동물이 피 흘려 죽음으로 아담의 죄 값을 대신 치러 주었다는 이야기인데 어떻게 피가 죄 값을 치를 수 있는가? 창세기 9장 4절을 보면 '그러나 고기를 그 생명 되는 피째 먹지 말 것이니라', 곧 피는 생명(피=생명)이라는 이야기이며 인간들이 죄를 지었을 때 죄의 삯은 사망(롬 6:23)이기 때문에 생명을 바쳐야 하는데, 그러다 보면 이 세상에 살아남을 인간이 하나도 없으므로 인간들의 생명 대신 흠 없는 동물(소, 양, 비둘기 등)의 생명(피)을 드려 제사를 드리면 죄 용서함을 주기로 작정하셨고, 모세를 통하여 레위기에 제사드리는 법을 기록하여 놓으신 것이며, 동물의 피는 인간의 죄를 한 번밖에 씻어줄 수 없기 때문에 하나님께서는 나 같은 죄인을 위해 염소와 송아지의 피로 아니하시고 오직 자기 피로(흠이 전혀 없으신) 영원한 속죄를 이루셨다(히 9:12)고 설명했다.

또한 그분은 시간과 공간의 제한을 받지 않는 분이기시 때문에 우리의 과거와 미래를 자유자재로 왕래하실 수 있는 분이며, 2천 년 전에 십자가에서 흘리신 그 피를 가지고 10년 전에 내가 지은 죄 있는 곳에 가서 피를 뿌려 깨끗게 해주실 수 있는 분이라고 설명했다.

그렇다면 누구나 다 천국에 갈 수 있느냐? 그렇지는 않고 나의 힘으로는 도저히 천국에 갈 수 없지만 성경대로 예수님께서 나의 모든 죄를 지고 십자가에서 피 흘려 죽으시고 장사된 바 되었다가, 성경대로 사흘 만에 다시 살아나셔서(고전 15:3) 지금도 살아 계셔서 우리의 일거수일투족을 지켜보고 계시며 우주 만물을 주관하고 계시다는 사실을 믿는 사람만이 천국에 갈 수 있다고 설명했다. 곧 믿음은 천국 문을 여는 열쇠이며, 믿는다는 것은 곧 예수님을 구주요 주님으로 영접하는 일이며, 영접하는 순간 우리에게는 영생의 선물이 주어지는데 이 영생의 선물을 받기를 원하느냐고 물었다.

영접하는 자 곧 그 이름을 믿는 자들에게는 하나님의 자녀가 되는 권세를 주셨으니(요 1:12)

이 순간이 가장 결정적인 순간이며 매주 화요일 증인반에서 전도 심방을 나갔을 때에도 이 순간만 되면 전화벨이 울리든가, 아이가 울든가 해서 사탄이 결신을 방해하는 것을 종종 보는데, 이날은 한국에 데리고 나가는 우리 딸이 옆에 앉아 책을 읽고 있다가 갑자기 "아빠, 나 배고파" 하는 것이 아닌가? 얼른 주머니에서 돈을 꺼내 주고는 "너 먹고 싶은 것 사먹어" 하고는 다시 질문을 했고 그들은 영생의 선물을 받기 원한다고 함으로 우리는 공항 대합실에서 함께 손을 잡고 결신 기도를 했다.

결신 기도 후 K군은 처음에 무관심했던 표정과는 달리 너무나도 밝은 표정으로 기뻐하였다. 그런데 워싱턴에 사는 J군은 "아저씨, 저 이 기도는 세 번째예요"라고 말하는 것이었다. 그래서 "네 생각으로는 내가 지금 전한 복음이 너에게 사실로 믿어지느냐"고 물으니, 자기는 이미 믿고 있다고 해서 요한복음 6장 47절 말씀으로 확신시켜 주었다. 또한 요한복음 10장 27절 말씀을 가지고 확신을 시킨 다음, "그럼 지금 당장 죽어도 천국에 갈 확신이 있느냐"고 물으니 둘 다 갈 수 있다고 자신 있게 대답하였다.

진실로 진실로 너희에게 이르노니 믿는 자는 영생을 가졌나니(요 6:47)

거의 2시간에 걸쳐 공항 대합실에서 복음을 전했지만 하나도 피곤하지 않았으며 듣는 두 청년도 아주 진지하게 들었다. 이것이 한국 전도 여행의 첫 열매(K는 결신, J는 확신)였다.

나같이 모자라는 사람을 하나님의 복음 전하는 도구로 써주시는 하나님께 다시 한 번 감사를 드리며 시애틀에서 서울까지 가는 비행기 옆자리에는 꼭 믿지 않는 한국 사람이 앉게 해 달라고 기도드렸다.

2
비행기 안에서의 두 번째 열매

시애틀에서 논스톱으로 김포까지 갈 노스웨스트 보잉 747에 올랐다. 젊은 동양인 청년 하나가 내 옆자리에 와서 앉았다. 아무리 보아도 한국 사람 같지 않고 일본 사람 같아 보였다. 비행기 안에서의 전도는 또 틀렸구나 생각하는데, 스튜어디스가 여러 가지 신문을 들고 한 바퀴 도는데 이 청년이 〈동아일보〉를 집어 드는 것이 아닌가? 그 순간 믿지 않는 사람을 옆에 앉게 해 달라고 기도한 기도의 응답이라는 확신이 왔다. 그러나 서두를 필요는 없었다. 한국에 도착하려면 8시간 이상의 시간 여유가 있었기 때문이다.

한참 만에 신문을 다 본 것 같아 말을 걸었다. 서로 말을 주고받는 가운데 그가 시카고 대학교에서 경영학 석사(MBA)를 마치고 귀국 중임을 알았고, 서울 여의도에 살고 있으며 박씨 성을 가진 형제임을 알게 되었다. 교회는 가끔 나가며 천국 갈 확신이 없다고 했다.

나는 지금 당장 죽어도 천국 갈 수 있는 확신이 있는데 박 선생도 어떻게 하면 천국 갈 수 있는지를 듣고 싶지 않느냐고 물으니, 듣고 싶다고 하였다. 그래서 "천국은 하나님께서 값없이 우리 인간들에게 주신 선물이지만 우리 인간은 모두 죄인이기 때문에 그 천국에 들어갈 수 없게 되었다. 그럼에도 불구하고 하나님은 사랑이시기에 우리들을 천국에 데려가시기 위해, 제한된 인간의 육신을 입고 이 땅에 오셔서 십자가에서 보혈을 흘려 돌아가심으로 우리의 죄값을 치러 주시고 우리에게 천국 갈 수 있는 길을 마련해 주셨다. 그 분은 장사된 지 3일 만에 부활하시고 지금도 살아 계셔서 이 비행기 속에서 박 선생과 내가 대화하고 있는 것을 지켜보고 계신다." 그리고 그 예수님을 믿는다는 것은 이 사실을 믿는 것이지, 교회만 나가면 그것이 곧 예수를 믿는 것이 아니라는 사실을 성경 구절 하나하나를 찾아서 읽혀가면서 일일이 필요한 예화들을 들어가며 설명했다.

전도를 하다 보면 공통적으로 느끼는 것이, 공부를 많이 해서 모든 것을 이치적으로 따지기 좋아하는 사람들에게 전도하기가 무척 어려운데, 이 청년은 성령님께서 미리 준비시켜 주셨음을 알 수 있었다.

날카롭고 이지적인 면모(그래서 처음에 일본 사람으로 생각함)에 비해서는 너무나도 순수하고 진지하게 복음을 받아들이면서 하는 이야기가 '사실은 요즈음 전혀 교회를 안 나가고 있는 상태이며, 오늘 자기에게 전해 준 이야기가 자기에게 꼭 필요한 이야기였고, 자기는 신이 존재한다는 사실은 믿고 있었다'는 것이다. 왜냐하면 자기가 어떠한 일을 당할 때마다 누군가를 보내주어 어려운 문제들을 해결해 주는 것을 느낄 수 있었으며, 요즈음은 신앙 상태로 고민을 하면서 교회도 안 나가고 방황했었는데 오늘에서야 이 진리를 깨달았으니 얼마나 감사한지 모르겠다고 하였다.

그래서 "그 신이 곧 하나님이시며, 하나님이 얼마나 박 선생을 사랑하고 계시면 박 선생이 예수님을 믿기 전부터 어려운 일을 당할 때마다 다른 사람을 통해 도와주시고 가장 중요한 영생의 문제를 오늘 이 비행기 속에서 옆자리에 나를 앉혀 주시어 해결해 주셨겠는가? 아마도 하나님께서 장차 박 선생을 크게 쓰시려는가 보다"라고 이야기하며 함께 손을 잡고 하나님께 결신 기도를 했다.

결신 기도가 끝나고 난 그의 얼굴은 매우 밝은 표정이었으며 무척 감사해하고 있었다. 그래서 하나님의 자녀로 태어났으면 해야 할 일이 있다는 것과 교회 나가야 할 이유를 설명해 주었다.

"어린아이가 태어나면 육적인 양식을 먹어야 자라는 것같이 영적인 양식(벧전 2:2)인 하나님의 말씀을 먹어야 하는데 이것이 곧 성경이니 성경을 읽어야 한다. 어린아이가 호흡을 해야 살 수 있는 것같이 영적 호흡은 기도(요 15:7)이기 때문에 기도를 해야 한다. 그러나 잘 먹고 호흡만 잘하며 운동을 하지 않으면 비만증에 걸리는 것과 같이 영적인 운동을 해야 하는데, 그것이 곧 성도들 간의 교제(요 13:34-35)이고 불신자를 향한 전도(요 15:8)이다. 아울러 우리는 우리를 지으시고 자녀 삼아주신 하나님을 예배할 의무가 있고, 우리가 교회에 나가지 않고 기도하고 성경은 읽을 수 있을지 모르지만 성도들 간의 교제와 올바른 성경공부를 해서 전도하기 위해서는, 또 하나님을 예배하기 위해서는 꼭 교회에 나가야 한다."

그리고는 집이 여의도이니 여의도침례교회를 나가면 좋겠다고 했더니 자기 집에서 아주 가깝다고 하였다. 여의도침례교회의 한기만 목사님은 가끔 우리 교회에도 오셔서 설교를 하시는 것을 들었는데 훌륭하신 목사님이라고 그 교회에 나갈 것을 권유했더니 아주 기쁘게 승낙했다.

너희가 열매를 많이 맺으면 내 아버지께서 영광을 받으실 것이요(요 15:8)

한국에 도착하기 전에 비행기 속에서 두 번째 열매를 얻었다. 전도를 하기 위한 준비 기도가 얼마나 필요한 것인지 다시 한 번 실감하면서 결신한 영혼들이 잘 성장하도록 하나님께 간구했다.

3
죄 지은 사람이 형무소가 없기를 바라듯…

예정대로 1988년 8월 4일 오후 6시 20분에 김포공항에 도착했다. 공항에는 아버님을 비롯해서 친지 친척들이 나와서 반가이 맞아 주었다. 무척도 많이 변화한 김포 가도를 달리면서 11년 전, 말 설고 물 선 미국 땅을 향하여 막연히 지상낙원을 마음속에 그리며 무작정(?) 이민 길에 오르던 감회가 새로웠다.

11년 동안 무엇이 달라졌나를 생각해 본다. 가장 큰 변화는 우선 미국 갈 때 성공해서 돌아오라고 눈물 흘리시던 어머님이 이민생활 1년 만에 돌아가셔서 다시는 볼 수 없게 되었고, 함께 데리고 나온 딸이 두 살짜리 젖먹이였는데 이제는 열세 살의 중학생이 되었으며, 내 머리가 'salt & pepper style'(희끗희끗해짐)로 변해 누가 보아도 40대 후반의 중년임을 알게 되었다. 무엇보다 더 큰 변화는 한국에서는 교회 근처에도 안 나가던 내 자신이 미국 간 후 예수님을 나의 구세주와 주님으로 영접하게 되었고 오늘 당장 죽어도 천국 갈 수 있는 확신을 갖게 되었으니, 이것이야말로 기적이 아니겠는가?

10년이면 강산이 변한다고 하지만 내게는 강산의 변화보다 더 큰 변화가 있었음을 시인하면서 세상적으로 출세를 해서 금의환향은 못했을지 모르지만 나는 그보다 더 큰 것을 소유했다는 자부심 속에 한강변의 63빌딩을 지나 올림픽 대로를 달리고 있었다. 미국의 뉴욕을 방불케 할 만큼 우뚝우뚝 솟아오른 서울의 빌딩들을 바라보면서 또 이제는 한국도 많이 살기 좋아졌다는 가족들의 이야기를 들으며 아슬아슬한 운전 솜씨(셋째 동생)에 감탄을 하다 보니 어느새 둘째 동생 집에 도착했다. 둘째, 셋째 동생과 부인들, 아이들, 그리고 고향(경기도 이천)에 살고 있는 큰누님과 큰아들 모두 함께 모여 저녁 식사를 하면서 이야기의 꽃을 피웠다.

저녁 식사 후 큰누님은 아들과 함께 개포동(옛날엔 개도 포기한 동네였는데 지금은 개도 포니 타고 다니는 동네로 발전) 아들 집으로 가 버렸다. 아버님과 둘째 동생 내외, 셋째 동생 내외만 남아 여름철이라 대청마루 문을 다 열어놓은 채 선풍기를 틀어 놓고, 그동안 미국에서 살던 이야기를 하기 시작했다. 나의 미국 이야기라면 간증을 빼놓고 무엇이 있겠는가?

미국 이민 초창기에 토요일, 일요일도 없이 일주일에 100시간씩 일을 하면서 고달픈 이민 생활을 달래기 위해 억지로 시간을 내 교회를 나가다가 믿음이 없던 사람이 믿음을 가지려 하니까 시험이 오기 시작하여 도저히 감당할 수 없어 교회 나가는 것을 중단했던 이야기, 그 후 친한 친구와 동업하다가 사기를 당해 도저히 내 힘으로는 해결할 수 없는 막다른 골목에 다다랐던 이야기, 그로 인해 다시 교회를 찾아 나가 하나님께 매달려 할 줄도 모르는 기도를 했던 이야기, 내 기도에 응답해 주심으로 살아 계심을 알게 하시고 하나님의 임재하심을 피부로 느끼게 해주셨고, 내 삶의 모든 문제를 해결해 주신 하나님 이야기, 그리고 그 하나님께서 지금도 나의 삶을 책임져 주시고 계시기 때문에 그저 감사한 마음으로 살아갈 수 있다고 하면서 자연스럽게 복음 제시를 하기 시작했다.

참으로 하나님께 감사한 것은 내가 미국 오기 전에는 우리 가족이 한 사람도 교회에 나가지 않았었고 현재 캘리포니아에 살고 있는 둘째 누님(감리교신학대학 졸업)이 그렇게 가족들을 전도하려고 애썼지만 단 한 사람도 전도를 못했었는데, 11년 만에 돌아와 보니 두 제수씨가 교회를 열심히 나갈 뿐만 아니라 두 가지 진단 질문을 통하여 구원의 확신이 있음을 알 수 있었다. 그러나 아버님과 동생들은 옛날이나 별다름이 없었다. 이것은 곧 성령님께서 내가 우리 가족을 전도할 수 있도록 미리 준비시켜 주신 것이다.

열심히 천국에 대해 설명을 하지만 어려서부터 가장 말썽을 많이 부렸던 셋째 동생이 하는 소리가, 천국과 지옥이 어디 있으며 만일 있다고 하면 자기는 천국과 지옥 중간쯤으로 갈 테니까 괜찮다는 것이다. 이제 나이 사십이 되어 두 아이의 아버지이니 옛날처럼 야단칠 수도 없고, 그렇다고 우격다짐으로 해서 될 일도 아니고, 정말 예수님의 말씀처럼 고향과 친척들의 전도가 정말 어렵구나 하는 것을 깨달을 수 있었다.

이때 성령님께서 내게 지혜를 주셨다. 그래서 동생에게 이렇게 이야기했다.

“네가 생각하는 것처럼 네가 죽고 난 후에 천국과 지옥이 없다면 너에게 얼마나 다행이겠냐? 그렇지만 천국과 지옥은 네가 있다고 생각하건 없다고 생각하건 관계없이 확실히 존재하는 것인데 죄를 많이 지은 사람이 형무소나 경찰서가 없기를 바라는 마음과, 천국에 갈 자신이 없는 네가 천국과 지옥이 없기를 바라는 마음과 무엇이 다르냐? 죽으면 너는 틀림없이 지옥에 갈 텐데 어떻게 할래?"라고 했더니 지옥에 가기는 싫은 모양이다.

셋째 동생은 한참 머뭇거리다가 그것을 어떻게 알 수 있느냐고 관심을 표명했다. 그래서 성경 말씀에 틀림없이 그렇게 쓰여 있으며 천국 아니면 지옥이지 중간쯤이란 곳은 없다는 사실과 성경이 왜 하나님의 말씀인지를 한참 설명해야만 했다. 친척이나 친지들에게는 간증보다 더 좋은 전도 방법은 없다는 것을 알게 되었다.

순간 하나님께서 왜 나를 미국까지 데려오셔서 이 같은 많은 간증거리를 주셨는지를 깨닫게 되었다. 그래서 간증의 방향을 바꾸기 시작했다. 처음에는 현재 하나님이 너에게 얼마나 큰 축복을 주셔서 잘 살아가고 있는지를 자랑 같아서 이야기를 안 하려고 했는데, 세상적인 삶, 특히 물질적인 것을 우선순위로 놓고 있는 사람들에게는 예수님을 믿는다고 하면서 경제적으로 너무 궁핍한 것은 확실히 하나님의 영광을 가린다는 생각이 들었다. 그래서 다시 사기당해서 다 날아간 상태로부터 시작해서 불과 5년 만인 지금 내가 무슨 차를 타고 다니는지 아느냐고 물었다. 차 사업을 하고 있는 동생이니까 차에 대해서는 잘 알 수밖에 없었기 때문이다. 그래서 내가 타고 다니는 차가 '메르체데스 벤츠 500 Sel'이며 그렇게 좋은 차를 타고 다닐 수 있었던 상황과 하나님께서 내게 주신 축복을 자세히 이야기해 주었다.

동생이 깜짝 놀라는 것을 얼굴에서 읽을 수가 있었다. “이래도 하나님이 안 계시다고 이야기할 수 있냐?”라고 물었더니, “그러면 누구든지 예수만 믿으면 하나님이 도와주시고 죽은 후에 천국 갈 수 있어?”라고 묻는 것이었다. 그래서 천국 가고 싶으면 지금부터 내가 하는 이야기를 잘 듣고 하라는 대로 하면 된다고 했다. 복음을 순조롭게 제시할 수 있게 된 것이다. 복음 제시가 끝난 후 아버님과 둘째 동생, 셋째 동생이 한꺼번에 주님을 영접하였다.

늘 하나님께서 내게 과분한 집에 과분한 차를 주셨다고 생각했는데, 그 이유를 이제 알 수 있을 것 같았다. 결신 기도가 끝난 후 간단하게 즉석 양육 지도를 마치고 나니 새벽 3시가 되었다. 시간 가는 줄 모르고 복음을 전했으나 모두가 피곤치 않아 보였다. 우리 가족은 모두 즐겁게 잠자리에 들었다.

4
만년 초등학교 교장 선생님

다음날 천호동에 사시는 고모님 댁을 방문했다. 고모부님이 초등학교 교장 선생님이시라 자식들 교육도 철저히 잘 시키셔서 부모님께 순종 잘하는 효자, 효녀들이었다. 모두 결혼해 분가하고 출가한 아들딸들이지만 11년 만에 이종사촌인 내가 미국에서 왔다고 전화로 연락해서 모두 집합시켜주셨다. 일일이 찾아가 만나보자면 힘도 들고 시간도 없을 터인데 얼마나 고마운 일인지……. 고모부는 호랑이 같은 만년 초등학교 교장 선생님으로 생각했었는데, 이제는 완전 할아버지로 내년에 정년 퇴직이시란다. 식사가 끝난 후 온 가족들이 모인 가운데 이야기의 꽃을 피우기 시작했다.

오늘의 주인공은 11년 만에 미국에서 방문한 나였기에 그동안 달라진 여러 가지 상황을 파악하기 위해 많은 이야기들을 나누기 시작했다. 모두들 여러 가지 변화된 모습을 이야기해 주었다. 이야기를 나누는 가운데 아들 셋, 딸 둘의 5남매 부부와 고모부 내외 중 유일하게 큰아들 내외만이 교회를 다니고 있다는 것을 알게 되었다.

온 가족이 모두 모인 가운데 복음을 제시하기 시작했다. 두 가지 진단 질문을 해 보니 교회 다닌다는 큰아들 부인은 복음을 확실히 깨닫고 구원의 확신이 있음을 알게 되었다. 큰아들은 서울대학교를 나와 대한전선(주)에서 부장으로 있다가 몇 년 전 회사를 설립해 사장으로 있으며 부인을 따라 영락교회에 나가고 있고 지금은 영락교회 집사라고 하는데 구원의 확신은 없었다. 막내딸 부부는 성당에 나가고 있지만 역시 구원의 확신은 없었다. 복음에 흥미가 없는 사람들은 하나둘 마루로 나가고 큰아들과 부인, 그리고 큰딸, 작은딸 내외가 앉아서 열심히 복음을 듣고 있었다.

고모부는 교장 선생님 체면에 조카에게 설교를 듣는 것 같은 기분이 들어서였는지 가끔 일어섰다 앉았다 서성거리면서 귀는 기울이고 계심을 알 수 있었다. 역시 관심이 있는 사람이 질문은 하게 마련이었다. 큰아들과 큰딸(모두 고종사촌 동생들)이 열심히 질문을 했고, 나는 성경을 찾아 보여주면서 대답해주었다. 그러다 보니 시간은 자꾸 길어질 수밖에 없었다. 여기서도 나의 간증은 큰 비중을 차지했다.

복음 제시가 끝나고 확인 질문과 결신 질문을 했을 때 큰딸이 제일 먼저 주님을 영접하겠다고 대답했고, 뒤이어 큰아들도 입으로 시인해서 영접하고 싶다고 말했다. 고모부에게 어떻게 하시겠느냐고 질문을 했더니, 대답은 안 하시고 "너 미국 가서 참 많이 달라졌구나! 내일 이 근처 교회에 가서 설교 한번 해봐라" 하시는 것이었다. 그래서 "설교는 아무나 해요?" 했더니, "너 지금 한 이야기보다 더 좋은 설교가 어디 있니?" 하시는 것이었다.

교회 배경이 전혀 없으신 교장 선생님이 이런 말씀을 하시는 것을 보면 충분히 이해는 하신 모양인데 아들, 며느리, 사위들 앞에서 결신 기도를 하고 주님을 영접한다는 것이 체면상 어려우셨는지 자식들에게만 하라고 하셨다. 고모님은 철저한 불교신자가 되어 처음부터 들을 생각도 안 하셨다. 그래서 큰아들과 큰딸 두 사람만 함께 결신 기도를 하고 예수님을 구주와 주님으로 영접하는 역사가 이루어졌다.

한국에 온 지 3일 만에 7명이 주님을 영접하였다. 이것이 어디 내가 하는 일인가? 성령님이 하시는 일이지…….

그 후에 안 일이지만 그때 함께 복음은 들었지만 결신 기도 하기를 꺼려했던 막내딸이, 내가 한국 지구촌교회에 사역을 하러 나갔을 때 보니, 집사가 되어 열심히 신앙생활을 하고 있었다.

5
하나님!
저들에게도 올바른 복음을…

1988년 8월 12일, 내가 태어나서 중학교를 졸업하기까지 살아왔던 나의 고향 경기도 이천을 향해 동생들 가족과 함께 차에 올랐다. 제수씨 이야기가, 요즈음 경기도 곤지암(이천 가는 길목)에서 신유의 은사를 가진 훌륭하신 목사님이 집회를 하는데 어제와 그제 저녁에 참석했다면서, 오늘은 오전 11시에 집회가 있으니 가는 길에 잠깐 들러 가자고 하기에 집회가 있다고 하는 곤지암의 어느 산속으로 들어갔다.

평평한 소나무 숲 속에 자리를 깔고 사람들이 모여서 찬송을 부르고 있었다. 금요일이어서 그런지 모인 사람들은 대부분 여자들과 연세 드신 노인들이었는데, 굉장히 열렬한 찬송이 한동안 계속되더니 그 유명하다는 P목사님이 강단에 등단하였다. 키가 훤칠하고 퉁퉁하신 50대 후반쯤 되어 보이는 목사님이 등단하자마자 '찬송할 때는 손을 높이 들고 흔들면서 부르라'는 것이었다. 손의 높이가 얼마만큼 올라갔느냐에 따라 은혜도 얼마만큼 받을 수 있느냐가 결정되며 사람에게서 나온 병균이 손을 흔들지 않는 사람들에게로 들어간다고 이야기하는 것이었다.

나는 기분이 좀 이상해서 조금씩 흔들던 손을 전혀 흔들지 않은 채 다음 상황을 지켜보았다. 찬송이 끝나고 나니 기다리는 복음은 전하지 않고 강단 위에 쌓여진 감사 헌금 봉투를 읽기 시작하는데, 대부분의 내용이 "무슨 병을 낫게 해주셔서 감사합니다"라는 내용으로 아마도 15분 이상 계속되는 것 같았다.

이제는 말씀을 전하겠지 하고 기다리고 있는데, 강사 목사님이 하시는 말씀이 "이 중에 권사 손들어 봐!" 하자 할머님들이 손을 들었다. "왜 이렇게 권사가 많아. 나이만 먹으면 다 권사 주는 모양이지?" 하는 것이었다. 나는 점점 기분이 야릇해지는 것을 느끼면서 계속 지켜보았다. 그 다음 강사님이 하시는 말씀이 "내가 오늘 이 권사들 중에 마귀 권사가 세 명 있는데 이 마귀 권사들을 잡아내려고 그런다"면서 모두 앞으로 나오라는 것이었다. 순진한 권사님들이 우르르 앞으로 몰려 나갔다. "이 중에 날마다 며느리하고 싸움박질이나 하고 교회에서 남 흉이나 보는 마귀 권사가 세 명 있는데 이를 잡아내려고 하니 모두 자기 가슴을 치면서 회개하라"고 하였다. 권사님들이 한참 가슴을 치면서 회개의 기도들을 하고 있었다.

과연 여기에 나오신 권사님들 중에 한 번도 며느리와 다투지 않고 한 번도 교회에서 남 흉보지 않은 권사님이 몇 분이나 될까? 일종에 사람의 심리를 이용하는 최면술 같은 집회라는 생각이 들었다.

이제부터 마귀 권사를 잡아내야 하니 한 사람씩 나와서 안수 기도를 받으라고 하였다. 권사님들이 한 분씩 목사님 앞에 가서 섰다. 안수 기도를 한다고 모두 눈을 감으라는 것이다. 나는 눈을 뜬 채 어떻게 하는가를 지켜보지 않을 수가 없었다. 목사님이 머리 위에 손을 얹은 다음 소리를 내어 기도를 해보라고 하였다. 기도가 시작되자 목사님은 머리를 흔들기 시작했다. 어떤 분들은 기도를 하는 도중에 머리를 흔들어대니 기도 소리가 마치 방언하는 것처럼 나왔다. 어떤 분들은 말소리가 정확하게 들리니까 머리채를 잡고 마구 흔들어댔다. 그러니 어떻게 "아다다" 소리가 안 나오겠는가? 한심한 노릇이었다. 도무지 성경에서 찾아볼 수 없는 해괴한 짓이 아니겠는가? 이러고서 유명하신 목사님한테 안수 기도를 받았더니 방언이 터졌다고 말할 것이 아니겠는가?

게다가 강사 목사님의 해설이 걸작이었다. "지금 이 권사는 교회에 대해서 예언을 하고 있는 중"이라나? 더 이상 그 자리에 머물러 있을 수가 없었다. 평일 날 아녀자들과 노인들을 모아놓고 마치 자기가 하나님인 것처럼 행세하고 있는 것이었다. 이상한 것은 모인 사람들 중에 가끔 남자들이 있는데 그 사람들은 목사님들이라는 것이었다. 연합 집회이기 때문에 각 교회 목사님들이 참석하였다는데…….

우리나라 기독교 인구가 많다고는 하지만 이것이 어디 올바른 복음을 가진 기독교인들이며 지도자란 말인가? 정말 올바른 복음을 전해야 할 대상은 우리나라의 순진하고 가난한 농어촌이 먼저라는 생각이 들었다. 그 속에 더 이상 있어봐야 시간 낭비요 기분만 나빠질 것 같아 동생들 내외와 아이들을 데리고 자리를 떴다.

자리를 뜨는 우리들이 마치 이방인인 것처럼 모든 사람들의 눈길이 우리를 주시하고 있었다. 강대상이 예배실 입구 쪽에 설치되어 있으므로 한번 들어간 사람은 웬만한 배짱이 없으면 다시 나올 수가 없는 상태였다. 그러나 나는 하나도 부끄러운 생각이 들지 않았다. 오히려 그들이 불쌍하게 느껴지며 '하나님, 저들에게도 올바른 복음을 허락하소서!'라고 마음속으로 기도하며 나의 잔뼈가 굵어진 복숭아꽃, 살구꽃 피는 내 고향에 살고 계신 큰누님과 큰매형을 전도하기 위해 고향 길에 올랐다.

6
법 없이도 살 수 있는 사람

1988년 8월 1일, 정말 오랜만에 내가 태어나고 중학교를 졸업하기까지 살아왔던 고향에 돌아왔다. 태어나서 미국 오기 전까지 반은 고향에서, 반은 서울에서 살았건만 미국 이민 생활 11년 동안 말 설고 물 설어 이질감을 느끼며 울적할 때마다 얼마나 가고 싶고 그리워했던 고향이던가? 하지만 내가 늘 마음속에 그리던 복숭아꽃, 살구꽃, 아기 진달래가 만발한 소박하면서도 평화로운 내 고향의 모습은 아니었다.

친구들과 어울려 더운 여름철이면 맑은 시냇물 속에서 물장구치고 물고기 잡던 시냇가는 간 곳 없고 중부고속도로가 끝없이 가로질러 있어 요란한 자동차 소음만 들려올 뿐이다. 또한 다람쥐를 좇아 헤매던 뒷동산도 과수원으로 변해 철조망이 드리워져 있었고, 집들은 대개 옛날 집 그대로이지만 초가지붕 대신에 울긋불긋한 기와지붕으로 바뀌어 있었다. 그런 내 고향의 모습을 바라보면서 마음 한구석에 서운한 마음을 금할 수 없었다. 아는 사람이라곤 매형과 누님 외에 그저 열 손가락으로 꼽을 정도밖에 되지 않았다. 어렸을 때 그렇게도 커 보이던 아름드리 느티나무도 지금 보니 별로 큰 나무가 아니며, 어쩌다 아버님이 친구 집에 심부름을 보내면 그렇게도 멀어 보이던 동네의 집들이 너무나 가까운 거리라는 생각이 들었다.

매형은 그래도 이 지방의 유지라고 할 수 있는 농업협동조합의 조합장을 맡아보고 계셨다. 원래 천성이 매우 착해서 정말 법이 없어도 살 수 있는 사람이라는 생각이 든다. 그래서 그런지 사람들에게 인기가 좋고 모든 사람들에게 모범이 되어 많은 결혼식 주례를 청탁받아 바쁜 생활을 하고 계셨다. 몇 년 전에는 오토바이 사고로 갈비뼈가 세 대나 부러져 병원에 입원했는데, 병문안 오는 사람들이 부조한 돈으로 병원비를 치르고도 남았다고 한다. 농협 조합장의 자리가 무슨 권력을 수반하는 자리도 아닌데 말이다.

내가 왜 이렇게 매형 자랑을 하는가 하면 시골에선 이렇게 소박하게 남 보기에 모범이 되는, 정말 법이 없이도 살 수 있는 사람이라는 평을 듣는 매형임에도 불구하고 식사가 끝난 후 매형과 누님을 앉혀놓고 "만일 오늘 이 세상을 떠나면 천국에 갈 자신이 있느냐?" 고 물었을 때 천국 갈 자신이 없다는 것이다. 전도를 하다 보면 죄가 많은 사람일수록 자기는 죄가 없다고 하는 것을 흔히 보게 된다. 그러나 이와 반대로 세상을 정직하고 깨끗하게 살려고 애쓰는 사람일수록 양심이 맑기 때문에 자기가 죄인이라는 것을 쉽게 인정하는 것을 볼 수 있다. 매형과 누님의 경우가 바로 그런 경우였다. 그래서 쉽게 복음으로 연결할 수가 있었다.

하나님이 존재하신다는 것과 천국과 지옥이 존재한다는 것이 납득이 되고, 우리는 다 죄인이지만 우리의 이 죄를 예수님이 지고 십자가에서 피 흘려 돌아가심으로 우리의 죄 값을 치러 주셨기 때문에 죄 없는 자로 여김을 받은 것이며, 이 사실을 믿는 것이 예수님을 믿는 것이지 교회만 나간다고 예수 믿는 것이 아니라는 것을 설명했다. 하지만 교회를 왜 나가야 하는가 하면 우리는 우리를 창조하신, 그리고 자녀로 삼아 주신 하나님을 예배해야 할 의무가 있고, 또한 하나님의 자녀로 태어난 성도들과 교제하면서 성숙해야 하고, 하나님 말씀을 공부해야만 하나님의 뜻을 알 수 있고 "땅 끝까지 이르러 내 증인이 되라"고 하신 예수님의 지상 명령에 순종할 수 있기 때문이라고 설명했다.

매형은 "나는 좀 더 있다가 믿어야겠다"고 말씀하셨다. 왜냐하면 너무 바빠서 교회에 나갈 시간이 없고 예수님을 믿는다고 하면서 또 다시 죄를 지으면 그 죄는 더 큰 죄가 될 것이기 때문에 자식들 다 키워놓고 정년 퇴직하고 난 후에 믿겠다는 것이었다. 그래서 내일 일은 아무도 알지 못하는 법인데 내일 당장 무슨 일이 일어날지 누가 아느냐고, 예수님을 믿지 않고 죽으면 지옥에 갈 수밖에 없다는 것과 또한 요한일서 1장 9절 말씀을 찾아서 읽어드리면서 설명해 주었다. 인간은 아담의 에덴동산 사건 이후 완전 타락하였으므로 올바로 생각할 수 있는 능력을 상실했기 때문에 어쩔 수 없이 죄를 지을 수밖에 없으며, 하나님의 자녀로 태어난 사람도 역시 마찬가지로 죄를 짓지만 우리는 하나님께 자기의 죄를 자백함으로 용서를 받을 수 있다고 예화를 들어 설명해 주었다. 모든 것이 이해가 되고 본인들의 의사에 의해 매형과 누님이 함께 결신 기도를 했다.

"예수님, 저는 죄인입니다. 저는 이제껏 제 자신과 저의 행위만을 의지하며 살아왔습니다. 이제 이 죄에서 돌이켜 오직 주님만을 의지합니다. 이 시간 제 마음 문을 엽니다. 제 안에 들어오셔서 저의 삶을 주관해 주시옵소서! 예수님을 나의 구세주요 주님으로 영접합니다. 이 주신 영생의 선물로 인하여 감사드립니다."

결신 기도가 끝나고 매형이 제일 먼저 하는 소리가 "이거 큰일 났는데, 내 입으로 모든 것을 시인하고 결정했으니 당장 이번 주부터 교회 나가야만 하잖아?" 하시는 것이다.

"물론이지요. 기도하세요. 하나님께서 교회에 나가실 수 있도록 모든 조건을 정리해 주시고 충족시켜 드릴 것입니다."

아-멘! 매형과 누님의 얼굴이 더욱 환하게 빛나 보였다. 새로운 영적 생명이 탄생한 순간을 경험하며 나 역시도 기쁨이 흘러 넘쳤다.

7
돈 가방인 줄 알았다고요?

내가 미국 오기 직전까지 근무하던 한국일보사에 찾아갔다. 1977년 미국 이민을 오기 위해 사표를 써 가지고 출근했더니, 장기영 사주께서 돌아가셨다는 것이다. 회사의 주인이 돌아가셔서 어수선한 분위기에 사표를 제출하는 것이 좀 이상한 것 같아 일주일 더 근무하고 사표를 제출했던 한국에서의 마지막 직장이다.

옛 동료들도 보고 싶고 특히 근무 당시에 나의 직속상관이었던 우리 부서의 B부장님께서 이젠 부국장, 국장을 거쳐 이사라는 중역이 되어 있었다. 내가 미국 온 후에도 서로 편지를 왕래하면서 호형호제로 가깝게 지내던 분이다. 한국을 방문하기 6개월 전쯤, 전도폭발훈련을 받고 이분에게 전도를 해야겠다는 생각이 들어 편지를 보낸 적이 있었다. 내가 미국에 와서 어떻게 예수님을 믿게 되었으며, 그 결과 지금 어떠한 생활을 하고 있고 이제는 당장 죽어도 천국 갈 수 있는 확신 가지고 살고 있는데 형님은 어떠신지, 내가 묻는 두 가지 질문에 답을 써서 보내주시면 도와드리겠노라고 편지를 써 보냈었다.

그 첫 번째 질문으로 "사람이 태어나면 언젠가는 죽게 마련인데 형님은 만일 오늘 이 세상을 떠나신다면 천국에 갈 수 있다고 확신하십니까?", 두 번째 "만일 형님이 오늘 이 세상을 떠나 천국 문에 섰는데 하나님께서 형님에게 '내가 너를 내 천국에 들여보내야 할 이유가 무엇이냐'고 물으시면 어떻게 대답하시겠습니까?" 여기에 대한 답을 써서 보내달라고 했다. 그런데 그 후로는 편지 왕래가 끊어져 버린 것이다. 두 가지 진단 질문에 무척 기분이 상했거나 아니면 대답하기가 곤란했었는가 보다. 하여간 공연히 미안한 생각이 들었다. "선무당이 사람 잡는다"고 어설픈 전도를 하려다가 호형호제의 사이가 갈라지는 것이 아닌가 하는 기분도 있었고 해서, 이 글을 처음 쓰기 시작할 때 밝혔듯이 이번 한국 여행은 완전히 전도를 목적으로 떠난 것이었기 때문에 한국일보사를 찾아간 것이다.

11년 전에는 사무실이 2층에 있었는데 10층으로 옮겨져 있으며, 전에 기자의 집이 있었던 자리에는 본관보다 더 큰 건물이 들어서 있었다. 옛 동료들과 반갑게 인사를 나누고 맨 안쪽에 있는 이사실로 안내를 받아 들어갔다. 너무도 오랜만에 만나는 반가운 재회였다. 퇴근 시간을 맞추어 찾아갔기에 곧 함께 나올 수가 있었다. 신문사 앞에 나가니 벌써 새카만 로열 살롱이 대기해 있고 운전기사가 내려 얼른 차문을 열어 주었다. 미국 차들에 비하면 작은 편이지만 반짝반짝 빛나게 왁스까지 칠해져 있고 차 안에는 카폰(car phone)에서부터 꾸며 놓은 것이 한국 상류 사회의 일면을 보는 듯한 위압감을 느끼게 했다. 승차감도 좋은 차를 타고 63빌딩으로 갔다.

전도폭발훈련을 받을 때, 절대 성경을 그냥 들고 다니지 말고 성경이 들어갈 수 있는 조그만 가방이나 커버 속에 넣고 다니다가 필요할 때 꺼내야지, 성경책을 그냥 들고 다니면 전도 대상자들이 거부 반응부터 느끼고 마음의 문을 닫아 버린다고 가르쳤다. 전도 심방을 다니다 보니 맞는 말이다. 그렇다고 성경책 없이 성경 구절을 암송만 해가지고 전도하는 것보다, 물론 암송은 해야 되지만, 직접 성경책을 펴 놓고 장과 절을 찾아 읽혀가면서 전도하는 것이 훨씬 효과적이라는 경험을 했기 때문에 성경책을 조그만 가방 속에 넣어 가지고 다니지 않을 수 없었다.

63빌딩 앞에서 내려야 하는데 자가용이니 모든 소지품을 두고 내려도 운전기사가 다 알아서 할 터이지만 언제 어디서 복음 전할 기회가 생길지 모르는데 성경책을 두고 내릴 수가 없었다. 그래서 성경책이 든 조그만 가방을 들고 내리니 더운 여름철 신사 체면이 안 되었던지, 뭐 그리 중요한 것이 아니면 차에 놔두지 그러느냐는 눈치였다. 하지만 내게는 전도가 목적이므로 모른 척하고 가방을 들고 내려 63빌딩으로 따라 들어갔다.

현관에 들어서자마자 대형 초상화 속의 예수님이 나를 바라보고 계셨다. 풍문에 의하면 이 빌딩의 주인인 최순영 회장(장로)이 구약 39권에 신약 27권을 합해 성경 66권을 상징하는 66층짜리 빌딩을 지으려고 건축 허가를 신청했는데, 무슨 이유에서인지 3층이 깎여 63층으로 빌딩이 지어졌다는 것이다. 63빌딩 안에 1층과 2층은 초호화판 헬스클럽이 있는데 아무나 들어갈 수 없고 회원제로 되어 있는데, 웬만한 사람은 클럽 회원이 될 생각도 못한다고 한다. 마치 골프장의 회원권 제도와 비슷한 것이다. 회원인 사람이 친구를 데리고 왔을 때는 게스트 티켓을 지불하면 된다는 것이었다.

미국에서도 수도 워싱턴에서 왔건만 이건 완전 촌놈이라는 생각이 들었다. 운동을 하기 위해 갈아입는 1회용 옷이 창호지 같은 종류로 만들어져 있는데, 정말 한 번 입고 버리기엔 매우 아까울 정도였다. 그 안에는 별의별 운동 기구가 다 준비되어 있으며, 조깅을 할 수 있는 트랙까지 만들어져 있었다. 거기다가 더욱 놀라운 것은, 저쪽에서 지금 운동(exercise)을 하고 있는 분이 대법원장 아무개이고, 이쪽에 있는 분이 누구라고 이야기하는데, 나는 전혀 모르는 사람들이지만 기가 죽을 수밖에 없었다. 가볍게 운동을 하고 나서 옆쪽 문을 열고 들어가니 샤워실에서부터 사우나 시설까지 1회용 칫솔에서부터 1회용 면도기까지 무척 고급이라는 생각이 들었다.

수영을 하고 싶은 사람은 실내 풀에서, 그냥 쉬고 싶은 사람은 휴게실에서 누워 TV를 보며 각종 음료수를 주문해서 마실 수 있도록 되어 있었다. 정말 한국이 살기가 좋아졌다는 생각을 하며 사우나를 마치고 휴게실에 들어가서 콜라를 시켜 마시면서 옷을 갈아입을 때 옷장 속에 성경책을 놓아두고 온 것이 후회가 되었다. 하나님께서 더 좋은 기회를 주실 것을 믿으며 이 이야기, 저 이야기를 하다 보니 저녁 식사를 하러 가자는 것이었다.

32층에 있는 일식집에 들어가니 미리 예약을 해 놓아 여의도와 서울 시내를 한눈에 내려다볼 수 있는 창 옆자리에서 옛날에 같은 부서에서 일하던 친구(지금은 부국장)가 우리를 기다리고 있었다. 함께 앉아 식사를 하면서 두 가지 진단 질문을 써서 보냈던 편지 이야기를 꺼냈다. "왜 답장을 안 하셨느냐?"고 묻자 화가 나서 답장을 안 한 것이 아니고 그 질문에 대답하기가 무척 곤란했다는 것이다. 천국에 갈 수 있다고 대답하자니 거짓말 같고, 갈 수 없다고 대답하자니 두려운 생각이 들어서 아예 답장을 안 했다는 것이다. 그래서 자연스럽게 전도 폭발의 서론 부분에서부터 시작을 할 수 있게 되었다. 이를 통해 이사님은 어려서부터 영락교회에 나가고 있었는데 매주 나가는 것이 아니라 가끔 나가고 있는 상태이며, 부인은 열심히 교회에 나가 신앙생활을 하고 있고, 현재 두 분 다 영락교회 집사라는 사실을 알게 되었다.

부국장이라는 친구는 전혀 교회 나가지 않는 상태였다. 그래서 두 가지 진단 질문을 통해 두 사람이 다 천국 갈 확신이 없다는 것과 두 번째 질문에도 자기는 비록 신앙생활을 제대로 못하고 있지만 자기 아내나 다른 사람이 신앙생활을 하고자 하면 할 수 있도록 적극적으로 협조는 해준다는 것이었다. 이런 일로 해서 하나님은 자비로운 분이시니까 혹시 천국에 보내주시지 않겠느냐는 것이었다. 그래서 비로소 보물단지처럼 끼고 다니던 조그만 가방을 열고 성경을 꺼내어 로마서 6장 23절과 에베소서 2장 8-9절을 찾아 보여주고는 "천국은 값없이 주시는 하나님의 선물입니다. 그것은 돈이나 공로나 자격으로 얻어지는 것이 아닙니다" 하면서 복음을 전하기 시작했다.

그렇게도 보물단지처럼 끼고 다니던 가방 속에 덩그러니 성경책 한 권밖에 들어있지 않은 것을 본 이사님은 어이가 없다는 표정으로 웃으시면서 "그게 성경책이었어?" 하고 물었다. 미국 가서 11년 있다 오더니 완전 미국 촌놈이 되어 달러를 조그만 가방 속에 넣고 꼭 끼고 다니는 줄 알았다며 어이없는 웃음을 지으며 이야기하는 것이었다.

"그럼요, 돈보다 더 중요한 하나님의 말씀이 들어있는 가방인데 어딘들 못 가지고 다니겠습니까? 이 말씀이 나에게 영원한 생명을 약속했고, 또 내가 지금 당장 죽어도 천국 갈 수 있다는 확신을 준 책인데 말입니다. 누가 나에게 촌놈이라 욕하고 손가락질해도 괜찮습니다. 예수에 미친 놈이라 해도 I don't care! 왜냐하면 나는 정말 예수님에게 미쳐버렸기 때문입니다." '주님! 주님께 미치게 해주셔서 정말 감사합니다.'

63빌딩에서의 저녁 식사 자리이니만큼 식사하는 시간이 길어졌고, 그로 인해 결국 복음 전도를 시작한 지 얼마 되지 않아 음식점 문을 닫을 시간이 되었으니 계산해 달라는 요청에 일어나야만 했다. 결국 아쉽게도 복음의 반도 못 전한 상태로 일어나야만 했다. 음식점을 나와 차에 올랐지만 분위기도 깨졌고 시간도 오래되어 더 이상 복음을 전할 수 없게 되었다. 아쉽지만 하나님께 기회를 다시 허락해 달라고 마음속으로 기도하면서 헤어졌다.

8
하룻밤 재워 주세요

전도 심방을 나가 보면 항상 느끼는 일이지만 복음 제시의 결정적인 순간 전화가 오든가 아이가 울든가 하여 결신을 방해하는 사탄의 역사를 경험하게 되는데 이번에도 예외는 아니었다.

63빌딩에서 달러가 들어 있는 돈 가방으로 생각했던 작은 가방에서 성경책을 꺼내어 열심히 복음을 제시하고 있는데 음식점 문을 닫을 시간이 되어 복음을 중단하고 음식점을 나와 차에 올랐지만 분위기도 깨졌고 시간도 오래되어 더 이상 복음을 전할 수 없게 되었다. 그 후 몇 번을 점심 시간 혹은 퇴근 시간 후에 만나서 시도하려 해 보았지만 원래 바쁜 분이라 좀처럼 시간이 나지 않았다.

편지로 두 가지 진단 질문을 써서 보냈다가 10여 년 간 오고 가던 편지마저 끊어지고 호형호제하던 사이가 갈라질까 봐 걱정을 하면서, 그래서 한국 여행을 전도 여행으로 결심했던 이유 중의 하나가 바로 이분 때문이었는데 이분을 결신 못 시키고 다시 미국으로 돌아갈 수는 없다는 생각이 들었다. 그래서 토요일 오후(8월 13일), 퇴근 시간에 맞추어 직장으로 찾아갔다. 함께 밖에서 저녁 식사를 하면서 "형님! 나 오늘 저녁 형님 집에서 하룻밤 재워주십시오"라고 요청했다. 물론 대답은 OK였다.

모처럼 그 댁에 들어가서 마음 놓고 복음을 전하기 시작했다. 부인은 현재 영락교회 집사로 구원의 확신이 있었으며 교회생활도 열심히 하고 있는 상태였다. 그러나 남편도 부인 덕분에 집사가 되긴 했지만 직장일과 사회적인 신분 등을 이유로 교회생활을 제대로 하지 못하고 있는 실정이었으며 내일(주일)도 한국 굴지의 시계공업주식회사의 K사장과 골프 약속이 되어 있어 교회에 갈 수가 없다는 것이었다. "만일 오늘 이 세상을 떠나신다면 천국에 갈 확신이 있느냐?"는 질문에, "자신은 없지만 남에게 악한 짓은 안 했고 또 자기 부인이나 직장의 부하 직원들이 교회에 나갈 수 있도록 적극 권장했고 도와주었기 때문에 하나님이 천국에 들여보내 주실지도 모른다"는 것이었다.

그래서 "천국은 하나님께서 우리에게 값없이 주시는 선물(free gift)이기 때문에 우리가 어떤 좋은 일을 해야만 갈 수 있는 곳이 아니라(엡 2:8-9) 죄 없는 사람은 누구나 갈 수 있는 곳이지만 이 세상에 존재하는 모든 사람은 죄인이기 때문에 자신의 힘으로 천국 갈 수 있는 사람은 한 사람도 없다(롬 3:23). 그럼에도 불구하고 하나님은 자비로운 분이시기에 우리를 벌하기를 원치 않으시지만 또한 의로우시기 때문에 우리의 죄는 처벌하셔야만 하므로 그 자신이 우리와 똑같은 육신을 입고 이 땅에 오셨다(요 1:14). 그분은 이 땅에 오셔서 우리가 지은 모든 죄를 대신 지고 십자가에서 심판을 받고 처벌을 받으심으로 우리의 죄 값을 치러 주셨기 때문에 우리는 죄인이지만 죄 없는 사람으로 여김을 받게 되었고 천국에 갈 수 있게 되었다"라고 이야기했다.

"그러면 누구나 다 천국에 갈 수 있느냐 하면 그렇지가 않고 이 사실을 믿는 사람, 즉 다시 말해서 예수님이 나의 죄 때문에 십자가에서 대신 처벌을 받고 죽으신 지 3일 만에 부활하셔서 지금도 살아 계셔서 나의 삶을 주관해 주시고 내가 기도할 때 그 기도에 응답해 주시는 하나님임을 믿는 사람만이 천국에 갈 수 있다(고전 15:1-8). 예수를 믿는다는 것은 이 사실을 믿는 것이지 교회만 나간다고 예수 믿는 것이 아니다"라고 강조하면서 지식적인 믿음과 일시적인 믿음에 대해서도 설명해 주었다.

"이해가 되시냐?"는 질문에 "잘 이해가 된다"고 대답하였다. "이 영생의 선물을 받기 원하시느냐?"는 질문에 "받아야지!"라고 하였다. 그래서 이 결정은 대단히 중요한 것이므로 다시 한 번 간략하게 설명해 드리고 난 후 함께 결신 기도를 했다. 결신 기도가 끝나고 나니 형님뿐만 아니라 부인도 굉장히 기뻐했다. "이제 이 세상을 떠나면 천국 갈 수 있느냐?"는 질문을 다시 하니, "갈 수 있다"고 대답했다. 그런데 한 가지 문제가 있는데 내일이 주일이어서 교회에 가야 하는데 새벽에 골프를 치기로 약속해 놓았으니 이렇게 늦은 밤에 취소를 할 수도 없고 큰일이라는 것이었다. 내가 미국 오기 전 같은 부서에서 일을 해보았기 때문에 그 사정을 누구보다도 잘 이해할 수가 있었다.

골프를 치는 것이 그저 재미나 운동으로 하는 것보다도 그 정도의 신분에서는 사교적인 목적이 더 큰 비중을 차지하고 있기 때문에 전날 저녁에 취소를 한다는 것은 굉장히 큰 실례를 범하는 일임에 틀림이 없었다. 그래서 내일은 골프를 치시고 다음 주일부터는 예수님 중심으로 모든 스케줄을 맞추시도록 말씀드리고 잠자리에 들었다.

영락교회는 주일 예배가 5부로 나누어져 1부 예배가 아침 7시 시작이었다. 1부 예배에 참석하기 위해 아침 일찍 일어나보니 벌써 골프를 치러 가서 없었고, 부인께서 하시는 말씀이, 미안하지만 1부 예배에 자기와 함께 택시로 가면 예배 끝날 때쯤 차를 교회로 보내줄 테니 그 차를 타고 골프장으로 오라고 했다는 것이다. 거기서 K사장과 함께 아침 식사를 하자는 것이다. 한국에서는 전혀 교회를 가 본 경험이 없는 나였기에 그 유명한 영락교회가 어디에 있는지 알 길이 없었다.

부인과 함께 택시를 타고 백병원 근처에 있는 영락교회 앞에서 내려 교회로 들어갔다. 무척 오래된 듯한 돌집이 웅장하게 들어서 있었고, 본당도 굉장히 넓었으며, 강대상 쪽도 우리 침례교회와는 좀 색다른 데가 있었다.

오늘은 하나님께서 특별히 나를 위해 배려하셨는지 1, 2, 3부는 한경직 목사님께서 "시대적 표적"이란 제목으로 마태복음 16장 1-4절 말씀을 가지고 설교를 하시고, 4, 5부는 부목사인 김규 목사님이 설교를 하시기로 되어 있었다. 녹음 테이프로는 한 목사님의 설교를 들어 보았지만 육성으로는 처음이었다. 80이 넘으셨다는데도 말씀 한마디 한마디에 힘이 넘쳤다. 한경직 목사님께서 요즈음엔 전혀 설교를 안 하셨다는데 오늘은 정말 운(?)이 좋았나 보다.

예배를 마치고 나와 보니 기사가 차를 대기시켜 놓고 있었다. 부인을 집에 모셔다 드리고 골프장으로 향했다. 한성칸츄리 클럽으로 기억된다. 용인 근처라고 하였다. 복잡한 서울 시내를 빠져나와 하이웨이를 달려가는데 좀 지루한 감이 들었다. 그래서 운전기사에게 교회에 나가느냐고 물었다. 열심히 나간다고 대답했다. 그런데 열심히 나가 보아도 뭐가 뭔지 잘 이해가 안 되고 점점 회의를 느끼기 시작한다고 하였다. 그래서 "오늘 당장 세상을 떠난다면 천국에 갈 수 있느냐?"고 물었더니, "없습니다"라고 대답하는 것이었다. 이때를 놓칠 수가 없어서 즉시 차 안에서 복음을 전하기 시작했다. 그런데 이 운전기사가 진지하게 복음을 받아들이는 것이었다. 그뿐 아니라 복음에 목말라 하고 있었음을 느꼈다.

사도행전 8장 26-39절을 보면 주의 사자가 빌립을 광야로 가도록 하여 에티오피아 내시를 구원하게 하시는 장면이 나온다. 하나님께서 꼭 필요한 사람에게 복음을 전하도록 빌립을 광야로 보내신 것처럼 나를 '서울에서 용인 가는 길에 이 운전기사에게 복음을 전하도록 하셨구나. 또 나를 주님이 복음 전하는 도구로 사용하시는구나' 하는 생각을 하니 너무도 감사할 따름이었다.

이 운전기사는 자기가 교회를 나가면서도 왜 나가야 하는지 몰라 고민하던 중이었는데 정말 시원한 해답을 얻어 감사하다고 전했다. 복음 제시가 끝나자 모든 것이 이해가 될 뿐만 아니라 너무도 기쁘다고 말했다. 결신 기도를 해야 할 터인데 운전하면서 할 수는 없고 해서 골프장에 도착할 때까지 즉석 양육 지도를 하고 골프장 주차장에 도착한 후 차 속에서 우리는 손을 잡고 결신 기도를 하면서 주님께 감사를 드렸다.

한국에 도착한 지 꼭 11일이 지났는데 꼭 11명의 결신자를 얻었다. 한 달을 예정하고 왔는데 이런 식으로 나가면 30명의 결신자는 얻으리라는 기대 속에서 미국 촌놈(?)이 한국에서 내로라하는 분들과 칸츄리 클럽에서 아침 식사를 했다.

9
너, 미쳐도 단단히 미쳤구나!

오랜만에 고등학교 동창들을 만나기로 했다. 한 녀석에게 연락을 했더니 벌써 연락들이 다 되어 명동의 어느 횟집에서 만나기로 했다는 것이다. 도착해 보니 11년 전 미국 갈 때 김포공항에 나와서 손을 흔들어 주던 친구들이 와 있었다. 이제는 모두 의젓한 중년이 되어 무역회사 사장, 문화방송국 국장, 대한항공 부장 등 회사의 중역들이 되어 있었다.

오랜만에 만났으니 우리 건배를 하자고 하면서 술이 한잔씩 앞에 채워지고 잔을 높이 들었다. 함께 잔을 부딪치고 다른 친구들은 쭈욱 마시지만 나는 테이블 위에 올려놓을 수밖에 없었다. 왜냐하면 예수님을 나의 구세주와 주님으로 영접하고 난 후 너무나 감사한 마음이 들어 나도 무엇인가 주님을 위해 기쁘게 해 드려야겠다는 생각에 내가 가장 어렵다고 느껴졌던 술과 담배를 끊기로 작정을 했기 때문이다.

예수님을 믿기 전 술 담배를 끊으려고 여러 차례 시도를 해 보았지만 번번이 실패를 했었는데 예수님을 믿고 나니 그것이 그렇게 어려운 일이 아니었다. “예수님은 나의 죄를 씻어주기 위해 갈보리 언덕의 십자가에서 피를 흘리면서 그 고통을 감수해 주셨는데 이까짓 술 담배 끊는 것을 나는 못한단 말인가?” 하고 술 담배 생각이 날 때마다 예수님의 십자가를 생각하니 나도 모르게 눈시울이 뜨거워지고 술 담배에 대한 유혹을 물리칠 수가 있었다. 이제는 완전히 술 담배를 하고 싶다는 생각조차 없어졌는데 오랜만에 친구들을 만났다고 술 담배를 다시 할 수는 없었다. 그것은 예수님과의 약속이었기 때문이다.

그런데 친구들의 눈이 나에게 쏠릴 수밖에 없었다. 왜냐하면 오늘의 주인공은 나였기 때문이다. 친구들이 의아한 눈초리로 “왜 술을 안 마시느냐?”고 한마디씩 물었다. “너를 위한 건배인데 네가 안 마시면 어떻게 하느냐?”는 것이었다. 나는 “예수님을 믿기 때문에 마실 수가 없다”고 자랑스럽게 대답했다.

그런데 한 친구 녀석 하는 소리가 “이런 병신! 한국에서는 예수 믿어도 다들 술 담배 하더라. 너는 무슨 예수를 그렇게 유별나게 믿니? 잔소리 말고 한잔 해!” 하며 잔을 들어 내 코앞에 대는 것이다. 그래서 나는 잔을 다시 받아서 테이블 위에 올려놓으면서 “내가 이래뵈도 예수님을 믿는 교회의 집사야 인마! 집사가 술 담배 해서야 되겠니?”라고 말했더니 “야, 인마! 예수는 그렇게 믿는 게 아냐. 교회에 가서는 술 담배 안 하고 밖에 나와서는 적당히 하는 것이지, 무슨 예수를 그렇게 어렵게 믿니? 네가 목사라도 되었더라면 사람 잡겠구나!” 하는 것이었다. 한참 동안 술을 먹으라느니 안 먹겠다느니 실랑이가 벌어질 수밖에 없었다.

이미 이런 일이 있을 것을 각오했었기에 실랑이가 오래가지 않기 위해서는 단호하게 이야기하는 수밖에 없었다. "너희들이 이렇게 반겨주는 것도 감사하고 옛날처럼 어울려서 마음껏 취해보고 싶어하는 심정도 이해하지만 나는 나를 구원해 주신 예수님과 약속한 것이기 때문에 약속을 어길 수가 없으니 안주나 먹겠다"고 하고선 회를 먹기 시작했다. 할 수 없다는 듯이 저희들끼리 주거니 받거니 하면서 하는 소리가 "너는 술 담배 안 하는 것을 보니 잡사가 아니고 진짜 집사인 모양이구나. 어떤 사람들은 교회의 집사라고 하면서 밖에 나오면 술 담배 다 하더라. 그것은 집사가 아니고 잡사인 모양이지?" 하면서 나를 쳐다보고들 웃었다. "그래서 나한테 술 먹여놓고 잡사라고 부르려 했구나?" 하면서 나도 함께 껄껄 웃었다.

이렇게 되니 자동적으로 이야기는 "네가 미국 가서 어떻게 그렇게 병신이 다 되어 왔는지 이야기해 보라"는 것이었다. 그래서 자연적으로 간증을 시작하면서 복음을 전하게 되었다. 친구들은 나를 보고 병신이라고 하지만 나는 오히려 자랑스러웠다. 그러나 나의 신앙 양심상 술 좌석에서 성경을 꺼내들고 복음을 전한다는 것이 왠지 하나님께 죄송스러운 생각이 들었고 또 술이 한잔 두잔 들어가면서 취기가 오르는 녀석들에겐 오히려 거부 반응만 느끼게 할 것 같아 성경은 역시 작은 돈(?)가방 속에 들어 있었지만 꺼내지 않고 간증에 말씀을 곁들여서 열심히 이야기했다.

하나님께서 내게 왜 이토록 많은 간증거리를 주셨는지 이해가 될 것 같았다. 처음엔 녀석들의 이야기가 "그건 인마, 네가 그렇게 생각을 하니까 그런 거지 그런 게 아니야. 인간 만사는 새옹지마라는 이야기도 못 들어 봤냐?" 하면서 문자까지 쓰는 것이었다. 그래서 "나도 옛날에는 인간 만사가 새옹의 말과 같다고 느꼈는데 예수님을 믿고 보니 그렇지가 않더라. 내가 한국 땅에서 태어나 너희들과 함께 공부하고 미국에 갔다가 이제 이 자리에 와 이런 소리 하는 것도 다 하나님께서 계획하시고 섭리하셨기 때문이다"라고 이야기하니 "너 미쳐도 단단히 미쳤구나" 하는 것이었다.

그래서 "너희들 만일 오늘 죽는다면 천국 갈 확신이 있냐?"고 물었더니 "술맛 떨어지게 왜 그런 질문을 하느냐?"는 것이었다. 그 이야기는 다시 말해서 "천국 갈 확신이 없다"는 대답과 같은 것이었다. 그래서 나는 오늘 당장 죽어도 천국 갈 확신이 있는데 너희들도 천국 가고 싶으면 술 깨고 난 다음 맑은 정신에 이야기하자고 했다. 술을 안 마시고 술 마신 사람들 떠드는 것을 보자니 정말 가관이었다. 혀가 조금씩 꼬부라지기 시작하더니 한 소리 또 하고 한 소리 또 하곤 하였다. 나도 옛날에는 저랬었겠지 생각하니 저절로 웃음이 나왔다. 서울에는 통금시간도 없으니 또 2차를 가자는 것이었다. 술 안 마신 사람이 뒤처리를 하는 수밖에 없었다. 억지로 하나씩 차에 태워 보내고 난 후 늦은 밤 겨우 집으로 돌아왔다.

다음날 대학 동창들을 만나기로 해서 나갔다. 친구의 차에 올랐는데 한참을 교외로 빠져나가는 것이었다. 판교에 있는 횟집에서 만나기로 했다는 것이다. 요즘은 횟집이 유행인 모양이다. 그것도 서울 근교에 있는 횟집이 사람들에게 인기가 있는 모양이었다. 횟집 중앙에 대형 어항을 설치해 놓고 손님이 원하는 고기를 그 자리에서 잡아 회를 떠서 파는 것이었다.

여기에서도 고등학교 동창들에게서와 똑같은 수모(?)의 절차를 거치지 않으면 안 되었다. 그런데 한 가지 다른 것은 경제학을 전공한 친구들이라 그런지 묻는 질문도 경제학적으로 물었다. "네가 예수를 믿어서 얼마나 잘 사느냐?"는 것이었다. 예수님을 믿는 것은 물질적 축복보다는 영적인 축복이라고 강조했지만 물질 만능의 사고방식을 가지고 있는 이들에게는 통할 리가 없는 이야기였다.

예수님을 믿는다고 하면서 궁상스러운 생활을 하는 것도 하나님의 영광을 가리는 것이라는 생각이 들었다. 그래서 미국에 와서 예수님을 믿기 전 토요일, 일요일도 쉬지 않고 일주일에 7일, 하루 15시간씩 열심히 일을 해보았지만 결국 사기당하고 배신당해서 다 날려버리고 더 이상 의지할 데가 없어서 교회에 나가 하나님께 매달리기 시작했고, 하나님께서 나의 기도에 응답하셔서 사기당하고 배신당한 상황을 전화위복시켜 주셔서, 현재는 경제적으로도 남부럽지 않은 생활을 하고 있다고 구체적으로 설명을 했다. 그러자 이번에는 "예수 믿는 사람이 불쌍한 사람 도와줘야지 혼자 그렇게 잘 먹고 잘 살 수 있느냐?"는 것이었다.

이 친구들의 의식 구조는 예수 믿는 사람들은 경제적으로 쪼들려야 정상이고 목사님들은 다 가난하게 살아야 정상이라는 사고방식이었다. 하기야 이 친구들 중에 여의도침례교회(한기만 목사님 시무)의 집사로 있는 친구가 있는데 현재 주택은행 본점의 차장(지점장 급)이면 돈도 많이 모아 놓았으리라 생각했는데, 이 친구는 역시 말씀대로 정직하게 살다 보니 경제적으로 별 곤란은 없지만 친구들 중 가장 뒤지는 모양이었다. 사회생활을 하다 보니 어쩔 수 없이 친구들과 어울려 한잔을 하지만 구원의 확신이 있고 복음을 정확하게 알고 있었다.

하여간 이런 방식으로는 전도를 할 수가 없어서 그 다음날부터는 낮에 만날 친구는 직장으로, 저녁에는 개인적으로 만나서 전도하기로 했다. 그러나 하나같이 공통된 이야기는 아직은 예수 안 믿겠다는 것이었다. 좀더 기반도 잡고 돈도 벌어놓고 믿어야지 지금부터 믿으면 돈을 버는 데 지장이 있다는 것이었다.

하루에도 몇 명씩 아침부터 저녁까지 개인 전도를 했지만 고등학교, 대학교 동창들은 한 명도 결신을 시키지 못했다. 이제 나이 사십 중반이니 죽음 이후에 대해서 생각을 안 하는 친구는 없었으며 언젠가는 예수님을 믿어야 한다는 것을 인정하면서도, 또 복음 자체를 굉장히 심각하게 받아들이면서도 아직은 믿을 때가 아니라는 것이었다. 사실 한국 전도 여행을 계획하고 황금의 어장이라고 생각했던 것이 고등학교, 대학교 동창들이었는데 한 명도 결신을 못 시킨 것이다. 하지만 복음의 씨앗은 뿌려 놓은 것이다.

> 나는 심었고 아볼로는 물을 주었으되 오직 하나님께서 자라나게 하셨나니 그런즉 심는 이나 물 주는 이는 아무것도 아니로되 오직 자라게 하시는 이는 하나님뿐이니라(고전 3:6-7)

물을 주어야 하는데 며칠 후에는 다시 미국으로 돌아가야 하니 물을 줄 새도 없는 것이다. 자라나게 하시는 이는 하나님이시니 하나님께 맡기는 수밖에 없었다. 그래도 학창 시절, 특별히 친했던 친구들만이라도 주님을 영접했으면 하는 욕심에서 최선을 다해 보았지만 소용없는 노릇이었다.

예수님께서 고향 전도가 어렵다(막 6:4)고 하신 의미를 새삼스럽게 실감하였다. 또한 성경의 혼인 잔치 비유가 바로 여기에 해당되는 말씀이구나 하는 것을 느꼈다.

10
물 퍼다 장사하는 줄 아슈?

종로 네거리 신신백화점 뒷골목 한일관에서 C사장님을 만나기로 약속했다. 한국에 있을 때 약 1년 정도 모시고 있었던 분으로 그 당시 기업체를 둘씩이나 운영하고 계셨고 미국 사람들과 불편 없이 영어를 구사하던 인텔리 사장님이셨다. 옛날의 신신백화점과 화신백화점을 생각하면서 종로 네거리에 와 보니 화신백화점은 다시 짓기 위해 다 헐어 놓은 상태였고, 신신백화점은 그 모습조차 찾아볼 수 없고, 그 자리엔 높은 은행 건물이 세워져 있었다. 은행 건물 뒷골목으로 들어서니 한일관이 눈에 들어왔다. 서울의 뒷골목은 별로 변한 것이 없었지만 큰길가에는 전에 없었던 큰 빌딩들이 세워져 전혀 다른 분위기를 자아냈다.

약속시간 정각에 C사장님이 나타났다. 60대 중반인데도 10여 년 전이나 별로 달라진 데가 없어 보였다. 한일관에 들어가 점심 식사를 하면서 그동안 미국에서의 이민생활 이야기가 시작되었다. 나의 이민생활 11년 동안 내가 어떻게 예수님을 믿게 되었나 하는 간증 이야기를 안 할 수 없었다. 왜냐하면 나는 예수님을 믿게 된 것이 어떤 사람들처럼 모태 신앙이거나 평범하게 믿은 것이 아니라 갖은 우여곡절 끝에 정신적, 육체적 고통으로 도저히 내 힘으로는 해결할 수 없는 일들 때문에 인간의 능력의 한계를 느끼고 하나님께 매달림으로 기도의 응답을 받았을 뿐만 아니라 하나님의 임재를 피부로 느끼면서 이 모든 어려운 상황 속에서 나를 구원해 주신 예수님, 곧 하나님을 믿지 않을 수가 없게 되었기 때문이다. 또한 오늘의 내가 존재할 수 있는 것과 나의 나 된 것은 순전히 예수 그리스도의 은혜 때문이라는 것을 부인할 수 없기 때문이다.

나의 이 간증 이야기를 들으면서 C사장님은 굉장히 큰 충격을 받는 것 같았다. 자기는 할머니 할아버지 대에서부터 기독교 가정으로 교회를 습관적으로 나가고 있으며 하나님이 계시다는 사실은 부인해 본 적이 없다는 것이다. 그렇지만 하나님이 나의 간증 이야기처럼 우리의 일거수일투족을 지켜보며 간섭하신다는 생각을 해본 적이 없다고 한다. 그래서 자기는 교회를 나가지만 술 담배도 다 하고 남들이 하는 일들을 다 하지만 특별히 남들을 해치거나 괴롭히지 않고 사는 것으로 자기 만족을 하면서 일주일에 한 번씩 교회에 다닌다는 것이었다. 그래서 첫 번째 질문을 던졌다.

"사람이 한번 태어나면 언젠가는 죽는 것이 정한 이치라고 성경에서 말하고 있는데 만일 사장님은 오늘 이 세상을 떠나신다면 천국에 갈 확신이 있습니까?"라고 묻자, 대답은 "천국에 가기를 희망할 뿐이지 천국 갈 확신은 없다"는 것이었다. 그래서 "저는 지금 당장 죽어도 천국 갈 확신이 있는데 이것을 어떻게 알게 되었는지, 또 사장님도 어떻게 하면 이런 확신을 가지실 수 있는지 말씀드려도 되겠습니까?" 하고 물으니 좋다고 승낙하였다.

그런데 이미 식사가 끝나고 점심시간이라 종업원들의 눈치가 빨리 자리를 비워 주었으면 하는 것이었다. 그렇다고 이제 막 복음을 전할 수 있는 기회를 얻었는데 그대로 포기할 수는 없었다. 그래서 "사장님, 우리 다방에 가서 차라도 한잔 들면서 이야기를 계속 하시죠?" 하면서 한일관을 나와 바로 건너편 보신각 다방으로 들어갔다.

복음을 전하고 결신 기도를 하려면 남들의 눈에 잘 띄지 않는 구석 자리가 좋을 것 같아 구석 자리를 찾았으나 한가운데밖에는 빈자리가 없었다. 하는 수 없이 다방 한가운데 앉아서 이야기를 계속했다.

"제가 영생을 얻은 것을 어떻게 알게 되었는지 말씀드리기 전에 이것을 좀더 확실하게 해줄 질문을 하나만 더 드릴게요. 만약 사장님이 이 세상을 떠나 천국 문 앞에 섰는데 하나님께서 '내가 너를 내 천국에 들여보내야 할 이유가 무엇이냐'고 물으시면 어떻게 대답하시겠습니까?" 하고 물었더니, "꼭 이유를 대야 한다면 그동안 교회에 쭉 다녔고 남에게 나쁜 짓 하지 않고 괴롭히지 않았기 때문"이라고 대답하였다.

결국은 인간의 선행이 인간을 천국에 이르게 할 수 있다는 것이었다. 그래서 천국은 하나님께서 우리에게 값없이 주시는 선물이며, 그것은 돈이나 공로나 자격이나 선행으로 얻어지는 것이 아니며, 하나님이 만들어 놓으신 천국에 갈 수 있는 기준은 하나님처럼 완전(죄가 전혀 없는)해야 한다(마 5:48)고 말했다. 그런데 이 세상에는 죄가 전혀 없는 사람이 한 사람도 없기 때문에(롬 3:23) 자기 힘으로 천국 갈 수 있는 사람은 한 사람도 없다는 것을 강조하면서 복음을 제시하기 시작했다.

여러 가지 예화를 들어가면서 복음을 다 전하고 나서 "이해가 되세요?"라고 물었더니 이해가 된다고 하였다. 그래서 "이 영생의 선물을 받기 원하시느냐?"고 묻는 순간, 또 사탄의 방해하는 역사가 시작되었다. 갑자기 다방 마담이 화가 잔뜩 난 큰소리로 "우리는 물 퍼다 장사하는 줄 아슈?" 하고 구석자리에 앉은 3명의 남자들에게 소리를 지르는 것이었다. 그러니까 그중 한 사람이 "한 사람 더 오면 시킨다는데 왜 이렇게 큰소리야?" 하면서 한참 동안 험악한 분위기가 계속되었다. 정말 세상말로 김샌 것이다.

하필이면 이 순간에 싸움이 벌어질 것이 뭐람. 남의 영업하는 다방에 들어왔으면 차부터 시켜 마실 일이지 세 명씩이나 앉아 있으면서 한 명 더 오면 시키겠다고 얌체 짓하는 손님이나, 또 손님은 왕이라고 하는 세상에 손님이 차 주문을 안 했다고 물 퍼다 장사하는 줄 아느냐(물 퍼다 커피 타고 설탕 타서 장사하는 게 사실이지……)고 소리 지르는 마담이나 똑같다는 생각을 했다. 그러면서 '오 주여! 또 하나의 영혼이 주님께로 향하는 것을 방해하는 사탄의 장난인 줄 아오니 저에게 힘을 주시고 지혜를 주셔서 이 상황을 잘 처리해 한 영혼을 주님께 인도하게 하옵소서!' 하고 속으로 기도하는 수밖에 없었다.

기도가 끝나는 순간 구석에 앉은 세 사람이 일어서면서 "갑시다. 재수가 없으려니까 별꼴을 다 보겠네!" 하면서 일어서서 나가고 뒤이어 다방 마담의 비웃는 소리가 어색한 다방 분위기를 더 어색하게 만들었다. 그러나 하나님께서는 내 기도에 응답하셔서 지혜를 주셨다. 이 어색한 분위기를 바꾸기 위해 나도 모르게 말을 시작했다.

"사장님, 참 이상한 일이죠? 저희들이 미국에서 매주 화요일 저녁이면 전도 심방을 나가는데 지금처럼 결정적인 순간에 꼭 무슨 일이 일어나거든요. 예를 들면 아기가 운다든가 전화가 와서 결신을 방해하여 지금과 꼭 같은 상황을 만들어 놓는 것이죠. 사장님은 이것이 사탄의 방해라고 생각하지 않으세요? 지금도 사장님의 고귀한 영혼이 하나님의 자녀가 되는 것을 방해하는 사탄의 장난이라고 저는 생각하지 않을 수가 없습니다. 저도 처음엔 이런 일들이 우연의 일치로 일어나는 것이라고 생각했었는데 우연의 일치치고는 너무나 자주 결정적인 순간에 일어나는 사건이거든요. 어떻게 하시겠어요? 이 영생의 선물을 받기 원하시면 제가 기도를 인도해 드릴 수 있고, 이제껏 저희들이 한 이야기를 함께 하나님께 말씀드릴 수 있어요. '두 세 사람이 내 이름으로 모인 곳에 나도 함께하겠다'(마 18:20)고 주님은 약속하셨고, 그렇기 때문에 지금 이 자리에도 주님은 와 계셔서 우리의 이야기를 다 듣고 계시거든요."

그러자 기도를 해 달라는 것이었다. 그래서 우리는 다방 한가운데서 두 손을 마주 잡고 결신 기도를 했다.

> 십자가의 도가 멸망하는 자들에게는 미련한 것이요 구원을 받는 우리에게는 하나님의 능력이라(고전 1:18)

아무리 생각해도 인간적인 힘으로는 있을 수 없는 일이었다. 옛날에 내가 모시던 사장님이시고 연세가 나보다 20년이나 연상이시며 사회적인 체면이나 모든 것으로 볼 때 보신각 지하 다방 한가운데서 다른 사람들이 쳐다보는 가운데 그것도 나와 두 손을 마주 잡고 기도를 하다니……. "십자가의 도가 멸망하는 자들에게는 어리석게 보이나 구원을 받는 우리에게는 하나님의 능력이라"는 말씀이 현실로 이루어져 능력으로 나타나 마음속으로 '그럼요! 그렇고말고요!'를 반복하며 감사드렸다.

결신 기도가 끝나고 요한복음 6장 47절을 펴서 직접 읽게 한 다음 "사장님! 만일 오늘 이 세상을 떠나신다면 어디에서 눈을 뜨시겠습니까?" 하고 물으니 "그야 물론 천국이지" 하고 대답하였다. 할렐루야! 아-멘!

11
복음을 태교로 들은 축복받은 아이

경기도 이천에 있는 큰누님 내외가 예수님을 구주와 주님으로 영접한 지 꼭 일주일 만인 8월 19일, 큰누님의 큰아들(장조카) 내외를 주님께 인도하기 위해 시청 앞에서 좌석버스를 탔다. 11년을 미국에서 살다 한국에 돌아오니 제일 불편한 것이 교통편이었다. 택시를 잡는다는 것이 그리 쉬운 일이 아니며, 어쩌다 택시를 타도 에어컨이 없는 조그만 택시가 답답하기만 한데 날씨는 왜 그렇게 더운지…….

하루종일 무더운 날씨에 땀을 흘리고 돌아다니다 들어오면 샤워시설이 잘 안 되어 있어 이것도 고민 중의 하나다. 차라리 택시보다는 좌석버스가 훨씬 시원하고(에어컨도 있음) 요금도 싸다는 것을 안 후부터는 택시를 안 타려고 하지만, 어느 곳에서 어디로 가는 좌석버스가 있는지 알 수가 없으니 역시 촌놈이 따로 없다.

이날도 큰조카 내외가 개포동에 산다는데 개포동이 어느 쪽에 붙었는지 알 길이 없어 여행사에서 일하고 있는 조카(큰누님의 딸)에게 전화를 걸어 시청 앞에서 만나 함께 가기로 했다. 큰누님 내외를 전도하기 전에는 이 집에서 유일하게 예수님을 믿는 딸이며, 온 가족이 예수님을 믿게 해 달라고 기도했던 딸이었는데, 자기 엄마 아빠가 예수님을 영접했다는 소식을 듣고 누구보다도 기뻐했고 또한 오빠 내외를 전도하러 간다니까 그렇게 좋아할 수가 없었다.

큰조카 녀석은 제대 후 갓 대학을 졸업하고 조선공사 계열의 개포동에 있는 한국 유니온 시스템 주식회사라는 컴퓨터 회사에 취직이 되어 3층 양옥집 맨 위층에 방 2개를 전세로 얻어 신혼 살림을 차린 지 1년 정도가 되었다. 집에 도착해 보니 조카 녀석은 저녁 8시가 넘었는데도 회사에서 아직 안 돌아오고 와이프(조카며느리)만 임신 8개월의 무거운 몸으로 저녁 식사 준비를 하느라 고생하고 있었다.

"오늘은 거래처에 갔다가 좀 늦을 것 같다"고 아침에 출근할 때 이야기했다고 하는데 저녁을 먹고 12시가 넘도록 기다려도 들어오지 않았다. 그렇다고 임신 8개월인 처음 보는 조카며느리를 앉혀 놓고 복음을 전하기도 좀 어색하고, 또 복음을 전하는 도중에 들어오면 또다시 시작을 해야 하기에 아예 기다리기로 했다.

"이 녀석 오늘 저녁, 술만 마시고 들어와 봐라. 혼을 내줄 터이니……" 하고 벼르고 있는데 밤 12시 20분경이 되어서야 들어오면서 "외삼촌, 웬일이세요? 연락도 없이……" 하면서 미안한 듯 머리를 긁적거렸다. 술을 마시느라고 늦은 것이 아니라 회사 차를 가지고 나갔었는데, 거래처 갔다 오는 도중에 차가 고장이 나서 차를 고쳐가지고 오느라고 늦었다고 하면서 술은커녕 저녁도 못 먹었다고 하였다.

저녁 식사가 끝나고 나니 밤 1시가 가까웠다. 그러나 내게는 오늘 저녁밖에는 복음 전할 시간이 없었다. 한 달 예정으로 한국에 나왔는데 벌써 20일이 지났으니 앞으로 10일 동안 바쁘게 뛰어 다녀야 할 판인데 이렇게 먼 동네를 다시 올 시간도 없고 해서 안면 몰수하고 복음을 전하기 시작했다. 조카보다는 조카며느리가 더 진지하게 복음을 듣고 있었다. 이층집 옥상 위에다 따로 살림할 수 있도록 방 2개와 부엌을 만들어 3층으로 지어 놓은 집이라 한낮의 뜨거운 햇볕에 달아오른 열기 때문에 창문을 열어놓고 선풍기를 틀어 놓았지만 몹시도 더웠다.

복음을 열심히 듣고 있던 조카며느리가 일어나서 밖으로 나갔다. 복음을 계속해서 전하면서 돌아오기를 기다렸지만 돌아오질 않았다. 그렇게 열심히 듣고 관심을 기울이던 얼굴 표정으로 보아선 듣기 싫어서 나간 것은 아닐 터인데 하는 생각에 "네 댁은 어디 갔니?" 하고 조카에게 물었더니, 창 밖에서 "저 여기서 다 듣고 있어요" 하고 대답하였다. 하기야 임신 8개월의 무거운 몸을 가지고 방바닥에 앉아 1시간이 넘도록 이야기를 듣는다는 것은 무리였을 것이다. 아예 편안하게 창 밖에 의자를 놓고 앉아서 듣고 있는 것이었다. 복음을 다 전하고 이해가 가느냐고 물었더니, 둘 다 이해가 된다고 말했다. 그래서 이 영생의 선물을 받기 원하느냐고 물었더니 받기를 원한다는 것이었다. 그래서 우리는 손을 잡고 결신 기도를 했다.

결신 기도가 끝나고 나니 조카며느리가 하는 말이, 그렇지 않아도 무엇인가 태중에 있는 아이에게 해주어야 할 것 같았는데 무엇을 해주어야 할지 몰라 걱정했다면서, 아기를 위해 교회라도 나가 볼까 하는 생각을 했었다는 것이다. 그런데 오늘 이 복음을 듣고 보니 자기가 해야 할 일이 무엇인지를 알았다는 것이다. 그래서 예수님을 영접하고 부부가 함께 교회 나가기로 결심을 했다. 복음을 태교로 들은 이 축복 받은 아이가 태어나서 자라면 자기는 모태 신앙이라고 이야기할 것이 아니겠는가?

나는 교회에서 성도들과 이야기하다 보면 자기는 모태 신앙인이라고 말하는 사람들이 얼마나 부러운지 모른다. 나이 40이 가깝도록 하나님을 모르고 지내던 나의 과거를 되돌아보며 나도 모태 신앙인이었다면 이 아까운 세월을 허송하지는 않았을 터인데 하고 안타까워할 때가 많다. 두 사람을 주님께로 인도한 것도 기쁘지만 새로 태어날 생명을 모태에서 신앙으로 성장할 수 있도록, 다시 말해서 태교를 가장 좋은 신앙으로 할 수 있게 했다는 것이 기뻤고, 또한 한 딸의 기도 응답의 현장을 보는 것 같아서 더욱 기뻤다. 그래서 큰 조카 내외를 마음껏 축복해 주었다.

미국에 돌아온 후 조카의 편지를 통하여 아들을 낳았고 교회에 나간다는 소식을 들으니 이보다 더 기쁜 소식이 어디 있으랴! 아-멘!

12
처갓집 전도

한국 전도 여행을 계획했을 때 가장 무거운 숙제 중 하나가 처갓집을 예수님께 돌아오도록 전도하는 일이었다. 아내가 한국에서는 전혀 교회도 안 나가고 절에만 열심히 다니며 부처에게 절을 열심히 해댄 덕분에 '묘공 보살'이라는 법명까지 받았다. 절에서 절만 잘하면 절(저절)로 부처(생불)가 되는 줄 알았던 아내는 절을 한번 시작하면 최소한 108번을 해야 하며, 최고로 절을 많이 해 본 것이 하룻밤을 꼬박 새워가며 구도 정진인가 하는 절모임에서 각 법당을 돌면서 1,300번의 절을 해 본 기록의 보유자다.

그래도 여학교 시절에는 영화배우 찬손 부르튼손(찰슨 브론슨)을 좋아했다는 이 멍청한 여인을 데리고 사는(누가 누구를 데리고 사는 것인지는 잘 모르지만) 그 남편은 얼마나 멍청할까? 하여간 이 멍청한 아내가 미국에 와서 예수님을 알게 되고 그분이 세상 만물을 창조하신 창조주 하나님이시며, 자기 자신을 죄 가운데서 구원해 주신 구세주이시요, 주님이심을 깨닫자 이제껏 아무 생명도 없는 돌부처에게 허리가 아프도록 절을 해댄 것이 너무나 억울한 것이다. 그래서 아직 예수님을 모르고 우상을 숭배하는 아버지와 갑자기 병환이 나신 어머니, 그리고 오빠 언니들 가족이 불쌍해서 재작년 겨울에 한국에 나가 전도하려고 애를 썼다. 그리고 어머니 베개 밑에 늘 간직하고 있던 천수경 책을 치워버리고 그 책 대신 성경책을 넣고 전도하려 했으나 "너는 네 하나님이나 열심히 믿고 천국 가라. 나는 내 하나님인 부처님을 믿을 테니까" 하시더라는 것이다.

끝까지 포기하지 않고 어머니 전도를 하다가 결국 어머니의 노여움만 불러일으켜서 역정을 내시므로 포기했다고 한다. 더욱이 언니 오빠들과 함께 식사가 끝난 자리에서 복음을 전하려 했다가 오히려 비웃음만 당했다고 한다. 특히 오빠들은 귀엽기만 했던 막내 여동생의 변한 모습을 보면서 "꼬맹이, 너 미국 가더니 수다만 늘었구나"라고 비아냥거렸다는 것이다. 그래서 하는 수 없이 나보고 꼭 전도를 하고 와야 한다면서(남편 잘 만나면 이렇게 똑똑해지는 수도 있다) 자기 가정의 종교 배경을 자세히 설명해 주었다.

자기가 어렸을 때 큰집 작은언니와 큰어머니가 불교에서 개종하여 교회를 열심히 나갔다고 한다. 그런데 그 즈음 큰집 큰언니의 아들이 수학여행에서 돌아오다 버스와 기차가 충돌하는 바람에(경동중학교 기차 충돌 사건으로 신문에도 대서특필됐다고 한다) 그 자리에서 죽었고, 그 소식을 듣고 사고 현장에 급히 가기 위해 택시를 잡아타고 가던 형부와 언니, 그리고 사촌오빠가 역시 그날 교통사고를 당해 형부는 현장에서 즉사, 오빠는 뇌가 파괴되는 등 한꺼번에 아들과 남편을 잃고, 남동생 역시 뇌수술을 몇 번씩이나 받아야 하는 고통과 비극이 일어났다고 한다. 장모님은 그 어려운 일을 당하는 이유가 모두 종교를 바꾸어 신이 노하였기 때문이라고 하셨단다. 처갓집 식구들이 모두 그렇게 믿고 있기 때문에 종교를 바꾼다는 것은 아예 생각도 못하고 있었다.

갈현동 처갓집에 도착하니 큰처남 내외분과 장인 장모님이 계셨다. 큰처남 댁의 음식 솜씨가 대단히 좋아서 맛있는 저녁식사를 함께 마친 후 후식을 먹으면서 자연스럽게 예수님 이야기를 꺼냈다. 그러자 큰처남은 아예 들을 생각도 하지 않고 방으로 들어가 버리고, 큰처남 댁은 부엌에서 나오지를 않았다. 하는 수 없이 장인, 장모님만 그대로 앉아서 복음 제시에 귀를 기울이셨다. 복음을 들으면서 두 분은 "자손들에게 피해를 주지 않기 위해서는 종교를 바꿀 수가 없다"고 말씀하시면서, 자신이 물려준 종교(불교)이지만 이제는 자식들에게 얹혀 사는 실권 없는 노인들이 되었으니 자식들 하는 대로 따라가는 수밖에 없다는 것이다.

하지만 나는 포기할 수가 없었다. 그래서 "돌아가신 후에 지옥을 자식들이 대신 가 줄 수가 없는 것 아닙니까? 연세가 이제 80이 가까워지는데 이것이 천국에 가실 수 있는 마지막 기회일지도 모릅니다"라고 이야기했지만, "종교를 바꾸었다가 자손들에게 피해가 가는 것보다는 차라리 우리가 지옥에 가는 게 낫지 않겠느냐?"고 말씀하시면서 사실 자신들은 지옥에 갈 만큼 그렇게 악한 일은 안 하고 살았다는 것이었다.

그래서 "이 세상에 태어난 사람은 누구를 막론하고 죽을 수밖에 없으며(히 8:27) 죽은 후에는 천국 아니면 지옥에 가게 되어 있습니다"라고 복음의 이야기를 시작했다. 천국 갈 수 있는 기준은 하나님처럼 죄가 전혀 없어야 하는데(마 5:48), 이 세상에 존재하는 모든 인간은 죄인(롬 3:23)이라고 말씀드리면서 "조금 전에 악한 일은 안 하고 살았다고 하셨는데, 물론 악한 일은 안 하셨지만 하나님께서는 마음으로 품은 죄까지도 계산하고 계십니다. 그러니 마음으로 죄를 안 지은 사람은 아마도 한 사람도 없을 것입니다"라고 말씀드렸더니, "그건 그렇지!" 하면서 수긍을 하시는 것 같았다. 그래서 일사천리로 말씀을 드리기 시작했다.

인간은 죄인이기 때문에 자기 힘으로는 도저히 천국에 갈 수 없으며 그럼에도 불구하고 하나님께서는 우리 인간들을 사랑하시기 때문에 독생자 예수를 이 땅에 보내셨으며(요 3:16) 그 예수님이 우리의 죄값을 대신 치러 주시기 위해 십자가에 못 박혀 돌아가셨으며, 돌아가신 지 사흘 만에 부활하셔서 지금도 살아 계셔서 우리의 삶을 주관해 주신다는 사실을 믿는 것이 곧 예수님을 믿는 것이라고 설명했다.

전도폭발훈련에서 배운 모든 예화를 다 말씀드리고 성경 구절을 다 읽어 드리면서 자세히 설명하였더니 모든 것이 다 그럴 듯하다는 것이다. 그러나 종교는 바꿀 수 없다고 하였다. 하지만 전도에는 실패가 없다는 것이 나의 소신이며 경험이다. 전도 심방을 나가보면 어떤 사람은 끝까지 복음을 반박하면서 믿어지지 않는 이야기라고 결신하기를 거부하지만, 몇 달 후에는 자기 발로 교회에 나와 착실하게 신앙생활 하는 사람들을 보았기 때문이다. 씨를 뿌리고 물을 주는 일이 곧 전도이며 자라나게 하는 이는 하나님이시니 지금 당장 결신을 하지 않았다고 해서 전도에 실패했다고 할 수는 없지 않은가?

그날 이후로 나는 짐을 싸들고 처갓집으로 들어가서 먹고 자고 눈만 뜨면 예수님 이야기를 했다. 오죽하면 큰처남 댁이 나에게 하는 소리가 “다른 것은 다 좋은데 예수 이야기만 제발 하지 말아 주세요”라고 했겠는가. 얼마나 귀가 아프도록 예수님 이야기를 했던지 장모님은 미국에 가면 교회에 나가겠다고 말씀하셨다. 그래서 노인네들 돌아가시기 전에 미국에 모셔다가 예수님 영접하고 천국에 가시도록 계획 중이다.

13
여자여! 그대의 이름은…

종교를 바꾸면 집안이 망한다는 신념으로 가득 찬 처갓집 식구들을 전도한다는 것은 "소 귀에 경 읽기"와 다름없었다. 요한1서 5장18절 말씀을 펴서 읽어주면서 "하나님께로서 나신 자가 그를 지키시매 악한 자가 그를 만지지도 못하느니라"라는 말은 예수님을 믿게 되면 예수님은 이 세상을 창조하신 분, 곧 창조주 하나님이시기 때문에 악한 자가 와서 만지지도 못할 뿐만 아니라 또 그 손에서 우리를 빼앗아갈 자가 없다(요 10:28)고 설명했지만 통하지 않는 이야기였다.

이러한 환경 속에서 자라났음에도 불구하고 한국에 있는 형제들 중 유일하게 현재 교회에 나가고 있는 아내의 첫째 언니(언니가 셋임)가 있다. 교회에 나가게 된 동기는 시집가서 아들 둘을 낳아 잘 키우는 것을 유일한 낙으로 삼고 살던 어느 날 시어머니가 갑자기 교회에 나가셔서 복음을 듣고 회개(불교의 골수분자에서 예수님을 영접하는 회개)한 후 착실한 기독교 신자가 되어 큰며느리인 아내의 큰언니에게 찾아와 전도를 하기 시작했다고 한다. 그러나 언니는 귓전에도 듣지 않고 시어머니 말씀에 불순종하며 살았단다.

그런데 어느 날 화가 난 시어머니께서 “너 정말 교회 안 나가면 하나님께서 네가 사랑하는 아들들을 치실 거야”라고 하시더라는 것이다. 그러나 코웃음만 치고 교회에 안 나갔었는데 정말 어느 날 큰아들의 입이 귀밑까지 돌아갔다고 한다. 이상하고 당황하여 여러 병원을 찾았고, 여러 한의원을 찾아다녀 보았지만 아무런 차도가 없었다. 사랑하는 큰아들의 입이 보기 흉하게 돌아간 얼굴을 며칠 동안 계속 지켜보면서 자신도 모르게 교회를 찾아 나가 눈물로 하나님께 기도하게 되었고 그와 동시에 아들의 입은 차츰 정상으로 되돌아오더라는 것이었다.

그때부터 교회에 출석하여 지금은 그 교회의 훌륭한 집사가 되어 봉사하고 있는데 문제는 남편이었다. 남편은 그야말로 인상이 호탕하게 생겼을 뿐만 아니라 술을 좋아하고 사교적이며 직업마저도 이에 잘 어울리는 서울 시내버스 회사 상무이다. 교통사고만 나면 현장에 쫓아가 피해자와 합의를 해야 하고 사고처리를 해야 하는 버스회사 상무이니 설명하지 않아도 얼마나 고된 직업이며 때로는 거짓말도 해야 하고 공갈협박도 칠 줄 알아야 하며 주먹도 휘두를 줄 알아야 하는 직업이 바로 이 직업이 아니겠는가? 이런 환경 속에서 교회 나가며 바른 신앙생활을 한다는 것은 정말 어려운 일이며 어쩌다 큰처형 등살에 못 이겨 교회에 끌려가지만 별 흥미를 못 붙이고 있는 상태이다.

평소에 큰언니가 “온 가족이 함께 교회에 와서 예배드리는 것이 소원”이라 하여 아내가 큰형부한테 여러 차례 전도 편지를 보낸 적도 있었지만 아직은 아니라는 대답만 받아 냈을 뿐인 상태인데 그 큰동서가 저녁식사를 하자고 집으로 초대를 한 것이다. 큰처형 부탁이 저녁 식사 후에 자기 남편에게 전도해서 교회에 잘 다닐 수 있도록 해 달라는 것이었다. 그래서 큰처남 내외와 함께 큰동서네 집으로 가서 저녁 식사를 했다.

저녁 식사가 끝나자 술상이 준비되었다. 술을 마시게 하면서 전도를 한다는 것은 나의 신앙 양심상 허락지 않는 일이기에 술상을 옆으로 밀어 놓게 하고 내 이야기를 들은 다음 술을 마셔도 마시라고 부탁드렸다. 처형이 겸연쩍은 듯 술상을 밀어 놓자 큰동서 가까이로 다가앉아 복음을 제시하기 시작했다. 예수님 이야기가 나오자 큰처남 내외는 아예 방으로 들어가 누워 버렸다. 방해자가 없으니 잘 된 셈이었다.

더운 여름철 선풍기를 틀어놓고 마루에 앉아 두 가지 진단 질문이 시작되었다.

"형님! 사람은 한번 태어나면 언젠가 죽게 마련인데 만일 형님은 오늘 이 세상을 떠나시면 천국 갈 확신이 있습니까?" 하고 물었더니 대답을 못하고 우물쭈물하였다. 그러자 옆에 있던 부인(큰처형)이 "왜 간다고 대답 못해요? 예수 믿으면 천국 갈 수 있다고 내가 이야기했잖아요?" 하면서 말을 가로채는 것이었다. 두 번째 질문을 하기도 전에 처형이 두 번째 질문에 대답까지 이야기하면서 전도를 방해하였다.

자기 남편을 꼭 전도해서 예수 잘 믿는 사람으로 만들어달라고 부탁하던 처형이 이제는 본격적으로 방해를 하는 것이었다. '여자여! 그대 이름은 사탄의 앞잡이런가? 어찌하여 남편에게 천국에 갈 수 있는 길을 알려 주려 하는데 이처럼 방해를 한단 말인가?' 나는 슬그머니 화가 나서 “처형은 남편이 천국 가기를 원하는 거요? 아니면 지옥 가기를 원하는 거요?” 하고 물었더니 “그야 물론 천국 가기를 원하지요” 하는 것이었다. “그렇다면 제 질문에 정확한 대답만 하면 천국 갈 수 있다고 생각하세요?” 하고 물었더니 “아이구 참, 내가 입을 다물고 있어야 하는 건데……” 하면서 미안해하였다.

다시 큰동서에게 “형님! 솔직하게 대답해 보세요. 만일 오늘 세상을 떠나면 천국 갈 수 있겠어요?” 하고 물었더니 없다고 하였다. 그러면 “만일 형님이 이 세상을 떠나 하나님 앞에 가서 섰는데, 하나님께서 ‘내가 너를 내 천국에 들여 보내야 할 이유가 무엇이냐’고 물으시면 어떻게 대답하시겠습니까?” 하고 물었더니 자기는 할 말이 없다고 하였다. 그러자 옆에 있던 부인이 “예수님 믿기 때문이라고 왜 대답을 못해요?” 하면서 또 말참견을 하고 나섰다. 손아랫사람 같으면 알밤이라도 한 대 주어서 내쫓았으면 좋으련만 그럴 수도 없고 해서 “처형은 제발 부엌에 나가 계세요” 했더니 “아이구 나 좀 봐” 하면서 무안한 듯 부엌으로 들어갔다.

사탄은 가장 가까운 사람(특히 여자)을 이용하여 하나님께 가까이 가고자 하는 사람을 막는 법이다. 에덴동산에서 하와가 그러했고, 내가 아는 사람 중에도 두어 사람은 예수를 믿는다 하면서 저래 가지고 예수는 믿어 뭐하나 하는 생각이 들게 하는, 자기 아내가 보기 싫어 예수 안 믿고 지옥 가겠다고 하는 사람들이 있다. 물론 처형은 마음씨 곱고 착한 아내로서 남편 안 믿는 것이 안타까워 곁에서 돕고자 애쓰다 보니 그랬겠지만, 어찌했든 복음 전하는 데 하나도 도움이 안 되고 오히려 방해를 하고 있는 것이었다.

약 3개월 전 아내의 친구가 남편과 함께 집에 놀러 온 적이 있었다. 이 이야기 저 이야기 하다 보니 아내의 친구는 어렸을 때 성당에 나갔었지만 현재는 전혀 나가지 않는 상태였고, 그 남편은 전혀 종교 배경이 없는 사람이었다. 그래서 두 가지 진단 질문을 했더니 여자는 현재 전혀 신앙생활을 하고 있지 않은 상태이면서도 신통하게 두 질문에 정확한 대답을 하는 것이었다.

남편에게 복음을 제시하기 시작했고 아주 진지하게 받아들였으며 마지막 "이해가 되느냐?"는 질문에 이해가 된다고 답했다. 이어서 "이 영생의 선물을 받기 원하느냐?"는 질문을 했을 때 좀 망설이는 듯하자 또 사탄이 여자를 통해 역사하기 시작했다. 대답을 못하고 우물쭈물하는 남편이 보기에 안되었던지 "그렇게 쉽게 결정할 수 있나요? 좀 두고 생각해 봐야죠" 하는 것이었다. 결정적인 순간에 여자(부인)가 끼어들어 방해를 하는 것이었다. "여자여! 그대의 이름은……" 꼭 같은 상황이다.

처형을 부엌으로 쫓아버리고 두 번째 진단 질문부터 다시 시작했다. 자기는 가끔 교회에는 나가지만 술도 마시고 직업상 거짓말도 해야 하기 때문에 하나님은 "왜?"에 대한 대답은 할 말이 없다는 것이었다. "그러면 어떠한 사람이 천국에 갈 수 있다고 생각하느냐?"고 질문을 바꾸어 했더니 좋은 일을 많이 해야 한다고, 선행이 천국에 갈 수 있는 조건이라고 대답했다.

그래서 천국은 값없이 하나님께서 우리에게 주시는 선물이지 선행만을 가지고서는 갈 수 없는 곳이라고 본격적으로 복음제시를 하기 시작했다. 큰동서는 눈빛이 달라지면서 의외로 복음을 진지하게 듣는 것이었다. 다 듣고 나서 하는 이야기가 자기는 이해도 충분히 되고 영생의 선물도 받고 싶지만 직업상 술을 마셔야 하고 때로는 거짓말도 해야 하는데 예수님을 믿고 나서 짓는 죄는 안 믿고 짓는 죄보다 더 크지 않겠느냐는 것이다. 그래서 "이 세상의 모든 인간은 자기 힘으로 죄를 안 지을 수 있는 사람이 없기 때문에 하나님의 자녀가 된 사람은 죄를 짓지 않고 살 수 있도록 하나님께 도움을 청하는 것이고, 스스로 노력하는 것이다. 그럼에도 불구하고 자기도 모르는 사이에 죄를 짓는 것이 인간이다. 그렇기 때문에 요한일서 1장 9절 말씀에 의해서 우리가 죄를 하나님께 자백하면 용서해주시겠다고 약속한 것이고, 또 일단 예수님을 나의 구세주와 주님으로 영접해서 하나님의 자녀가 되면(요 1:12) 왜 그분이 우리의 삶을 책임져 주시지 않겠느냐"고 설명했다.

> 영접하는 자 곧 그 이름을 믿는 자들에게는 하나님의 자녀가 되는 권세를 주셨으니(요 1:12)

"자기 자녀가 죄를 짓지 않으면 안 될 직업의 위치에서 죄를 안 지을 수 있는 직장으로 왜 안 옮겨주시겠느냐. 우리가 요구를 하지 않기 때문이 아니겠느냐"라고 설명했더니 예수님을 영접하겠다는 것이었다. 그래서 우리는 손을 마주 잡고 하나님께 결신 기도를 했다.

다음날이 일요일이기에 세계 최대의 교회라고 하는 여의도순복음교회에 가서 예배를 드리고 싶다고 했더니 자기도 함께 가겠단다. 그리고 이렇게 좋은 선물을 받았는데 가만히 있을 수 없으니 내일은 예배 후 독립기념관을 구경시켜 주겠다고 하였다. 아침 일찍 큰동서가 가지고 온 밴을 타고 여의도순복음교회 2부 예배에 참석했다. 세계 최대의 교회라는 말이 실감 날 정도로 그 열기는 대단했다.

독립기념관 구경을 하고 싶어서 좇아 나선 큰처남 내외가 예배 끝날 때까지 차 안에서 기다리고 있을 수는 없고 해서, 함께 예배에 참석했다가 통성(방언)기도 소리에 놀라 예수 믿는 사람들은 다 미친 사람들이라고 더욱 민감하게 거부 반응을 보였다. 그날 조용기 목사님의 설교 제목은 "예수님의 보혈"이었고, 설교 내용은 어제 저녁 내가 큰동서에게 전도한 내용과 성경 구절까지도 똑같았다. 설교를 듣고 난 큰동서가 하는 말이, "어제 저녁 막내동서가 한 이야기하고 똑같구먼!" 하면서 씩 웃는다.

예배가 끝나고 우리는 독립기념관 관광을 했다. 전도의 대가로 차 대접이나 식사 대접은 받아 보았지만 서울에서 가깝지도 않은 장거리 독립기념관까지 돈 한 푼 안 들이고 편안하게 관광을 할 수 있었던 것은 처음인 것 같다.

14
뭐니뭐니해도 머니(money)가 최고라더니…

11년 만에 고국에 돌아와 보니 미국으로 떠나기 전 한국에서 알던 친지, 친척, 친구들이 이제는 거의 다 자리를 잡아서 회사 사장이나 이사급이 되었고, 최저가 부장급인데 부장급인 친구들은 대개가 한국 굴지의 회사에 근무하고 있었다. 경제적으로뿐만 아니라 사회적인 지위에 알맞게 점잖은 40-50대의 중년으로 변신해 있었다. 그런데 딱 한 사람만이 반대의 현실 속에서 너무도 어처구니없는 모습으로 변해 있었다.

중앙일보 초창기에 모시고 있던 분으로, 내가 미국에 오던 1977년에는 큰 기업체를 둘씩이나 가지고 있으면서 패기만만한 40대 한국의 전형적인 사장님이셨는데, 내가 미국으로 온 지 3년 후 몇억 대의 부도를 내고 잠적해 버렸다는 소문을 들었다. 이분이 지금 어떻게 지내고 계실까 궁금해서 수소문을 해 보았지만 부도를 내고 숨어버린 사람이니 찾기가 그리 쉽지 않았다. 그래도 한번 만나보고 싶은 생각에 옛날에 그분과 친분이 두터운 사람을 찾아갔더니, 여러 가지로 물어 본 후 그분과 통화할 수 있도록 주선해 주었다.

한번 만나자고 했더니 서울의 중심가로 나오는 것을 꺼려하면서 변두리인 C동 어느 다방으로 올 수 없겠느냐는 것이다. 서울이 너무나 많이 변해서 찾아갈 수 있을지 모르겠다고 했더니 그러면 세운상가 2층에 있는 빵집에서 만나자는 것이다. 약속 시간에 나가서 조금 기다리니 시골에서 갓 올라온 사람 같은 늙은 부부가 내 앞에 와 웃으면서 손을 내밀었다.

뭐니뭐니해도 머니(money)가 최고라더니, 돈이 사람을 이렇게 변신시킬 수 있단 말인가? 11년 전만 해도 뚱뚱한 체구에 얼굴엔 기름이 반지르르 흐르는, 누가 봐도 사장님이라고 할 수 있는 풍채였고, 사모님 또한 그랬는데, 그렇게 초췌해 보이고 불안한 기색이 얼굴에 찌든 것이었다. 영 다른 사람을 보는 듯한 착각에 눈을 의심하면서 인생의 무상함을 다시 한 번 느꼈다.

사업을 확장했다가 모든 일이 계획한 대로 안 돌아가자 부도를 낼 수밖에 없었고, 몇 억을 부도냈으니 한국에서는 형사 입건되어 형무소에 가야 하는데 형무소에 갈 수는 없어서 잠적해 숨어 살았다는 것이다. 이제는 공소 시효가 지나서 그 일로 형무소에 가지는 않지만 그동안 쌓아온 모든 신용이 하루아침에 무너져 버렸고, 사람들을 만나는 것이 두려워졌으며, 재기가 불가능하게 되었단다. 지금은 어느 친척 회사에 나가서 일해 주면서 겨우겨우 살아간다는 것이다. 사모님은 남편이 잠적해 버리자 당장 먹고살 일이며 외동 딸 하나 있는 것 공부를 시켜야 해서 생각다 못해 보험회사 외판원으로 일하고 있었다. 제대로 먹지도 못하고 고생을 해서인지 너무 늙어 보였다.

'돈이 사람을 이렇게 만드는구나!' 생각하면서 만약 이분들이 예수님을 알았더라면 이렇게까지 되지는 않았을 터인데 하는 생각이 들었다. 지금 이 상황에서 내가 해줄 수 있는 최선의 일은 사업자금을 대주는 것보다 믿음을 심어주는 일이라는 생각이 들었다. 그래서 "우리 저녁 식사나 하러 갑시다" 하고 택시를 잡아타고 옛날에 그분과 자주 드나들던 독립문 근처의 도가니탕 집으로 갔다. 옛날 그분과의 아름다웠던 추억들도 생각나게 할 겸 용기도 북돋아 줄 겸 해서 그곳을 찾았다.

저녁 식사를 하면서 우리는 많은 이야기를 나누었다. 특히 내가 미국에 와서 예수님을 믿게 된 과정과 예수님을 믿고 난 후 나의 생활의 변화와 간증 이야기가 거의 대부분이었다. 식사가 끝나고 차 한잔 하자고 다방으로 모시고 갔다. 다방에 가서 간증 이야기가 복음 제시로 연결되기 시작했다. "저도 전에는 돈이 세상의 전부인 줄 알았는데 그것이 얼마나 어리석은 것인가를 깨닫게 되었으며, 돈이 우리 생활에 꼭 필요한 것이지만 그것이 우리를 행복하게 해주는 절대적인 조건은 아니며 때로는 이 돈 때문에 불행해지는 사람이 얼마나 많으냐?"고 이야기를 시작했다.

"사장님도 10여 년 전에 돈이 그렇게 많지 않았다면 사업 확장을 안 하셨을 것이고 지금과 같이 이런 결과가 오지는 않았을 것이 아닙니까? 그러나 우리가 예수님을 알고 믿는다는 것은 영원히 변치 않는 창조주 하나님을 나의 아버지로 모시고 나의 모든 삶을 전지전능하신 그분께 맡겨 버리고 사는 삶을 말합니다. 그렇기 때문에 저는 지금 당장 죽어도 천국에 갈 수 있는 확신을 가지고 살아가고 있는데 그런 제가 부럽지 않습니까?"

이렇게 파란곡절이 많은 세월을 사신 분들이라 쉽게 모든 인간이 죄인이라는 사실을 받아들였고, 자기 힘으로 천국 갈 수 없다는 사실도 인정했다. 복음을 거부 반응 없이 진지하게 받아들였고 우리는 다방 안에서 손을 잡고 결신 기도를 했다. 즉석 양육 지도를 하면서 반드시 교회에 나가야 할 이유를 이야기해 주며 집에서 가까운 교회를 꼭 나가셔야 한다고 말씀드렸다.

11년 만에 한국에 나와 전도를 하면서 가장 안타까운 것은 교회까지 인도를 해서 양육을 시키지 못하는 것이었다. 마치 부모가 자식을 낳아 놓고 고아원에 버려두는 심정 같았다. 씨를 뿌리고 물을 주는 일은 우리가 할 일이고, 자라나게 하시는 분은 하나님인데, 이번 전도 여행은 나는 씨만 뿌리고 물도 하나님이 주셔야 하고, 자라나게 하는 것도 하나님이 하셔야 하는 결과가 되어 안타까운 마음이 들었다.

15
착각은 자유

시청 옆 무교동에서 여행사를 하고 있는 초등학교 3년 선배를 찾아갔다. 어려서 부모를 여의고 친척집에 얹혀 살면서 초등학교를 졸업한 후 고학을 해 가면서, 또 장학금을 받아 가면서 대학까지 졸업하고 JAL(일본항공)에 취직이 되었다는 소식을 들은 후 서로가 바빠서 만날 기회가 없다가 내가 미국으로 와서 11년 만에 고국을 방문했으니 무척 오랜 세월을 못 만난 것이다.

깨끗이 꾸며진 사무실 카운터에 두 명의 여직원이 앉아 있다가 무슨 일로 오셨느냐고 반갑게 맞이했다. 이 아무개를 찾아왔다고 했더니 "예, 사장님요? 누구시라고 전해 드릴까요?" 하는 것이다. 내 이름을 밝히니 인터폰으로 사장실을 연결하더니, 조금 후 50대 중년의 신사가 반가운 얼굴로 손을 내밀며 나오는 것이다. 나도 많이 변했지만 그 형도 참 많이 변해 있었다.

그동안 지내온 이야기들을 하다 보니 자연히 간증 이야기로 바뀔 수밖에 없었다. 그것이 전도 폭발의 세 번째 단계이니까 말이다. 나의 간증을 들으면서 무척 깊은 관심을 표명했고, 동질의 사람이라고 생각했던지 부사장을 소개시켜 주었다. 부사장은 현재 여의도순복음교회 안수집사였다. 사장이 전화를 받으러 간 사이 부사장이 하는 말이, 우리 사장님을 전도하려고 아무리 애써 보아도 자기는 말재주가 없어서 손을 들었다는 것이다. 그러니 이번 기회에 나보고 꼭 전도를 하고 가라고 부탁했다. 그러면서 사장님의 사모님이 착실한 불교 신자이기 때문에 더욱 어렵다고 넌지시 알려주었다. '옳거니, 하나님이 이 불교 집안을 나를 통해서 전도시키기 위해 오늘 내 발걸음을 이리로 옮겨 주셨구나' 하는 생각을 하면서 마음속으로 복음 제시할 준비를 단단히 하고 기다렸다. 그런데 전화를 끊고 나서는 갑자기 누구를 좀 급하게 만나러 가야 한다고 다음에 이야기하자는 것이다. 착각은 자유로구나 생각하면서 사무실을 함께 나올 수밖에 없었다.

뜨거운 8월의 태양 아래 땀을 뻘뻘 흘리면서 어디로 가야 할지 망설이다가 종로1가와 광화문 사이 신탁은행 건물에 사무실을 가지고 있는 중앙일보 초창기에 함께 근무하던 친구 생각이 났다. 사람은 참 좋은 친구인데 무슨 일이든 자기는 다치지 않기 위해 잘 빠져나가는 사람이라 직선적인 나와는 성격상 차이가 있어 별로 친한 사이는 아니었다. 그래서 그런지 지난번 방문했을 때에도 별로 복음을 제시하고 싶은 생각이 없었고, 분위기도 복음 제시할 분위기가 아니기에 그냥 나왔었는데, 닭 쫓던 개 지붕 쳐다보는 격으로, 목표였던 사람을 놓쳐 버렸으니 할 수 없이 그곳으로 갈 수밖에 없었다.

마침 자리에 있어 함께 차를 마시면서 복음 제시를 하기 시작했다. 직원들과 칸막이 하나를 사이에 두고 있기 때문에 내 생각에는 이 친구가 체면파이기 때문에 직원들 듣는 데서 나를 따라서 결신 기도를 할 리가 없을 것이니 내가 괜히 헛수고하는 것이라고 생각했다. 그러면서도 이 시간에 특별히 볼 일이 없기에 이 친구를 만나 복음을 제시하고 있는 것인데 반응이 상상했던 것과는 전혀 다른 것이다.

너무나 진지하게 복음을 받아들이고 있었고 모든 것을 긍정하였다. "이 영생의 선물을 받기 원하느냐?"는 질문에 서슴지 않고 받겠다고 하였고, 결신 기도를 직원들이 듣는 앞에서 또박또박 따라서 하는 것이다. '정말 착각은 자유로구나' 다시 한 번 생각하면서 이 친구에 대한 선입관 때문에 복음 제시조차 안 하려고 하니까 하나님께서 엉뚱한 친구를 찾아갔다가 닭 쫓던 개 지붕 쳐다보게 하시고, 할 수 없이 이 친구에게 복음 전하게 하셨다는 것을 그 후에 깨닫게 되었다. 왜냐하면 며칠 후 여행사에 선배를 다시 찾아갔더니 마침 점심시간이니 같이 식사하러 가자는 것이다.

식사가 끝나고 사무실에 와서 차 한잔을 마시면서 본격적으로 복음 제시를 하려고 했더니, 운전기사에게 연락해서 차를 대기시키라고 여직원에게 말하였다. 신라호텔에서 누구를 만나기로 약속했으니 그쪽으로 갈 일이 있으면 태워다 주겠다고 하였다. 또 한 번 닭 쫓던 개 지붕 쳐다보는 격이 되어 버렸다. 왜 하나님이 나를 자꾸 닭 쫓던 개로 만드실까 생각해 보니, 내 멋대로 생각하고 내 멋대로 행동하며 내 멋대로 착각하기 때문이라는 생각이 들었다.

이렇게 해서 11년 만에 고국에 돌아와 30일간 머무는 동안 18명의 결신자를 얻은 셈이다. 처음 비행기에 오를 때에는 이번 여행 기간 동안 100명만 전도해야겠다고 생각했고, 시애틀 공항에서 비행기를 갈아타기 위해 기다리는 동안 첫 번째 열매를, 그리고 시애틀에서 김포로 오는 비행기 속에서 두 번째 열매를 얻었으며, 이런 식으로 나가면 100명은 쉽게 전도할 수 있겠다고 생각했는데 겨우 18명밖에 전도를 못했으니 착각은 정말 자유다.

어차피 인생은 착각이 아닌지 모르겠다. 가짜는 진짜처럼 믿으면서 진짜는 가짜처럼 믿지 않는 세상이니 말이다. 30일 동안 하루에도 서너 명씩에게 참말로 진짜인 그리스도의 복음을 전했지만 도무지 믿지를 않고 오히려 나를 미국에 가더니 좀 돌아가지고 왔다고 하는 사람이 더 많으니 정말 착각은 자유, 착각에는 커트라인도 없다는 말이 맞는가 보다.

> 십자가의 도가 멸망하는 자들에게는 미련한 것이요 구원을 받는 우리에게는 하나님의 능력이라(고전 1:18)

고린도전서 1장 18절 말씀이 실감 난다. 그들은 나에게 예수에게 미쳐 약간 맛이 간 것 같다고 하나 나는 예수 안에서 하나님의 능력을 받아 미국에서 자기들을 위해 복음 전하러 왔고, 그 일이 자신들에게 가장 중요한 일이라는 것을 깨닫지 못하는 것이 안타까울 뿐이다.

16

3천만 원도 싫다니…

한국 지구촌교회에서 사역할 때 일이다. 전도폭발훈련을 처음 시작한 제1기 때의 일이다. 전도 훈련생 중 아내의 친척 언니인 K집사님이 전도폭발훈련을 받기로 작정하였다. K집사님은 삼성그룹 계열사인 J회사 사장 부인으로 공사가 다망하여 무척 바쁜 사람으로서 도저히 시간을 낼 수 없는 처지임에도 불구하고 훈련 규칙을 어기지 않고 모두 순종하겠다는 언약을 하고 훈련에 임한 것이다.

나중에(그때 아내는 아이들과 미국에 있었음) 아내에게 이야기를 들으니 "그 언니는 전도의 열정이 대단한 사람이라 잠시라도 시간만 나면 전도를 한다"고. 특히 택시 운전기사에게 전도를 많이 했다고 한다. "왜 하필 택시 운전기사냐?" 했더니, 택시 운전기사가 많은 사람을 상대하기 때문에 그들을 전도하는 것이 복음 전파에 효과적인 방법이라는 생각에서 택시 운전기사를 전도한다는 것이다. 그래서 시간만 나면 택시를 잡아타고 택시 값에 3배를 줄 테니 한 시간만 타자고 하여 돈을 써가면서까지 전도를 한다는 것이다.

그런 K집사님이 전도 훈련을 받고 나니 불교에 심취했던 우리 아내의 가족 중 큰오빠 가족이 아직도 예수를 믿지 않는다는 소식을 듣고 현장 실습으로 아내의 큰올케 언니에게 전도하러 분당에서부터 갈현동까지 시간을 내어 찾아갔다는 것이다.

과거에는 장모님과 K집사님 어머님과는 둘도 없이 가까운 사이이고, 며느리인 올케 언니와는 허물없이 지내는 사이인데 장모님이 돌아가시고 나서는 무척 오랜만에 만나 복음을 전하러 간 것이다. 나에게는 큰처남 댁으로, 그 아주머니는 맏며느리로서의 고집과 자존심이 강한 아주머니라 쉽지는 않을 것이란 생각이 들었다. 다만 지금은 큰아들, 막내아들이 모두 사업에 실패하여 가산이 기울어진 상태라 평수가 작은 아파트를 사서 갈현동 쪽으로 이사를 하였다. 그런 관계로 자존심이 조금은 낮아진 상태라 혹시 복음이 들어가지 않을까 하는 생각도 들었다.

자존심 하면 K집사님도 빼놓을 수 없는 사람이란 것을 알기 때문에 내가 못한 전도를 K집사님은 할 수도 있겠다는 생각이 들어 기대를 걸어 보았다. 그러나 기대와는 달리 결신을 못 시켰다는 것이다. 나중에 아내를 통해 들은 이야기인데 K집사님이 복음을 차분하게 잘 전하고 나서 모두 깨닫는 것 같아 “언니, 이 영생의 선물을 받기 원하세요?” 하고 조심스럽게 물었더니 “아직은 종교를 바꿀 수 없어요. 아가씨, 좀 더 생각해 볼게요” 하고 거절하더란다.

K집사님은 계속 설득을 시키다 안 먹혀 들어가니까 자존심이 발동하여 다른 제안을 했다고 한다.

“언니, 이 영생의 선물을 받으면 내가 3천만 원 드릴게요. 언니는 구원받아 좋고 거기다가 3천만 원 생기니 얼마나 좋아요.”

그 귀한 복음에 3천만 원씩이나 얹어서 준다면 혹시나 결신을 하지 않을까 해서 던진 말이었다. 큰올케 언니는 조금 망설이는 듯하더니 결국 거절했다고 한다. 그 값지고 귀한 복음을 3천만 원에 싸서 선물로 드린다고 했는데도 거절을 한 것이다. 물론 3천만 원 때문에 결신을 한다고 해도 그것은 올바른 믿음은 아니지만, 3천만 원도 싫다니…….

후에 아내가 그 소식을 듣고 올케 언니에게 가서 물어 보았더니, 올케 언니가 고백하기를 "그 자존심 강한 아가씨(K집사)가 얼굴이 벌게지도록 열심히 복음을 전했는데 안 받는 것도 미안하고, 받자니 마음의 결단이 안 생겨 한참 망설이다가 미안하지만 결국은 거부했다"는 것이다.

당시 큰아들(아내에게는 장조카)은 손목에 염주를 걸고 다닐 정도였는데 지금은 큰아들과 함께 가까운 교회에 다닌다고 한다. 큰아들은 성가대에서 봉사하며 가끔 트럼펫으로 특송까지 하고 큰올케 언니는 가끔씩 기도의 응답까지 경험한다고 웃으며 고백한다. 합력해서 선을 이루게 하시는 하나님은 그동안 우리가 합력해서 뿌린 씨앗을 하나님의 때에 싹이 나게 하시고 자라게 하신다는 것을 확신하게 하셨다. 할렐루야!

17

무당 전도

한국 지구촌교회에서 전도목사로 전도폭발훈련을 시키고 있었을 때의 일이다. 전도 심방을 나갔던 K여집사님이 훈련생 두 명과 함께 흥분된 얼굴로 돌아와서 하는 말이다.

"목사님, 오늘 무당한테 가서 전도했는데, 무당이 복음을 듣고 예수님을 영접했어요. 그런데 자기 집에 차려놓은 우상들을 우리에게 모두 치워 달래요. 저희들은 무서워서 못하겠는데 어떻게 하면 좋죠?"

그래서 함께 무당집으로 갔다. 무엇보다도 우선 무당이 확실하게 예수님을 영접했는지 확인하고 싶어 두 가지 진단 질문을 했다.

"만일 오늘 이 세상을 떠나신다면 천국에 갈 확신이 있습니까?"

그는 자신 있게 "네"라고 대답하였다. 두 번째 질문, "그러면 만일 오늘 이 세상을 떠나 하나님 앞에 섰는데 하나님이 자매님에게 '내가 너를 내 천국에 들여보내야 할 이유가 무엇이냐'고 물으시면 뭐라고 대답하시겠습니까?"라고 물었더니, "예수님이 십자가에서 흘린 피로 나의 죄를 다 씻어 주셨고 그 예수님을 내가 영접했기 때문이죠"라고 정확하게 대답하는 것이었다. 그러면 이제 하나님의 자녀가 되었는데 하나님이 제일 싫어하시는 우상들은 치워 버려도 되겠느냐고 물었더니, 그동안 그래도 그것으로 벌어먹고 살았는데 자기 손으로 치우기는 마음에 걸리니 자기를 대신해서 모두 치워 줬으면 좋겠다고 하였다. 우리 훈련자와 훈련생들이 정확하게 전도 훈련을 받고 현장에 나가 순수하게 복음을 전해 영적 싸움에서 승리를 한 것이다.

우상을 차려 놓은 방에 들어가 보니 마치 절의 대웅전처럼 부처와 함께 울긋불긋한 것들로 장식을 해 놓아 섬뜩한 기분이 들고 금방 귀신이라도 나올 것만 같았다. 그러나 전도 훈련을 시키는 목사가 훈련받는 집사들 앞에서 겁먹은 것처럼 행동을 하면 되겠는가? 그래서 아내와 함께 담대하게 들어가 먼저 금색으로 된 부처부터 끌어내렸다. 엄청 무거울 줄 알고 힘을 주어 들었는데 뜻 밖에도 플라스틱에 금색을 입힌 것이라 아주 가벼웠다. 우상들을 하나하나 끌어내린 후 여기저기 붙여놓은 부적과 부적을 만드는 종이들을 모두 거두어 차에 싣고 교회로 와 전도폭발 사무실에 영적 싸움의 전리품으로 진열해 놓았다. 이 소식을 들은 이동원 담임목사님이 와서 보시고선 기분 나쁘니 없애 버리라는 것이었다.

우리는 다시 그 우상들을 교회 주차장 뒤쪽으로 가지고 가서 휘발유를 뿌리고 불을 붙였다. 플라스틱으로 만든 부처와 조그만 우상들은 불이 붙어 울퉁불퉁 우그러지면서 시커먼 연기를 하늘 높이 뿜으며 타올랐다. 훈련자와 훈련생 일행은 이 모습을 보면서 비디오로 찍어 사무실에 보관해 두고 전도 훈련을 받는 사람들에게 영적 전리품으로 보여주기로 했다. 또한 무당을 전도한 훈련자와 훈련생들과 함께 즉석 양육을 시키고 7일 후 재방문하여 다시 한 번 무당의 구원을 확인하고 교회생활 할 수 있도록 인도하였다.

> 내가 복음을 부끄러워하지 아니하노니 이 복음은 모든 믿는 자에게 구원을 주시는 하나님의 능력이 됨이라(롬 1:16)

18
정말 조상님들이 잘했다고 할까요?

내가 맡고 있는 교구에 매일 새벽기도회에 나와서 가족들의 구원을 위해 기도하는 C여집사님이 있었다. 아무리 남편에게 교회에 가자고 해도 듣지 않는다는 것이었다. 그러던 어느 날 C집사님이 내게 병원심방 요청을 해왔다. 시아버지가 폐암으로 삼성의료원에 입원해 계신데 3개월밖에 못 산다는 시한부 판정이 나왔다는 것이다. 시아버님을 천국으로 보내드려야 할 터인데 목사님이 오셔서 복음을 전해 달라는 것이다.

그래서 함께 병원에 찾아가 복음을 전하기 시작했다. 그러나 시아버지는 아예 복음을 들을 생각도 하지 않았다. 듣는지 안 듣는지 오히려 딴청을 피우고 있는 것 같았다. "소 귀에 경 읽기"라는 말이 바로 이런 경우를 두고 하는 말이리라. 기분은 나빴지만 듣든 안 듣든 복음을 전하고 돌아왔다.

그후 병원에서 퇴원을 했다고 C집사님이 이번에는 집으로 심방을 와 달라는 것이다. 말을 들으려고 하지도 않는 사람에게 무슨 복음을 전한단 말인가? 그러나 목사가 심방 요청을 받고도 안 가면 무슨

욕을 먹을지 몰라 심방을 갔다. 이번에는 복음보다는 말씀을 전해 주는 것이 좋을 듯하여 이사야 38장 1-8절을 읽어 주었다. 히스기야가 죽을병이 들어 여호와께 간절히 기도했더니 그 수한을 15년이나 더해 주셨다는 말씀이다. 이 말씀을 전하면서 우리 함께 하나님께 히스기야처럼 15년만 더 살게 해 달라고 기도해 보자고 강청했다. 이번에는 말씀을 듣기는 하는 것 같은데 반응이 없다. 그래서 혼자서 기도를 해주고 오는 수밖에 없었다.

한 달이 채 못 되어 C집사님에게서 다시 연락이 왔다. 시아버님의 병환이 악화되어서 다시 병원에 갔는데 병원에서 더 이상 손을 쓸 수가 없으니, 비싼 병원비만 물지 말고 산소 호흡기를 달아 줄 터이니 집에서 임종을 기다리는 것이 나을 것이라고 했다는 것이다. 그래서 집에 와 계시는데 다시 한 번 와서 복음을 전해 천국 가시게 해 달라는 것이다.

그래서 다시 가서 산소 호흡기를 끼고 있는 분에게 복음을 전하기 시작했다. 본인도 이제는 자기 수한이 얼마 남지 않았다는 것을 깨달았는지 가쁜 숨을 몰아쉬면서 복음에 대해서 질문을 하기 시작했다.

"예수님을 믿으면 제사를 지내지 않는 것으로 알고 있는데, 우리 집은 장손이기 때문에 조상 대대로 내려오는 제사를 지내야 해요. 그런데 만일 내가 예수님을 영접하면 내 대에서부터 제사를 못 지내게 될 텐데 제사상을 받지 못하는 우리 조상님들이 나를 얼마나 욕하며 화를 내시겠어요?"

그래서 "죽은 영혼들은 천국이나 지옥으로 가게 되는데 천국이

나 지옥에 간 영혼들은 우리가 이 세상에서 아무리 제사상을 잘 차려놓고 제사를 지내도 제사를 받지 못하며, 특히 예수 안 믿고 죽은 사람들은 지옥의 유황불 구덩이에서 영원토록 벌을 받으며 비명을 지르고 있는데 무슨 제사가 필요합니까? 아버님이 예수님을 영접하여 자손들이 다 예수 믿고 구원 받아 천국에 가게 된다면 조상님들이 오히려 아버님에게 잘했다고 칭찬을 하시지 않겠어요? 생각해 보십시오. 조상님들도 자손들이 천국에 가기를 바라지 지옥에 가기를 바라겠습니까? 아버님이 예수 믿고 그 후부터 자손들이 다 천국에 가게 된다면 조상님들이 얼마나 기뻐하겠습니까?"라고 하면서 누가복음 16장 19-31절을 읽어 주었다.

"한 부자가 죽어서 지옥에 갔는데 자기 집 대문에서 구걸하던 나사로는 천국의 아브라함 품에 안겨 있는 것을 보고 이 세상에서의 삶을 후회하면서 자기에게는 다섯 형제가 있는데 나사로를 그들에게 보내어 이곳의 실상을 이야기해주어 지옥에 오지 않게 해 달라고 부탁했습니다. 그러자 아브라함은 이를 허락지 않고 세상에는 모세와 선지자들이 있어 천국과 지옥 이야기를 해주고 있으니 그들에게 들으면 된다고 하였습니다. 제가 바로 그 모세와 선지자에 해당되는 사람입니다. 그래서 조상님들이 아버님에게 하고 싶은 이야기, 즉 더 이상 제사 지내지 말고 예수 믿고 교회에 나가 자손 대대로 천국에 가게 하라고 저를 통하여 말씀하고 계신 겁니다."

그제야 모든 말씀들이 이해가 된다고 하면서 "정말 조상님들이 잘했다고 할까요?"라고 다시 질문하였다. 그래서 자신 있게 "생각해 보십시오. 제가 조상이라도 자손들이 예수 믿고 천국에 가면 얼마나 기쁘겠습니까? 아버님의 아들들이 지옥에 안 가고 예수 믿고 천국에 간다면 그보다 더 기쁜 일이 있겠습니까?"라고 했더니, 그러면 예수님을 영접하겠다는 것이다. 그래서 우리는 함께 손을 잡고 영접기도를 했다.

그후 얼마 안 되어 시아버님이 돌아가셨다는 연락이 왔다. 돌아가시면서 아들들에게 다 교회 나가 예수 믿고, 집에 붙여 놓은 부적들을 다 떼어 버리라고 유언을 하고 돌아가셨다는 것이다. 시신을 고향인 전북 김제에 모셔야 하기 때문에 장례 집례를 하러 전북 김제에 내려갔다. 장손의 가정이라 많은 사람들이 모여 기독교식으로 장례를 치르고 위로 예배 때 유족들에게도 복음을 전할 수 있는 기회가 있었다.

그 다음 주부터 아들 셋이 다 교회에 나오고 C집사님의 남편도 함께 교회에 나오셔서 정말 감사하다고 인사를 하였다. C집사님 한 분이 열심히 새벽기도회에 나와 가족 구원을 위해 기도하더니 하나님께서 그 기도를 들으시고 온 가족을 구원해 주신 것이다. 할렐루야!

주 예수를 믿으라 그리하면 너와 네 집이 구원을 얻으리라(행 16:31)

19
목사님! 저 프러포즈 받았어요

아침에 출근을 하니 장미꽃이 듬뿍 담긴 큰 꽃바구니가 내 책상 위에 놓여 있었다. 카드도 없어 누가 보낸 것인지 궁금해 하던 차에 현재 전도 훈련을 열심히 받고 있는 청년부의 노처녀가 방문을 노크하고 들어왔다.

"목사님! 저 프러포즈 받았어요. 그래서 목사님께 감사해서 꽃바구니 가져다 놓은 거예요" 하는 것이다. 무슨 이야기냐고 했더니 며칠 전에 교회 청년에게 복음을 전해서 예수님을 영접했는데 그 청년이 자기에게 결혼하자고 프러포즈를 했다는 것이다. 나이 서른이 꽉 차 결혼을 못하는 줄 알았는데 복음 덕분에 자기에게 가장 필요했던 프러포즈를 받았다는 것이다. 그래서 전도 훈련을 잘 시켜주신 목사님께 감사해서 약소하지만 꽃바구니를 가져왔다고 한다.

전도를 열심히 하니까 하나님께서 상급으로 노처녀도 시집가게 해주시는구나 생각하니 나로서도 참 감사한 일이다. 아울러 프러포즈했다는 그 청년이 누군지 궁금하여 만나보고 싶었다. 그래서 "신랑 될 사람 언제 소개시켜 줄거야?" 했더니, 식사 자리 한 번 마련하겠단다.

얼마 후 식사 자리에 나가 보니 키도 크고 준수하게 생긴 노총각이었다. 그 노총각 이야기가 더 재미있고 의미가 있었다. 그 자매가 찾아와서 복음을 전해 주는데 이해가 얼마나 잘 되고 머리에 쏙쏙 들어가는지 그 자리에서 예수님을 영접했다고 한다. 그리고 지옥에 갈 수밖에 없었던 자기를 지금 당장 죽어도 천국 갈 수 있게 해준 그 자매가 그렇게 예뻐 보일 수가 없더라는 것이다. 그리고 이 사람이야말로 내가 이제껏 찾았던 내 반려자라는 생각이 들어 급기야는 자신 있게 프러포즈까지 하게 되었다고 한다.

복음 안에서 맺어진 이 한 쌍이 얼마나 예쁘고 아름다워 보이는지 틀림없이 하나님께서 이들을 축복하여 주시리라 믿는다. 그 후에 그들이 결혼하여 가정을 꾸리는 것을 보고 나는 아리조나 지구촌교회를 개척하러 미국으로 들어왔기 때문에 지금은 연락이 끊겼지만, 아들딸 낳고 아름다운 복음의 가정을 이루며 잘살고 있으리라 믿는다.

20
추억의 제주도 일출봉

한국 지구촌교회에서 부목사로 약 4년의 사역을 마친 1998년 10월 말쯤의 일이다. QT를 통해 하나님의 말씀을 받고 미국 아리조나 피닉스에 교회를 개척하기 위해 한국을 떠날 무렵이었다. 아내와 함께 미국으로 이사 들어갈 짐을 싸고 있는데, C권사님이 미국 들어가기 전에 제주도 여행이나 하고 들어가시라고 제주도 비행기 티켓을 건네 주셨다. 짐도 싸야 하고 타고 다니던 차도 팔아야 하며 여러 가지 일들이 산적해 있었지만 권사님의 극진하신 사랑에 사양할 수가 없었다.

비행기 티켓을 받아 일정을 보니 4박 5일이었다. 제주도 공항에 도착하면 하얀 승용차를 탄 사람이 안내해 줄 것이라며 그분이 알아서 잘 인도해 줄 터이니 가볍게 다녀오라는 것이었다. 비행기 티켓까지 끊어주고 다녀오라고 하시니 아무리 바쁘더라도 하던 일 뒤로 하고 뜻하지 않은 여행을 다녀오게 되었다. 이번 제주도 여행은 아내가 많이 좋아하는 것 같았다. 아내는 여행 갈 준비를 하면서 나에게 몇 가지 부탁을 해왔다. 그중 한 가지는 이번 여행에서는 아무데

서나 전도를 해서 목사의 티를 나타내지 말고 편안하고 즐겁게 다녀오자는 부탁이었다.

지난 4년 동안 한국에서의 전도 사역이 정말 황금 어장이었고 전도목사로서의 사역이 나에게는 즐겁고 보람있는 사역이었지만 과연 아내한테는 얼마나 즐겁고 보람이 있었는가 생각해 보니 미안한 마음이 들었다. 그래서 아내의 제안대로 목사 티를 나타내지 않고 편안하게 다녀오기로 동의했다.

제주도 공항에 도착하니 C권사님 말대로 하얀 승용차가 우리 부부를 기다리고 있었다. 운전사는 호텔까지 가는 동안 4박 5일의 일정을 친절히 안내해 주었다. 호텔 열쇠를 받아들고 801호실에 들어가 보니 예쁜 꽃바구니와 함께 과일, 스낵, 음료 등이 테이블 위에 예쁘게 놓여 있어 "예수 잘 믿어 주의 종이 되니 이런 황홀한 대접도 받는구나" 하고 감사가 저절로 나왔다.

다음날 아침 안내자의 말대로 하얀 밴이 호텔 앞에 대기하고 있었다. 우리 부부까지 5쌍의 중년 부부가 함께 관광하게 된 것이다. 첫날 관광하면서 서로의 사이가 가까워지는 듯했다. 모두가 중년이 넘은 나이라 그런지 남는 것은 사진뿐이라며 가는 곳마다 사진을 찍느라 분주했다. 우리도 36장짜리 필름 한 통을 사서(그때는 디지털 카메라가 많이 보급되기 전이다) 중요한 곳곳에서 사진을 찍었다. 둘째날 제주 경마공원에서는 아내와 함께 말을 타고 카우보이 모자까지 쓰고 멋지게 사진을 찍었다. 미국 들어가면 커다랗게 현상하여 벽에 걸어 놓자면서 아내가 멋지게 포즈를 취해 독사진도 여러 장 찍어 주었다.

넷째 날 일정은 관음사를 지나 한라산 국립공원이었다. 관음사에 도착하자 절경이 무척 아름다워 사진들을 찍느라 분주한데, 그중 한 부부는 절 안으로 들어가 정성스럽게 불공을 드리고 나오는 것이었다. 그 부부를 보자 붙들고 전도하고 싶은 충동이 일었다. 첫날에도 조그만 사찰 같은 곳에 들어가 절을 하더니만 이번에는 아예 부부가 함께 들어가 정성스럽게 절을 하는 것이었다. 보통때 같으면 첫날부터 그 부부를 붙들고 전도했을 터인데, 아내의 부탁에 동의한 터라 모른 체하고 지나가야만 했었다. 특별히 그 부인은 긴 부츠를 신고 있어 불편함에도 불구하고 가는 곳마다 부츠를 벗고 절 안으로 들어가 정성스럽게 절을 하였다.

나는 속으로 전도할 기회만 노리고 있었다. 전도폭발훈련을 시키는 나로서는 훈련생들에게 "때를 얻든지 못 얻든지 복음을 전하라"고 가르치면서 나는 때를 얻을 수 있는데도 불구하고 외면해야 하는 것이 죄책감이 들기까지 했다. 그러나 이번 여행은 아내를 위해 4박 5일 동안 목사의 신분을 내려놓은 터라 아내의 눈치만 보면서 그들을 외면해야만 했다.

그런데 마지막 날 성산 일출봉을 올라갔다 내려오는 길이었다. 계단을 내려오면서 경치 좋은 곳에서 아내가 사진을 찍자고 했다. 둘이 함께 찍으려니 다른 사람 손이 필요한데 마침 그 부부가 내려오는 것이었다. 그래서 먼저 그 부부에게 사진을 찍어 주겠다고 하여 그들의 카메라로 사진을 찍어 준 후 아내가 우리 카메라를 그 부인에게 건네주었다. 그런데 그 부인이 카메라를 잘 못 받아 그만 땅에 떨어뜨리고 말았다. 우리 카메라는 계단을 몇 번 굴러 떨어지면서 필름 넣는 뚜껑이 열려 그동안 찍었던 필름에 모두 광선이 들어가 못쓰게 되었다.

그 부인은 미안하다고 백배 사과를 했지만 아내는 그동안 찍은 사진이 다 망가져 버려 울상이 되었다. 한국에서의 마지막 여행이 될지도 모르는데 그동안 찍었던 사진이 모두 날아가 버렸으니 재생시킬 방법이 없어 아내는 크게 실망하고 있었다. 그 부부는 죄송하다고 하고는 먼저 내려가 버렸으나, 아내는 어처구니가 없는지 한참을 서서 먼 곳 경치만 바라보고 있었다.

얼마 후 아내와 함께 터덜터덜 내려가고 있는데 저쪽에서 그 부부가 우리에게로 오면서 손짓을 하였다. 그 남편이 가까이 다가와서는 "카메라와 필름을 다 망쳐놓고……미안해서 저 아래 일식집에 예약해 놓았으니 식사나 같이 하시죠"라고 제안을 했다. 그때 나는 속으로 쾌재를 불렀다. 이때가 바로 전도할 때라고 생각했던 것이다. 시계를 보니 아직 40여 분의 시간 여유가 있었다. 우리 부부는 흔쾌히 승낙하고 식당으로 갔다. 전도목사로서 전도할 기회가 있음에도 불구하고 전도하지 않자 하나님께서 강권적으로 마지막 코스에서 카메라를 떨어뜨려 그동안에 찍은 사진의 필름에 광선이 들어가게 하면서까지 기회를 만들어 주신 것이 분명하다고 생각했다. 아내도 아무 말 못하고 곁에서 눈을 뜨고 기도하고 있음을 느꼈다.

식당에 앉자마자 나는 그들에게 무엇을 위해 그렇게 정성스레 불공을 드렸느냐고 물었다. "절에 가면 습관적으로 절을 한다"고 하면서 "그래도 죽어서는 개나 소나 돼지는 되지 말아야죠. 내세에서는 좀 더 좋은 환경에서 귀한 왕자와 공주로 태어나고 싶어요" 하면서 윤회설을 이야기했다. 그래서 "죽은 후 소나 돼지로 태어나는 것이 아니라 황금 길이 깔려 있는 아름다운 천국에서 영원히 살고 싶지는 않으세요? 나는 죽으면 그런 천국에서 영원히 살 수 있는 확신이 있습니다만……"이라고 이야기했더니, "어떻게 그렇게 살 수가 있나요?" 하고 부부가 똑같이 물었다. 그래서 복음을 전하기 시작했다.

이 세상 어느 종교도 내가 이 세상 만물을 창조한 신이라고 자신있게 이야기하는 신이 없는데 성경을 보면 맨 처음에 "태초에 하나님이 천지를 창조하시니라"(창 1:1)라고 말씀하고 있다고 하면서 손가방 속에 넣고 다니던 성경책을 꺼내 보여주었다. 그러면서 로마에 가면 로마의 법을 지켜야 하는 것처럼 하나님이 창조한 세상에 사는 사람은 예수를 믿는 사람이건 안 믿는 사람이건 다 하나님의 법을 따라야 하는 것이라고 설명하면서 그 하나님이 바로 예수님이라고 요한복음 1장 1절을 펴서 읽어 주었다.

> 태초에 말씀이 계시니라 이 말씀이 하나님과 함께 계셨으니 이 말씀은 곧 하나님이시니라(요 1:1)

여기에 말씀이라는 단어가 원어에는 로고스로 되어 있는데 로고스는 예수님을 뜻하는 단어이므로 이 말씀을 쉽게 이야기하면 "태초에 예수님이 계시니라 이 예수님이 하나님과 함께 계셨으니 이 예수님은 곧 하나님이시라"는 말씀이라고 풀어서 설명해 주었다. 그런 예수님께서 우리에게 그 아름다운 천국의 길을 열어 주셨으며 그 천국은 은혜로 값없이 주신 것인데 우리 인간은 죄 때문에 그 천국을 갈 수가 없다고 했더니 "그러면 어떻게 해야 하느냐?"고 물었다. 무엇보다 먼저 죄가 무엇인가를 깨달아 알고 그 죄에서 돌이켜야 한다고 하면서 가장 큰 죄가 하나님을 믿지 않는 것이라고 말해 주었다.

"내가 곧 길이요 진리요 생명이니 나로 말미암지 않고는 아버지께로 올 자가 없느니라"(요 14:6)라고 이야기하면서, 인간의 죄에 대해 설명하고, 그리고 그 죄는 오직 죄 없는 예수 그리스도만이 당신들의 죄를 사해 주실 수 있다고 하였다.

"예수 그리스도께서 십자가에서 우리의 죄 값을 치러 주시기 위해 돌아가시고 장사한 지 사흘 만에 부활하셔서 지금 이곳에 오셔서 당신들을 위해 저를 만나게 하셨습니다. 예수님은 저를 통해 영원한 천국으로 인도하게 하셨으며, 그런 예수님을 마음에 구주와 주님으로 영접하면 천국을 소유하게 되고 새로운 인생이 시작되는 것입니다."

이것은 일생일대에 가장 중요한 일이므로 다시 한 번 간단하게 말씀드리겠다며 은혜, 인간, 하나님, 예수님, 그리고 믿음에 대해 설명해 주고는 이 사건을 믿는 믿음은 마치 어느 '왕이 내민 선물을 받는 거지의 손'과 같다고 하였다.

"좀더 자세히 말하자면, 어느 날 왕이 커다란 선물을 가지고 거리를 지나면서 누구든지 이 선물을 받기만 하면 자기 것이 된다고 선포하고 거리를 나섰습니다. 그때 어떤 사람은 설마 나처럼 자격이 없는 사람이 저 선물을 받으면 왕이 오히려 화를 내지 않을까 해서 손을 내밀지 못해 자기 것이 못 되었고, 어떤 사람은 받고는 싶은데 손이 더러워 씻으러 간 사이에 왕이 이미 지나가서 기회를 놓쳤습니다. 그런데 어떤 거지는 무가치한 더러운 손임에도 불구하고 왕이 내민 선물을 선뜻 받아 그 선물이 그 거지의 것이 되었답니다. 이와 같이 이 천국의 선물도 지금 왕이신 하나님께서 저를 통해 당신들에게 주기를 원하시는데 이 천국의 선물을 받기 원하십니까?"

그러자 그들은 "아! 그럼 받아야죠"라고 큰소리로 말하였다.

우리 넷은 식당에서 함께 손을 잡고 결신 기도를 했다. 그들은 환한 얼굴로 감사해하며 함께 맛있는 회를 먹었다. 그들은 부산에서 왔다면서 이제 부산으로 돌아가면 집에서 가까운 교회에 나가겠다고 약속하면서 식사가 끝난 후 일출봉을 배경으로 함께 사진을 찍었다. 그러면서 하는 말이 카메라 필름을 망가뜨려 사진이 한 장도 없으실 텐데 지금 함께 찍은 이 사진을 바로 우편으로 보내드릴 테니 주소를 달라고 해서 주소를 알려주었다.

며칠 후 한국을 떠나기 전에 사진이 도착했다. 한국에서의 마지막 여행을 이 사진 한 장에 추억으로 담고 있다.

3부

대답만 한다고 천국에 가나요?

미국 아리조나 편

1
제가 축복 기도 좀 해도 되겠습니까?

1999년 2월 5일, 우리 아리조나 지구촌교회가 탄생한 지 이제 한 달 하고 이틀이 지났다. 그동안 휠체어를 타고 길을 가다가 우연히 우리 교회 간판을 보고, 우선 자기 집에서 가깝기 때문에 등록을 하였다고 하던 J형제에게 복음을 전하기 위하여 심방을 갔다.

J형제는 9년 전 교통사고로 척추의 세 번째와 네 번째 마디가 부러져 전신이 마비되어 목 위 부분인 머리만 움직일 수 있는 상태였다. 키도 크고 얼굴도 미남형이라 교통사고가 나기 전에는 여자들에게 꽤 인기가 있었다고 한다. 32세의 젊은 나이에 이런 사고를 당했으니 얼마나 안타깝고 기가 막힐 노릇인가? 교회에 나와 있어도 얼굴 표정은 항상 굳어 있었고 전혀 웃음이 없었다.

대화를 나누어 보니 J형제는 머리도 좋고 의지도 대단한 사람이었다. 늘 휠체어에 앉아 입으로 막대(젓가락)를 물고 컴퓨터의 인터넷을 통하여 나보다 오히려 세상을 더 잘 내다보고 있는 형제였다. 전신이 마비되어 손을 쓸 수 없음에도 입에 막대를 물고 컴퓨터를 작동시켜서 교회의 주보를 만들어 줄 뿐만 아니라 생일 카드를 컬러로 만들어 내는데, 어느 상점에서도 구입할 수 없는 아름다운 카드를 컴퓨터로 셋업해서 찍어 내었다.

나는 이 형제를 보면서 소아마비 시인 송명희 양을 생각했다. 공통점은 둘이 다 전신마비인데도 둘 다 열심히 자기의 일을 찾아서 할 뿐만 아니라 몸이 성한 사람들보다도 더 잘하고 있다는 것이다. 다른 점은, 송명희 양은 항상 마음속에 기쁨이 있고 감사가 있어 그것이 곧바로 아름다운 시로 표현되어 나오는데 이 형제는 마음속에 기쁨과 감사가 없기 때문에 그 미남의 얼굴에 웃음이 없고 표정이 굳어 있다는 것이다.

똑같은 상황 속에서 무엇이 이 두 사람을 이처럼 다르게 만들었을까? 그것은 한 사람의 마음속에는 예수님이 계시고 또 한 사람의 마음속에는 예수님이 안 계신 차이이다. 그렇다면 이 형제의 마음속에 예수님이 자리를 잡도록 해주는 것이 무엇보다도 급선무라는 생각을 하면서 심방을 간 것이다.

복음을 전하려고 두 가지 진단 질문을 했을 때 그는 천국 갈 확신이 없었으며 이미 지옥에는 갔다가 왔다는 것이다. 교통사고가 난 후 병원에 있을 때 얼마나 고통스러운지 정말 자기가 지옥에 와 있는 환상 속에서 살았다는 것이다.

복음을 전하기 시작하자 그의 얼굴에는 소망의 빛이 떠오르기 시작했다. 아주 순수하게 복음을 받아들이는 것이었다. 한참 복음을 전하느라고 열을 올리고 있는데 누군가 문을 두드렸다. 전에 나가던 교회의 먼저 계시던 목사님이신데 지금은 한국에 나가서 목회를 하고 계신다고 하였다. 잠깐 미국을 방문하게 되었는데, 옛날 교인들이 보고 싶어서 심방을 왔다는 것이다. 우리는 서로 악수를 하고 인사를 나누었다. 복음 전하던 분위기는 완전히 깨지고 말았다.

그러나 여기서 중단할 수는 없었다. 그래서 C목사님에게 "목사님, 제가 지금 J형제에게 복음을 전하고 있던 중인데, 끝마칠 수 있도록 조금만 기다려 주십시오"라고 양해를 구했다. 그리고 계속해서 복음을 전하기 시작했다. 복음의 클라이맥스 부분에서 항상 이처럼 복음을 방해하는 일들이 일어나는 것을 알고 있었기에 속으로 더 열심히 기도하면서 이제는 목사님까지 앞에 놓고 복음을 전하는 것이다. 목사님도 열심히 듣고 계셨다.

J형제는 마침내 복음을 듣고 예수님을 영접하겠다고 하였다. 우리는 서로 손을 잡고 J형제와 함께 예수님 앞에서 예수님을 영접하는 기도를 했다. 영접 기도를 하고 난 J형제의 얼굴은 완전히 다른 사람으로 변해 있었다. 그는 "오늘 당장 죽어도 천국에 갈 수 있느냐?"는 나의 질문에 서슴지 않고 "네"라고 대답하였다.

이것을 바라보고 있던 C목사님은 매우 기뻐하시면서, 나에게 "제가 축복 기도 좀 해도 되겠습니까?"라고 물었다. 나는 C목사님께 "물론이죠"라고 대답했다. 그는 예수님을 방금 영접한 J형제의 믿음이 잘 성장하고 그의 앞길을 주님이 축복해 달라고 간절히 간구하더니 그 다음에는 우리 아리조나 지구촌교회를 위한 축복 기도를 하기 시작하였다.

"아버지 하나님, 감사합니다. 이 아리조나 피닉스에 이처럼 좋은 목사님을 보내 주시고 좋은 교회, 복음적인 교회를 세워 주시니 감사합니다. 아리조나 지구촌교회의 축복을 주시옵소서. 이 아리조나 지구촌교회를 통하여 피닉스의 믿지 않는 사람들이 다 복음을 듣고 구원을 받을 수 있도록 아리조나 지구촌교회를 사용하여 주시기 원합니다."

아리조나 지구촌교회를 위한 축복 기도는 계속되었다. 이 얼마나 감사한 일인가?

서로가 서로를 헐뜯는 세상, 이제는 교회가 교회를 헐뜯는 세상이 되었는데 우리는 복음으로 하나가 되어 서로가 서로를 축복하며 하나님 앞에 감사의 기도를 드리지 않을 수가 없었다.

"하나님, 감사합니다. 하나님, 고맙습니다. 아리조나 피닉스의 모든 목회자들이 이처럼 복음으로 하나가 되게 하시고 서로가 서로를 축복하며 합력하여 선을 이루게 하옵소서! 아멘."

2
생일날 구원받은 청년

아리조나 지구촌교회 개척 당시의 일이다. 아내와 함께 머리를 자르러 미장원에 갔다. 한국인 부부가 함께 운영하는 미장원이었다. 아내 머리는 부인이, 나는 남편이 머리를 잘라 주었다. 머리를 자르면서 여러 가지 이야기를 나누었다. 이야기가 무르익어 갈 무렵 교회 이야기를 자연스럽게 꺼냈다. 이야기 중 그들이 다니던 교회의 담임목사님이 어느 날 갑자기 LA로 가 버리셨기 때문에 요즘 교회를 못나가고 있다는 것을 알게 되었다. 그래서 자연스럽게 아리조나 지구촌교회를 소개하였고 돌아오는 주일날 교회에서 만나기로 약속했다.

그들은 약속대로 그 아내와 네 살 된 아들과 함께 세 식구가 교회를 나왔다. 남편 J씨는 교회가 마음에 들었는지 친교 시간에 함께 자리를 한 나에게 다음 주일에는 한 청년을 데리고 나오겠다고 약속했다. 교회에 나오자마자 전도를 하는 것이다. 그 청년은 노래를 좋아하고 악기를 좋아하여 좋은 키보드를 가지고 있고 키보드도 잘 치니까 교회 찬양 팀에서 봉사하면 좋을 것이라는 언질까지 주었다.

다음 주일 약속대로 준수하게 생긴 청년을 데리고 교회에 나왔다. 한국에서 유학 와서 아리조나 주립대학교(Arizona State University)에서 컴퓨터를 전공한 K청년이었다. 몇 주 교회에 열심히 나와 음악 전도사와 함께 교제를 나누면서 미용사 형제와 함께 찬양 팀에서 봉사하기 직전의 일이다. 음악 전도사가 K형제 생일이 다음주(4월 4일)인데 혼자 있으니 생일 이벤트를 마련해 주고 싶다고 했다. 그렇지 않아도 K형제 생일날 별도로 만나 구원의 확신을 점검하려던 참이었기에 아내에게 생일 이벤트를 부탁했다.

개척 초기에는 구원의 확신이 없는 성도들은 생일날 집에 초대하여 구원의 확신을 심어주기도 하고, 때로는 조그만 1인용 생일 케이크를 준비하여 식당에서 식사를 사주면서 전도하여 구원의 확신을 심어주고 생일 케이크를 자르며 영육의 생일 축하 자리를 마련하기도 했던 때이다.

그날은 특별히 우리 집에서 음악 전도사, 피아노 반주자, 그리고 한 가정을 초대하여 아내가 준비한 음식을 먹으면서 생일 축하 파티를 갖기로 했다. 저녁을 먹는 자리에서 이야기꽃을 피우면서 자연스럽게 구원의 확신을 점검하게 되었다. K형제는 성실하고 착하기는 했지만 복음을 들어본 경험이 없어 구원의 확신은 없었다. 또한 그의 어머니는 한국에서 신실한 불교 신자이고 장남인 K형제를 위해서는 절에서 특별 불공을 많이 드리고 있다고 했다. 여행을 좋아하고 남달리 악기를 좋아하는 그는 경제적인 여유가 조금이라도 있으면 최고의 명품 악기를 사거나 여행을 즐기는 것이 K청년의 취미이자 최고의 삶이었다.

그는 때때로 자동차 여행을 즐기는 편인데 어느 날 자동차로 여행을 하다가 교통사고를 당했다고 한다. 자동차가 언덕에서 몇 바퀴를 굴러 떨어져 거의 실신 상태로 죽음 직전인데 자기도 모르는 그 어떤 분이 자기를 살려주는 것 같은 느낌을 받았다고 한다. 어쩌면 바로 오늘, 이날을 예비한 것을 하나님께서 계시로 보여주신 것이 아닌가 생각한다고 했다.

그는 하나님께서 이미 준비해 주신 영혼이었으므로 복음을 순조롭게 받아들였다. 그 복음으로 말미암아 예수님이 십자가에서 자신의 죄 값을 치러 주셨기 때문에 자신이 의롭다 여김을 받았을 뿐만 아니라 그 의로 말미암아 천국에 들어간다는 확신을 가졌고, 또한 예수님께서 장사된 지 사흘 만에 부활하셔서 지금도 자신의 인생을 책임질 것이라는 확신을 가지고 있다고 자신의 입으로 시인하면서 결신 기도를 하게 되었다.

그는 그동안 교회를 시간이 되면 사람들 만나러 나가고 바쁘면 안 나가곤 했는데, 교회를 안 나가도 아무도 간섭하는 사람이 없어 한 주 두 주 빠지다가 안 나간 지 오래되었다고 한다. 그래도 어느 누구도 그에게 교회 나가자는 말을 하는 사람이 없었다고 한다. 더욱이 교회를 왜 나가야 하는지, 내 영혼은 어떻게 되는 건지, 더더구나 천국과 지옥에 대한 이야기는 아무도 들려주는 사람이 없었다면서 어떻게 이렇게 중요한 문제를 내 나이 서른이 다 되도록 아무도 들려주지 않았는지 모르겠다며 자신이 구원받은 것이 얼마나 다행인지 모르겠다고 감사해 했다.

그날 참석한 모두는 그의 생일 케이크를 자르면서 생일 축하 노래를 불러 주었다. 나는 그에게 '오늘(1999년 4월 4일)이 형제님의 영적,

육적 생일'이라고 말해 주면서 사실 나는 영적 생일이 정확하게 언제인지 몰라 아쉽다고 말해 주었다. 만일 내 영적 생일이 언제인지 알면 육적 생일보다 더 즐거운 파티를 열었을 텐데 하는 아쉬움이 들었다고 말했다.

그후 그는 2001년 봄, 아리조나 지구촌교회 1호 커플로 야무지고 알뜰한 자매와 결혼하여 건강한 가정을 이루었고, 찬양 팀에서 열심히 봉사하고 있으며 2009년 초대 안수집사로 안수를 받았다.

3
차라리 지옥에 가겠습니다

1999년 8월 19일, K성도님의 발인 예배와 하관 예배는 글자 그대로 전도의 현장이었다. 사람이 죽음 앞에는 숙연해질 수밖에 없고, 죽음이 자기와 무관하다고 할 사람은 아무도 없기 때문이다. 그날도 나의 장례식 설교 내용은 인생의 허무와 천국의 소망에 대한 주제였다. 하관 예배를 마치고 나서 식사를 하고 나니 몸이 나른해졌다. 유가족들도 피곤해 보였다. 그러나 내가 보기에, 유가족의 친척들 중에 예수 안 믿는 사람이 대여섯 명은 되는 것 같았다. 복음을 전할 수 있는 절호의 찬스인데 놓칠 수가 없었다.

성경은 "때를 얻든지 못 얻든지 복음을 전하라"고 말하고 있는데, 이렇게 좋은 기회를 놓칠 수가 없었다. 그래서 "식사가 끝난 후 댁에 가서 위로 예배를 드릴 터이니 유가족과 친척들은 한 사람도 빠지지 마시고 상가 댁으로 모여주십시오"라고 광고를 했다.

상갓집에 도착해 보니, 유가족과 호텔에 숙소를 정하고 있던 친척들까지 모두 다 모여 있었다. 그런데 내가 임종 예배 때부터 전도 대상자 1호로 생각하고 타깃을 삼았던 외손자가 보이지 않았다. 좀 서운한 생각이 들었지마는 간단히 위로 예배를 드린 후 전도 폭발식으로 복음을 전하기 시작했다. 예상했던 대로, 그중에 다섯 명이 구원의 확신이 없었다. 다섯 명 중에 두 명은 교회를 다니지만 세 명은 전혀 교회에 안 나가는 상태였다.

다섯 명이 다 교육 수준이 대단하신 분들로 그중에는 박사님도 있었다. 전도를 해본 사람들은 알겠지만 공부 많이 하신 분들을 전도한다는 것이 얼마나 어려운가? 박사님들이 대개 다 그렇지만 특히 물리학을 전공하신 박사님들은 논리가 너무나 정연해서 자기의 이성으로 이해가 되지 않으면 절대로 받아들이지 않는다. 이분은 물리학 박사는 아닌데도 처음부터 만만치 않은 상대라는 생각이 들었다. 복음을 전하기도 전에 두 가지 진단 질문에서부터 벽에 부딪치기 시작하였다.

첫 번째 질문, "만일 선생님은 오늘 이 세상을 떠나신다면 천국에 갈 수 있는 확신이 있습니까?" 이에 대해 네 분은 "못 갑니다"라고 대답을 하는데, 이분 대답은 나를 당황하게 만들었다.

"저는 그런 데 안 갑니다. 그런 곳이 있지도 않지만, 만약 있다고 한다면 저는 차라리 지옥에 가겠습니다."

깜짝 놀란 나는 "왜 그렇게 생각하시죠?"라고 물었다. 그는 서슴지 않고 이렇게 말하였다.

"제가 알기로는, 기독교에서 구원받는 사람보다 구원 못 받는 사람이 훨씬 많다는데, 하나님이 정말 전능하신 분이라면 모든 사람을 구원해야 전능하신 하나님이지 모든 사람이 지옥 가는 것을 내버려두고 자기가 선택한 사람만 천국에 데려간다면 그런 하나님은 전능한 하나님도 아니고 불공평한 하나님이기 때문에 난 차라리 여러 사람들의 편에 서서 함께 지옥으로 가는 것이 옳은 일이라고 생각합니다."

그동안 전도도 많이 해보았고, 이상한 반대 질문도 많이 받아 보았지만 이런 논리를 전개하는 사람은 처음이었다. 그래서 나는 그분에게 차근차근 이렇게 설명하였다.

"선생님은 지금 하나님에 대해서 오해를 하고 계십니다. 선생님은 하나님을 선생님과 동등한 위치에 놓고 말씀하시는데 그것이 얼마나 교만한 죄인지 아십니까? 하나님은 이 우주 만물을 창조하신 창조주입니다. 그렇기 때문에 이 우주 만물은 하나님의 법칙을 따라야 합니다. 로마에 가면 로마의 법을 지켜야 하는 것처럼 말입니다. 그래서 하나님이 법칙을 만들어 놓았습니다. 그런데 우리 인간들은 한 사람도 빠짐없이, 모든 사람이 이 법칙을 어겼기 때문에 심판을 받아 지옥에 가야 한다는 말입니다. 그럼에도 불구하고 하나님께서는 우리를 불쌍히 여기사, 긍휼을 베푸셔서 지옥에 가지 않고 천국 갈 수 있는 길을 열어 놓으셨습니다. 하나님이 다 죽어서 지옥에 갈 수밖에 없는 우리를 불쌍히 여기셔서, 긍휼을 베푸셔서 천국에 갈 수 있는 길을 마련해 놓으셨는데 그것이 바로 복음입니다. 이것은 하나님의 은혜이지 하나님이 불공평해서 그런 것이 아닙니다."

그래도 그는 막무가내였다. 그렇다면 하나님이 모든 사람이 구원받을 수 있는 쉬운 길을 만들어 놓았어야지 왜 전체의 10% 정도만 합격할 수 있는 어려운 길을 만들어 놓았느냐는 것이었다. 그러면서 그분은 이렇게 말하였다.

"어떤 선생님이 정말 훌륭한 선생님이라면 그 선생님은 자기 반의 학생들이 다 진급할 수 있도록 가르치고 또 시험 문제도 쉽게 내어 모든 사람이 합격하도록 하는 선생님이지, 시험 문제를 어렵게 내서 낙제하는 학생이 더 많다면 그 선생님은 결코 훌륭한 선생님이 아니라 학생들을 골탕 먹이려는 나쁜 선생님일 것"이라며 하나님이 바로 그런 분이 아니냐는 것이었다.

나는 또다시 설명하였다.

"하나님이 열어 놓으신 천국 가는 길은 매우 쉬워서 유식한 사람이나 돈 많은 사람이나 잘생긴 사람만 갈 수 있는 길이 아닙니다. 아무런 한 일이 없어도 예수님이 나의 죄값을 치러 주시기 위하여 십자가에서 그 고통과 천대와 멸시를 받고 나 대신 죽으신 것을 믿으면 되며, 그분은 죽어서 없어지신 분이 아니라 성경에 예언된 대로 3일 만에 부활 승천하셔서 지금도 하나님의 우편에서 우리를 위하여 중보 기도하시며 우리의 기도에 응답하시는 하나님이라는 사실을 믿고 그분을 나의 구세주와 주님으로 영접하면 됩니다."

그러나 그분은 그것이 말이 되느냐는 것이다. 그렇게 쉽게 구원을 얻을 수 있는데 왜 구원받는 사람이 더 적으냐, 말도 안 되는 소리를 하면서 믿으라고 하니까 믿지 않는 사람이 더 많은 것 아니냐는 것이다. 그래서 "너무 쉽다고 말이 안 된다는 논리는 성립이 되지 않는 것입니다. 너무 쉬워서 못 믿는다는 것은 인간의 교만 때문입니다. 하나님은 교만한 사람을 싫어하십니다. 싫어하실 뿐만 아니라 대적하신다고 성경은 이야기하고 있습니다"라고 말했다.

나는 계속해서 그분에게 이야기했다.

"누구든지 그 길로 가면 구원을 받을 수 있는데 그 길로 갈 생각은 하지 않고 선생님은 하나님을 마치 자기와 같은 인간으로 동등한 위치에 놓고 과소평가할 뿐만 아니라 불공평한 분이라고 정죄까지 하면서 가장 정의로운 사람인 양 지옥 가는 사람들 편에 서겠다면 그렇게 하십시오."

그러자 그의 친형 되시는 분이 "너, 천국 가기 싫으면 가만히 있어. 다른 사람 천국 가는 것 방해하지 말고"라고 영어로 야단을 쳤다. 그렇게 해서 복음을 전했고 그 박사님을 제외한 4명이 한꺼번에 예수님을 구세주와 주님으로 영접하는 역사가 일어났다. 할렐루야!

그런데 또 놀라운 일은 내가 이번 장례식을 계기로 하여 전도 대상자 제1호로 생각하고 기도하면서 장례 설교에도 초점을 맞추었던 외손자가 그 다음 주일부터 우리 교회 주일 예배에 참석하기 시작한 것이다. 그 청년을 위해서 아버지 어머니가 3년 동안 교회에 나오게 해 달라고 기도를 했고, 내게도 기도 부탁을 했었는데 그 기도가 응답된 것이다.

아직은 예배를 드리고 축도가 끝나기 무섭게 사라지지만 그래도 매주 빠지지 않고 교회에 나온다는 것이 정말 기적이다. 이제 기회를 보아 개인적으로 복음도 전하고 성경공부도 시켜야 하겠다는 생각을 해 보며 다시 한 번 복음의 능력을 실감한다.

4
하나님이 정말 살아 계시다면…

우리 교회에 전도의 열정이 아주 많은 여자 집사님이 한 분 계신다. 이 집사님은 주위의 믿지 않는 사람들을 보면 안타까워 견디질 못한다. 전도폭발훈련이 내년부터 시작되기 때문에 아직 전도 훈련을 받지 않아서 직접 자기가 복음을 전하기 어려우므로 전도할 사람만 있으면 자기 돈을 써 가면서 전도할 수 있는 자리를 마련해 주는 아주 귀한 자매이다. 하나님께서 이런 자매 열 명만 붙여 주시면 아리조나 지구촌교회는 금방 부흥될 뿐만 아니라 아리조나 피닉스의 한인들을 복음화시키는 것도 시간문제라는 생각이 들 정도로 전도에 열정이 있는 우리 교회의 집사이며 셀 목자이다.

그날도 전혀 교회에 나가지 않는 자매와 아리수 식당에서 점심식사 약속을 해 놓고 나에게 전화를 하였다.

"목사님, 전도할 사람이 있는데 9월 18일 점심에 아리수 식당으로 나와 주세요. 함께 식사하면서 전도 좀 해주세요."

두 아이들을 교육시키면서 집세에 자동차 할부금 등 빠듯한 살림인데도 전도할 사람만 있으면 돈도 시간도 아까워하지 않는다.

1999년 9월 18일, 아내와 함께 그 집사님과 약속한 장소로 향했다. "하나님, 이 어여쁜 딸에게 물질의 축복을 주셔서 이웃에게 복음뿐만 아니라 물질도 나누어주며 사는 딸이 되게 하소서" 하고 기도하면서 아리수 식당에 도착해 보니 키도 크고 시원스럽게 생긴 자매 한 분을 모시고 나와 기다리고 있었다.

식사 주문을 해 놓고 이야기를 나누는 가운데 이 자매님은 우리 집사님의 직장 동료로서 병원에서 'technician'으로 일하고 있었으며, 자기 손으로 사람을 시켜 집을 지을 정도로 활동적이고 사업적인 수완을 가진 여장부임을 알 수 있었다. 교회에 나가 본 경험이 한두 번 정도밖에 안 되고, 그것도 오래 전의 일이므로 하나님에 대해서 전혀 모르고 있는 상태였다.

이런 분에게는 우선 하나님이 살아 역사하시는 분이라는 것을 알려 주는 것이 급선무이므로 내 생활 속에서 하나님이 어떻게 살아서 역사해 주셨는가를 간증하기 시작했다. 간증이 재미가 있었던지 처음 만나 어색했던 분위기는 사라지고 진지한 대화를 나누기 시작했다.

그런데 갑자기 이 자매님이 "목사님, 제가 질문 하나 해도 됩니까?" 하는 것이었다. "네, 질문하시죠" 그러자 이 자매님은 "이건 실제로 있었던 사건인데요, 교회에 잘 다니고 교회에서 봉사도 열심히 하던 미국 여자 분인데, 대낮에 강도가 들어와 아이들 보는 앞에서 강간을 당했답니다. 아이들 증언에 의하면, 엄마가 하나님에게 살려 달라고 'God help me'를 그렇게 외치며 애걸을 했는데도 강도는 그 여자를 강간한 후 죽여 버리고 물건을 도둑질하여 도망갔대요. 하나님이 정말 살아 계시다면 교회에 열심히 나가 봉사도 하는 사람에게 어찌 이런 비참한 일이 일어날 수 있어요?" 하는 것이었다.

참으로 대답하기 어려운 질문이었다. 또 그런 일이 일어나서는 안 되는 것이었다. 그러나 세대가 너무 악하다 보니 실제적으로 일어나고 있는 사건들이다. 그래서 나는 이렇게 대답했다.

"자매님, 솔직히 그것에 대한 대답은 제가 모릅니다. 그 대답은 하나님만이 하실 수 있습니다. 그러나 제가 알기로는 하나님의 섭리에는 두 가지가 있습니다. 하나는 특별한 섭리이고, 또 하나는 일반적인 섭리입니다. 특별 섭리는 하나님의 특별 법칙에 의하여 기적적인 방법으로 하나님의 뜻을 이루어 나가는 섭리이고, 일반적인 섭리는 하나님이 만들어 놓으신 일반 법칙에 의해서 모든 일들이 적용되는 섭리입니다. 예를 들면 '맹모삼천지교'라는 말이 있습니다. 맹자의 올바른 교육을 위해서 맹자 어머니는 세 번씩이나 이사를 한 것처럼 사람은 주위 환경의 지배를 받는다는 말입니다. 험악한 동네에 가서 살면 아무리 신실한 그리스도인이라고 하더라도 강도를 당할 확률이 많고, 좋은 친구를 사귀면 좋은 영향을 받을 확률이 많습니다. 그 여자 분이 어떠한 환경 속에 있는 분인지 모르지만 하나님이 그리스도인이라고 해서 일반적인 법칙을 깨고 기도할 때마다 기적을 일으켜 주신다면 아마 모든 사람들이 일은 안 하고 하나님께 도와달라고 애걸을 해서 기적만을 바라며 살 것입니다. 그렇게 된다면 이 세상은 얼마나 혼란스러워질까요?"

그리고 또 한 가지 이유를 말해 주었다.

"만약 세상이 이 세상으로 끝나고 저 세상이 없다면 예수 믿는 사람들처럼 불쌍한 사람이 없을 것입니다. 그러나 누가 뭐라고 해도 천지 만물을 창조하신 분은 하나님이시고 이 세상 만물은 그분에게 속해 있으며 천국과 지옥은 존재하는 것입니다. 우리가 사실 죽음이라는 것을 경험해 본 사람이 없어서 그렇지, 죽음을 경험해 보아서 그 좋은 천국에 가본 사람이 있다면 구태여 이 세상에 미련을 두고 이 세상에서 오래 살려고 하지 않을 것입니다. 그 자매님이 정말 예수를 잘 믿어서 천국에 갔다면 비록 이 세상에서 그토록 비참한 죽음을 당했다고 해도 그것이 큰 문제가 될 것은 없지 않습니까? 물론 그런 일은 당하지 않고 죽는 것이 훨씬 좋은 일이지만 말입니다."

이 자매님은 "듣고 보니 좀 이해가 되네요" 하면서 마음 문을 열기에 식당에서 식사를 하면서 복음을 전하기 시작했다. 항상 복음이 절정에 이르면 사탄은 수단 방법을 총동원해서 복음이 전해지는 것을 방해한다. 이날은 특별히 웨이트리스와 손님들을 통하여 방해하였다. 한참 복음이 절정에 달했는데 웨이트리스가 오더니 열심히 대화를 나누고 있는 것을 알면서도 "뭐 부족한 것 없으세요?" 하면서 분위기를 깨 놓는 것이었다. 또 옆자리에는 미국 손님들이 한 패가 몰려와 큰소리로 떠들었다.

옆자리에 앉은 아내와 그 자매 옆에 앉아 있는 집사님이 눈을 뜬 채로 사탄의 방해를 막아 달라고 간절하게 기도하는 모습이 눈에 들어왔다. "하나님을 사랑하는 자 곧 그의 뜻대로 부르심을 입은 자들에게는 모든 것이 합력하려 선을 이루느니라"(롬 8:28)는 말이 실감나는 순간이었다. 결국 자매님은 진지하게 복음을 받아들였고, 우리는 마침내 넷이서 함께 손을 잡고 식사하던 테이블에 앉은 채 영접 기도를 드렸다. 사람들이 쳐다보고 있었지만 우리는 하나도 부끄럽지가 않았다. 천하보다 귀한 한 영혼이 주님께 돌아오는 순간인데 오히려 영광스럽기만 했다. 영접 기도가 끝난 이 자매의 눈에는 이슬이 촉촉이 맺혀 있었다.

내가 복음을 부끄러워하지 아니하노니 이 복음은 모든 믿는 자에게 구원을 주시는 하나님의 능력이 됨이라(롬 1:16).

할렐루야!

5
과학과 이성을 초월하시는 하나님

1999년 9월 30일, 오랫동안 기도했던 부인의 기도가 응답되는 날이었다. 한국에서 아리조나 주립대학교에 교환 교수로 오신 K교수님 댁에 심방을 가게 되었다. 아들 하나에 딸 하나를 둔 단란한 가정으로 부인은 한국에서 종합병원의 원무과장을 역임한 맹렬 여성이었다. 모든 일에 적극적이었고 긍정적인 집사님이신데 남편의 신앙 문제만은 마음대로 안 된다고 하였다. 마침 남편이 미국에 교환교수로 오게 되어 "때는 이때다" 하면서 하나님께 "우리 남편 미국 가면 꼭 예수 믿게 해 주세요"라고 간절히 기도를 했다는 것이다.

한국에 있는 친구로부터 미국에 가면 지구촌교회에 나가라는 추천을 받아 한국 식품점에 가보니 아리조나 지구촌교회 명함이 있어 전화를 걸게 되었고 이를 계기로 우리 교인이 된 집사님이시다. 남편에게 복음을 전하게 하기 위하여 저녁 식사를 준비해 놓고 심방 요청을 한 것이었다. 하나님께서 왜 이처럼 어여쁜 아내의 마음씨를 모른 척하시겠는가?

우리는 함께 저녁 식사를 하면서 일반적인 이야기들을 나누었고 식사가 끝난 후 복음을 전하기 시작했다. K교수님은 서울대 공대를 나온 공학 박사로, 질문 역시 논리적이고 과학적이었다. 그러나 그 질문은 전도자를 곤란하게 하거나 골탕 먹이려고 하는 질문이 아니라 정말 알고 싶어서 하는 진지한 질문들이었고, 또 필요한 질문들이었다.

"천국과 지옥이 있다는 것을 어떻게 알 수 있으며 왜 성경에는 과학적으로 이해가 안 되는 사건들이 그렇게 많이 기록되어 있느냐?" 고 하였다. 그래서 천국과 지옥은 이 우주 만물을 창조하신 하나님이 있다고 하시니까 분명히 있는 것이며, 천국과 지옥이 없다고 확신하고 산 사람도 죽으면 천국과 지옥은 있는 것이기 때문에 지옥에 갈 수밖에 없는 것이라고 설명했다.

또 성경에 과학적으로 이해가 안 되는 사건들이 기록되어 있는 것은 하나님이 과학을 무시하시는 분이기 때문이 아니고 과학을 초월하시는 하나님이기 때문에 하나님이 필요하실 때는 기적을 일으키기도 하신다고 설명하면서, 만일 하나님이 과학을 초월하여 기적을 일으키실 수 없는 하나님이라면 나는 그런 하나님은 믿지 않겠다고 도전을 했다. 만약 하나님이 우리 인간들의 이성으로 이해되는 일만 하실 수 있는 분이라면 그것은 인간이지 하나님일 수가 없다고 설명하면서, 젊은 나이에 컴퓨터의 황제가 되어 세상에서 가장 갑부가 된 '빌 게이츠'의 예를 들었다.

"빌 게이츠의 머리와 능력을 가지고 만들어 낸 컴퓨터의 여러 가지 프로그램들을 보면 내 머리로서는 도저히 이해가 안 되지만 사람들이 이런 것들을 통하여 얼마나 편리한 삶을 실제로 살고 있습니까? 내 머리로, 내 이성으로 컴퓨터의 프로그램들이 이해가 안 된다고 컴퓨터를 사용하지 않는다면 이 세상에서 뒤떨어지는 사람이 될 수밖에 없지 않습니까?"

그러자 그는 공학 박사다운 이야기로 수긍을 하였다. "맞아요, 목사님. 1차원의 세계만 아는 사람은 줄이 평면으로 그어지는 것만 알기 때문에 연필이 공중으로 올라가서 이동되어 내려오면 연필이 없어졌다가 다시 나타났다고 할 것입니다. 마찬가지로 하나님은 우리가 알지 못하는 4차원, 5차원의 세계를 초월하신 분이기 때문에 우리의 이성이나 과학을 가지고 이해를 하려고 해서는 안 되겠네요"라고 말하였다.

여기까지 가기가 힘든 것이지 사실 이쯤 되면 80%는 성공을 한 셈이다.

"사실 우리 인간이 모든 것을 다 알 수 있고, 모든 일을 다 할 수 있다면 신이란 존재가 무슨 필요가 있겠습니까? 우리는 피조물이기 때문에 부족한 것이 당연한 것이고, 피조물이기 때문에 창조주이신 하나님을 떠나서는 살 수가 없는 것입니다. 그 창조주 하나님이 우리 인간들을 불쌍히 여기셔서 우리를 죄 속에서 구원해 주시기 위하여 그의 하나밖에 없는 아들 예수 그리스도를 이 땅에 보내 주셨습니다. 죄의 삯은 사망이기 때문에 그가 우리의 죄 값을 치러 주시기 위하여 십자가에 못 박혀 죽으셨습니다. 그리고 성경에 예언된 대로 3일 만에 다시 살아나셔서 지금도 하나님의 우편에서 우리의 기도를 들으시고 중보기도 해주시며 우리의 삶을 주관해 주십니다. 이 예수님을 마음 문을 열고 구주와 주님으로 영접하면 하나님의 자녀가 되는 권세를 주신다고 성경은 약속하고 있습니다. 이 예수님을 영접하시겠습니까?"

사탄은 결정적인 순간에 방해를 하게 마련이다. 이번에도 예수님을 영접하려는 순간 잘 놀고 있던 어린 딸이 갑자기 아빠 앞으로 달려와 칭얼대면서 결정적인 순간을 방해하였다. 그의 부인과 함께 다른 방에 들어가 이야기를 나누고 있던 아내를 불러서 위기를 모면하고 우리는 함께 영접 기도를 했다.

예수님을 영접한 이분의 첫 마디가 영어로 된 성경을 완독해 보고 싶다는 것이었다. 그의 부인 말에 의하면, 요즈음 얼마나 열심히 성경을 읽는지, 그리고 이제는 성경공부도 새생명반을 마치고 새가족반을 하고 있으며, 매주 화요일 저녁이면 ASU에 교환 교수로 와 계신 한국 교수님들을 집으로 초대하여 식사하면서 전도한다고 하니 정말 놀라운 일이다.

성경 말씀에 "나중 된 자가 먼저 되고 먼저 된 자가 나중 된다"는 말씀이 바로 이런 것을 가리켜 하는 말이 아닐까 생각해 본다.

6
하늘을 우러러 한 점 부끄러움이 없다니…

2001년 1월, 금년 들어 첫 번째 전도의 열매가 맺어지는 날이다. 요즈음 한국의 경제 사정은 IMF를 능가하는 불경기가 올 것이라는 어수선한 매스컴의 보도와 함께, 대학생들은 졸업을 해봐야 취직이 안 되므로 휴학을 하고 군대에 가려고 하는 사람이 많아 군대 가기도 힘든 세상이라고 한다. 군에서 제대한 사람도 복학하지 않고 휴학을 해서 언어 연수 차 해외로 나가는 것이 유행이란다.

자의 반 타의 반으로 이 물결을 타고 ASU(Arizona State University)에 유학을 온 청년이 있었다. 이 청년은 군대를 제대한 후 아리조나 피닉스에 선배가 있어서 그 선배를 믿고 ASU로 유학을 왔단다. 그런데 아리조나에 도착하자마자 선배에게 전화를 했더니 전화를 안 받는다는 것이다. 그 선배가 바로 우리 교회 다녔던 K집사였고 얼마 전 갑자기 온 가족이 LA로 이사를 하였다. 이 청년은 피닉스에 와서 숙소를 구할 때까지 선배 집에 머물려고 했으나, 선배가 LA로 이사를 가는 바람에 당장 갈 곳이 없어 숙소를 구할 때까지 약 3주간을 우리 집에 거하게 되었다.

한국에서 전혀 교회를 다녀 본 경험이 없는 청년이었다. 하나님께서 이 청년에게 복음을 심어 주라고 우리 집에 보내 주셨구나 하는 생각에 교통편을 제공해 주고, 학교 등록하는 일, 등교하기 전 준비물 쇼핑하는 일, 그리고 자취할 수 있는 거처 등을 돌보아 주었다. 식탁 자리에서 기도하며 전도할 기회를 기다렸으나, 오자마자 학교 준비에 바빠 식사가 끝나자마자 바쁘게 움직였다.

아버님은 공무원, 어머님은 고등학교 선생님이시고 애인이 있는데, 한국에서 교회에 다니고 있으며 눈에 이상이 있어서 머지않아 수술을 해야 하는데 걱정이 된다고 하였다. 어느 날 드디어 전도할 기회가 왔다는 생각이 들어 함께 식사를 하면서 대화를 나누기 시작했다. 그동안 식탁을 대할 때마다 조금씩 대화를 나누어 신상 정보를 파악했던 터라 나의 간증을 나누고는 곧바로 두 가지 진단 질문으로 들어갔다.

"청년, 청년은 만일 오늘 이 세상을 떠난다면 천국에 들어갈 확신이 있어요?"

그는 의외로 자신 있게 "갈 수 있다"고 대답했다. 보통 교회 다니지 않는 사람들은 "글쎄요", 혹은 "저는 천국 같은 건 믿지 않아요"라고 대답하는데, 이 청년은 서슴지 않고 '갈 수 있단다.' 신기해서 두 번째 질문을 했다. "그렇다면 만일 청년이 오늘 이 세상을 떠나 하나님 앞에 섰다고 가정해 봐요. 그런데 하나님이 청년에게 만약 '내가 너를 내 천국에 들여보내야 할 이유가 무엇이냐'라고 물으시면 뭐라고 대답할거요?" 했더니, 이번에는 정말 기상천외의 대답을 하는 것이었다.

"하늘을 우러러 한 점 부끄러움 없는 삶을 살았기 때문이죠."

정말 기가 막혔다. '아니, 이렇게 뻔뻔스러운 친구가 있나? 자기가 아무리 선한 삶을 살았다고 해도 자기 아버지 세대인, 더군다나 목사 앞에서 이렇게 이야기할 수 있는 것인지……' 하는 생각이 들었다. 그래서 "정말 하늘을 우러러 한 점 부끄러움 없는 삶을 살았어?" 라고 물었다. 그는 "저의 가치관으로 따져 볼 때 그래요"라고 대답하였다.

"그러니까 청년 자신의 기준으로 볼 때 그렇다는 이야기군?"

"네."

요즈음 젊은이들은 정말 자기중심적이다. 자기 소견에 옳은 대로 생각하고 행동하는 세대, 다시 말해서 제2의 사사기 시대라고 할 수 있다. 그래서 "청년, 로마에 가면 로마의 법을 지켜야 한다는 말은 들어 봤어?"라고 물었더니, 들어 봤단다. "그 말이 맞아, 틀려?" 맞단다.

"그러면 잘 들어. 이 세상 만물은 하나님이 창조하셨어. 하나님이 창조한 세상이라면 하나님의 법을 지켜야 하겠지?"

그는 "네"라고 대답했다. 그래서 "청년은 하늘을 우러러 한 점 부끄러움이 없다고 했는데 그 말은 하나님 앞에 죄가 하나도 없다는 이야기 아닌가? 죄는 해서는 안 될 일을 하는 것이고, 해야 할 일을 안 하는 것도 죄이며, 그뿐만 아니라 하나님의 법인 성경을 보면 실제로 행동으로 옮기지 않았어도 마음속에 나쁜 생각이나 더러운 생각을 품기만 해도 죄라고 하는데, 그러면 청년은 그런 생각조차도 한 번 안 해 봤다는 말이야?" 하고 물었다. 그는 "그야 해봤죠"라고 대답했다.

“어느 심리학자가 이야기하길, 우리 인간이 하루에 생각하는 것이 2만 가지가 넘는다고 하는데 청년은 그 2만 가지의 생각 중에 죄가 아닌 생각이 얼마나 된다고 생각해?”

그는 “그렇게 따지면 우리가 살아가는 것 자체가 다 죄만 짓고 사는 것이네요”라고 대답했다.

그래서 하루 세 번의 죄의 예화를 들어 설명해 주었다.

“어떤 사람이 하루에 세 번밖에 죄를 안 짓는다고 가정해 보세. 그러면 그 사람은 마치 걸어 다니는 천사와 같을 거야. 그런데도 하루에 세 번이면 한 달이면 90번, 일 년이면 대략 잡아 1,000번, 만약 인간이 평균 70년을 산다고 한다면 걸어 다니는 천사와 같은 사람도 최소한 7만 번 이상 죄를 짓는 상습범이라는 이야기인데, 그래도 청년은 하늘을 우러러 한 점 부끄러움이 없어?”

그는 “아니에요, 목사님. 죄송해요” 하면서 자기가 죄인임을 인정했다. 일단 전도 대상자가 죄인임을 인정하고 나면 복음이 살아서 역사하기 시작한다. 그는 복음을 듣고 감격스럽게 예수님을 자신의 구세주와 주님으로 영접했다. 영접하기가 무섭게 자기 애인의 수술이 잘될 수 있도록 기도해 달라고 부탁했다. 애인을 위해 기도해 주었더니 “아멘!” 소리가 더욱 커졌다.

3주 후 그는 미국인 할머니 집에 방을 얻어 자취할 수가 있었다. 이사 가기 전 청년은, “있는 것이라곤 군대에서 단련된 힘뿐이니 무엇이든지 시킬 일 있으면 시켜 달라”며 감사에 보답하고 싶다고 했다. 아내는 극구 사양하다가 청년에게 뒤뜰에 조그만 텃밭을 만들어 달라고 요청했다. 청년은 즐거운 마음으로 조그만 텃밭을 만들어 주고 이사를 했다.

그후 자취를 하면서 ASU에 유학 온 학교 친구들을 데리고 교회에 나오기 시작하였다. 예수님을 영접한 지 한 달밖에 안 되었는데 얼마나 전도를 잘하여 학생들을 교회로 데려오는지 그에게 학원 선교사란 별명을 붙여 주었다. 할렐루야!

7
대답만 맞게 한다고 천국에 가나요?

2001년 1월 26일 금요일 저녁이다. 셀 목장 모임이 있는 날이기에 지난주 셀 목자 모임에 참석하지 못한 목자의 목장을 찾아갔다. 마침 그 목장의 목자 가정에 몇 주 전에 부모님이 한국에서 오셔서 약 3개월간 머무르다 가실 예정이라는 소식을 들었다. 벌써 몇 주 우리 교회 주일 예배에 참석하셨고 셀 목자인 아들의 말에 의하면 틀림없이 구원의 확신이 있는 분이다. 두 분 다 70이 넘으셨는데도 얼마나 젊고 예의가 바르신지 한마디로 흐트러짐이 없는 분들이었다. 우리 교회의 규칙은 목사가 목장 모임에 참석해도 인도는 셀 목자가 하도록 되어 있다. 그러나 오늘은 목자가 지난주 셀 목자 모임에 참석하지 못했기 때문에 부득이하게 목사인 내가 인도하지 않으면 안 되었다.

목장 모임을 인도하던 중 두 분의 신앙 상태를 점검해 보고 싶은 마음이 들었다. 그렇지 않아도 지난주 전도폭발 팀들이 전도 대상자가 없어 셀 목자인 아들에게 "오늘 저녁 부모님에게 복음 전하러 가면 안 될까요?"라고 물었단다. 그러나 전도폭발훈련을 받고 있는 셀 목자인 아들이 "우리 부모님은 틀림없이 구원의 확신이 있으세요. 가실 필요 없어요"라고 해서 못 갔다는 이야기가 생각났다. 그래서 셀 목장 모임을 마무리하고 화제를 돌려 자연스럽게 부모님에게 한국 어디에 사시며, 어느 교회에 나가고 계신지 등 그들의 일반 생활과 교회 배경 그리고 우리 교회에 대한 인상 등을 여쭈어 보았다. 그리고 전도 폭발의 서론 부분을 나누고 나서, 간단하게 나의 간증을 하고 두 가지 진단 질문에 들어갔다.

첫 번째 질문에 두 분은 다 "천국에 갈 수 있다"고 대답하셨다. 그래서 두 번째 질문에 들어갔는데 두 번째 질문 역시 두 분 다 정답을 말씀하셨다. 그런데 아버님이 하시는 말씀이, "그런데 나는 아직 하나님을 못 만나 보았어요" 하는 것이었다. 그래서 "하나님은 영이시기 때문에 우리 눈에 보이시는 분이 아니에요. 그러므로 사람처럼 만나 볼 수 있는 분이 아니고 마음으로, 영으로 만나셔야 해요" 라고 말씀드렸더니, 마음으로라도 만나보려고 열심히 성경을 읽는데도 하나님을 만나 볼 수가 없다는 것이었다. 그래서 두 번째 질문에 어떻게 그렇게 정답을 말씀하실 수 있느냐고 했더니 아들이 설명을 해주어서 답은 안다고 하셨다. 이것은 보통 문제가 아니었다.

우리가 전도폭발에서 두 번째 질문인 "만일 선생님께서 오늘 이 세상을 떠나 하나님 앞에 서셨는데 하나님이 선생님에게 '내가 너를 내 천국에 들여보내야 할 이유가 무엇이냐' 하고 물으신다면 어떻게 대답하시겠습니까?"라고 질문하는 것은 그 사람의 신앙 상태를 진단해 보기 위해서 묻는 것이지, 정말 하나님이 그렇게 물으신다는 이야기는 아니다. 하나님이 왜 그런 것을 물어 보시겠는가? 그분은 물어 보시지 않아도 이미 다 알고 계시는 전능하신 분이 아닌가 말이다. 대답만 맞게 한다고 천국에 들여보내 주시겠느냐는 말이다.

우리가 전도를 하러 가보면 남편이나 부모나 자식이 예수님 영접하는 것을 누가 방해하는가 하면, 잘 믿는다는 부인이나 식구들이다. 두 가지 진단 질문에 정답을 말한다고 천국 가는 것이 아니지 않는가? 그런데 자기 남편 예수 믿게 해 달라고 기도했다는 사람이 전도하러 가서 두 가지 진단 질문을 하면 옆에서 "예수 믿으면 천국 갈 수 있다고 가르쳐 주었잖아요. 예수 믿기 때문이라고 대답해요" 라고 자기가 대신 대답을 해주는 사람도 있다.

이것은 정말 안타까운 일이다. 지식적인 믿음은 우리에게 필요한 것이지만 그것만 가지고는 천국에 갈 수가 없다는 사실을 왜 모르는가? 머리로만 믿는 지식적인 믿음이 가슴까지 내려와서 정말 마음으로 예수님을 구주와 주님으로 영접해야 구원을 받는다는 사실을 왜 모르는가? 이것은 마치 사복음서를 보면 예수님을 필요로 하는 사람들이 예수님을 만나러 나오는 것을 제자들이 방해하는 것과 마찬가지이다. 우리는 예수 믿는다고 하면서 다른 사람들이 예수 믿는 것을 방해해서는 안 된다.

그래서 복음을 풀어서 설명해 주었다.

"우리 인간들은 다 죄인이기 때문에 자기의 힘으로 천국에 갈 수 있는 사람은 하나도 없다. 그러나 하나님께서 우리를 사랑하시기 때문에 우리를 구원해 주시기 위해서 자기의 하나밖에 없는 아들 예수 그리스도를 우리 대신 십자가에서 피 흘려 죽게 하셨다. 예수님이 우리의 죄값을 대신 갚아 주셨기 때문에 우리는 죄인이었었지만 죄 없는 사람으로 여김을 받아 천국에 들어갈 수 있게 된 것이다.

그래서 예수를 믿는다는 것은 예수님이 누구신가, 그분이 하신 일이 무엇인가를 알고 그분을 마음속에 받아들이는 것이 영접하는 것이다. 마음 문을 열고 그분을 나의 왕으로, 구주와 주님으로 영접했으면 그것이 바로 예수님을 만난 것이고, 예수님은 하나님이시기 때문에 결국 하나님을 만난 것이다."

그러고 나서 이 예수님에 대해서 이해가 됐느냐고 했더니, 이해가 된다고 대답했다. 그러면 이 예수님을 마음 문을 열고 구주와 주님으로 영접해 하나님을 만나볼 뿐만 아니라 하나님의 자녀가 되겠느냐고 했더니, 그렇게 하겠다고 하였다. 우리는 함께 손을 잡고 영접 기도를 했다. 기도가 끝난 뒤 "이제 하나님을 만나 보셨습니까?"라고 물었더니, "이제야 하나님을 만났다"고 하면서 얼굴빛이 환해졌다.

요즈음도 교회에서 만나면 70대 중반이신 할아버지가 90도로 허리를 굽혀 겸손하게 인사를 하신다. 이것이 바로 구원의 감격에서 나오는 겸손함이 아니겠는가? 할렐루야!

8
한 치의 오차도 없는 기막히신 하나님

2001년 2월 5일 월요일이었다. 월요일은 목회자에게 쉬는 날이다. 그러나 개척 교회를 섬기다 보니 일주일 내내 쉬는 날이 없다. 그래도 기분은 쉬는 날이라 게으름을 부리고 거의 11시가 넘어서 아침을 먹었다. 전화 벨소리가 요란하게 울리기에 받아보니 우리 교회의 연세가 많으신 남자 집사님이셨다. 지금 병원에서 내시경 검사가 끝났는데, 24시간 이내에는 운전을 못하게 한다는 것이었다. 병원에 올 때는 차를 운전하고 왔지만 태워줄 사람이 와야 병원에서 내보낸다는 것이었다. 태워 주려면 집사님 차까지 운전하고 가야 하므로 필히 두 사람이 가야 한다는 이야기다.

아내와 함께 병원에 도착하니 의사가 차를 운전해 줄 사람이 온 것을 확인한 후에야 병원에서 나갈 수 있도록 허락하였다. 미국 사람들의 이런 면은 참 본받을 만한 점이라고 생각한다. 병원 주차장에 나오니 집사님 하시는 말씀이 "목사님, 감사합니다. 이제 제가 운전하고 갈 수 있으니 그냥 가십시오. 병원에서 내 보내 주지 않아서 할 수 없이 전화 드렸습니다"라고 하였다. 그래서 "그것은 절대로 안 됩니다. 제가 집에까지 모셔다 드려야 할 책임이 있습니다"라고 말씀드리고 차 열쇠를 받아 가지고 시동을 걸었다. 그러자 집사님은 그러면 점심때가 되었으니 어디 식당에라도 가서 식사 대접을 하겠다는 것이었다. 그러나 오늘 따라 아침 식사를 늦게 하고 나왔기 때문에 전혀 식사 생각이 없었다. "아닙니다. 방금 식사를 하고 나왔습니다"라고 대답하면서 차를 집사님 댁으로 운전해 갔다. 운전대를 내가 잡았으니 더 이상 강권을 해도 소용이 없는 일이었다.

집사님 댁에 도착하니 부인 집사님이 "왜 식당으로 모시고 가지 않았느냐?"고 남편에게 뭐라고 하신다. 우리는 "식사를 방금 했어요. 저희들 가 볼게요"라고 말씀드리고 돌아오려고 하니 미안하셨던지 들어오라는 것이다. 전부터 구원의 확신을 체크해 보고 싶었던 차에 기회라고 생각하고 들어갔다. 원래 연세들도 많으신 데다 남자 집사님은 자존심이 세고 자기 의가 무척 강하신 분이라 잘못 이야기를 꺼내면 기분 나빠할 것 같아 기회만 노리고 있었는데, 자기들이 미안해 어쩔 줄 몰라하니 이것이야말로 하나님이 예비해 놓으신 너무나 좋은 기회라는 생각이 들었다.

그래서 들어가 차를 마시며 대화를 나누기 시작했다. 대화 도중 "집사님은 그동안 신앙생활을 아주 오래하신 것으로 알고 있는데 제가 질문 하나 드려도 되겠습니까?" 하고 물었다. 집사님은 "그럼요, 하세요" 하였다. 그래서 "사람은 태어나면 언젠가 한 번은 죽게 마련이죠. 죽음을 피할 수 있는 사람은 이 세상에 한 사람도 없습니다. 만일 집사님은 오늘 이 세상을 떠나신다면 천국에 갈 것을 확신하십니까?"라고 물었다. 그는 "그럼요"라고 쉽게 대답하였다. 여자 집사님께도 여쭈어 보았더니, 여자 집사님도 갈 수 있다고 하였다.

그래서 두 번째 질문에 들어갔다. "그렇다면 한 가지만 더 여쭈어 볼게요. 만일 집사님이 오늘 이 세상을 떠나 하나님 앞에 섰다고 가정해 보십시오. 그런데 하나님께서 집사님에게 '내가 너를 내 천국에 들여보내야 할 이유가 무엇이냐?'라고 물으신다면 어떻게 대답하시겠습니까?" 남자 집사님은 예상한 대로 "내가 하나님의 명령에 순종하고 살았으니까요"라고 대답하는 것이었다. 또 여자 집사님은 "내가 하나님을 사랑하기 때문에"라고 대답하였다. 그래서 남자 집사님에게 "그러면 집사님은 하나님의 명령에 100% 순종하며 사셨습니까?"라고 물었더니, "그건 아니지요"라고 대답하였다. "하나님은 100% 순종하기를 원하시는데요"라고 했더니, "그럼 천국 갈 수 있는 사람 없게요?" 하시는 것이었다. "맞습니다. 자기의 노력으로 천국 갈 수 있는 사람은 없습니다"라고 대답하고, 여자 집사님에게는 "그러니까 집사님은 집사님이 하나님을 사랑하기 때문에 천국에 갈 수 있다는 말씀이죠?" 했더니 "네, 제가 하나님을 너무너무 사랑하니까요. 저는 하나님 없으면 못 살아요" 하시는 것이었다.

그래서 다시 한 번 다짐을 했다.

"그러니까 집사님의 대답은 집사님이 하나님을 사랑하는 그 행위를 보시고 하나님이 집사님을 천국에 데려가신다는 말씀이죠?"

"그렇다"고 말하기에 "그러면 집사님은 하나님을 100% 사랑하셨어요?" 하고 물었더니 "100%라고는 할 수 없지요"라고 대답하였다.

그래서 하나님의 기준은 "하늘에 계신 너희 아버지의 온전하심과 같이 너희도 온전하라"(마 5:48)이기 때문에 누구든지 하나님처럼

100% 완전해야 하는데 100% 순종을 못했으면 천국에 갈 수 없으며, 100% 하나님을 사랑하지 못했으면 천국에 갈 수 없음을 설명했다. 100% 순종하지 못하고 100% 사랑하지 못했으면 그 못한 만큼 죄를 지은 것이기 때문에 이 세상에는 죄인 아닌 사람이 없음을 설명해 주었다.

"우리 인간들은 보통 죄라고 하면 살인, 강도, 간음, 도둑질 등을 생각하는데, 그러나 하지 말아야 할 일을 하는 것이 죄이며, 해야 할 일을 안 하는 것도 죄이며, 또 실제적으로 행동으로 옮기지 않았어도 마음속에 나쁜 생각이나 더러운 생각을 품기만 해도 죄"라고 설명했다. 그래서 예수님은 "아름다운 여인을 보고 음욕을 품었으면 그것이 간음한 것이라"고 말씀하시며 "형제를 미워한 것이 곧 살인한 것이라"고 말씀하신다고 설명하면서, 그러고 보면 이 세상에 간음 안 하고 살인 안 한 사람이 얼마나 되겠느냐고 했더니, "그러네요" 하면서 자신들이 죄인임을 인정하였다.

복음은 나 자신이 죄인임을 인정할 때 능력이 나타나는 것이다. 자기 의가 강한 집사님이었기에 모든 일에 자신만만하였고 또 비판적이던 집사님이 자신이 죄인이라는 것을 인정하면서 갑자기 겸손해짐을 느끼지 않을 수가 없었다. 그래서 죄의 삯은 사망이기 때문에 이 죄의 삯을 치르지 않고는 우리가 천국에 갈 수 없음을 설명해 주면서 복음의 핵심 부분을 설명하려는데, 갑자기 기침이 나고 목이 막혀 말이 나오지를 않았다. 항상 복음의 핵심 부분을 전할 때는 사탄이 여러 가지 방법으로 방해하는 것을 느꼈지만 오늘처럼 목이 막혀 말소리가 전혀 안 나와 보기는 처음이다. 오히려 두 집사님이 당황해 하면서 "목사님, 괜찮으세요? 물 좀 가져다 드릴까요?"라고 하였다. 복음 전하던 분위기가 완전히 깨어져 버린 것이다. 눈치가 빠른 아내가 얼른 일어나 부엌으로 가서 물을 가지고 왔다.

나는 눈을 뜬 채 마음속으로 하나님께 기도하기 시작했다.

"하나님, 결정적인 부분에서 사탄이 또 방해를 합니다. 물리쳐 주옵소서."

성령님의 도우심으로 목은 서서히 다시 회복되었다. 그래서 복음을 전함으로 신앙생활은 오래하신 분들이었지만 두 분은 처음으로 예수님을 나의 구세주와 주님으로 영접하게 되었던 것이다. 두 분은 너무나 기뻐하셨다.

생각해 보면 하나님은 너무 기가 막히신 분이다. 전부터 두 분에게 복음이 꼭 필요하다는 것은 알고 있었지만 연세도 많고 자기 의가 강하신 분이라 섣불리 복음을 전하려고 하다가는 오히려 기분 나빠서 교회도 안 나오실 것 같아 망설이고 있었는데, 월요일이라 우리가 아침을 늦게 먹게 하셔서 식당으로 가지 않고 집으로 가게 하시고 복음을 전하게 하신 것이다. 만일 식당에 가서 식사를 했더라면 집에 들어오라는 말씀을 안 하셨을 것이다. 왜냐하면 우리가 집에 도착했을 때 여자 집사님은 집안도 치우지 않았는데 "왜 식당으로 모시고 가지 않았느냐?"고 난처한 표정을 지으셨기 때문이다. 하나님은 한 치의 오차도 없으신, 얼마나 기막히신 분인가. 할렐루야!

9
새벽기도도 나갔는데…

2001년 5월 1일, 한국에서 방문 차 미국에 온 처조카가 우리 집에 머문 지 벌써 한 달이 넘었다. 그동안 교회를 데리고 나가면서 심경의 변화를 살펴보았지만 전혀 교회 배경이 없이 자란 이 조카에겐 이모부가 목사이니 어쩔 수 없이 교회에 끌려 나가는 것 같은 기분이 들었다.

그동안 부활절과 입당 예배 준비로 마음이 바빠 복음 전할 기회를 잡지 못했었는데, 마침 오늘이 그의 생일이니, 아침 식사를 함께 하면서 육신의 생일이 영적인 생일과 같은 날이 되는 것도 좋겠다고 생각했다. 그래서 복음을 전하기 시작했는데 그에게는 한 가지 풀어 주어야 숙제가 있었다. 그 숙제가 풀어지지 않으면 복음이 막힐 수 밖에 없는 문제다.

그 숙제가 무엇인가 하면, 부활절 칸타타를 공연해야 하는 날 우리 교회 피아노 반주자가 교통사고가 났다. 그동안 미국 교회를 빌려 썼기 때문에 새벽기도에 나오고 싶은 교인들이 우리 집 거실에서 매일 새벽 예배와 기도를 드렸었는데, 자체 성전을 구입하고 나니 새벽기도의 장소가 교회 본당으로 바뀌었다. 매일 아침 새벽기도를 하려면 20분 정도를 운전하고 가야 하므로 그동안 피아노 반주자가 아르바이트를 하면서 학교를 다니느라 새벽기도를 못 나왔었는데, 모처럼 그날은 부활절 칸타타도 있고 해서 새벽기도를 나온 것이다.

그런데 바로 새벽기도를 나온 그 첫날 피아노 반주자가 학교를 가다가 교통사고가 난 것이다. 과실은 상대방이 아니라 본인 자신이었다. 차는 폐차되었지만 앰뷸런스에 실려 간 피아노 반주자는 한 군데도 다친 데가 없었다. 얼마나 감사하고 다행한 일인지 모른다. 만약 몸이라도 다쳤더라면 얼마나 고통스러운 일인가? 또 그렇게 되면 그동안 그렇게 열심히 연습을 해온 부활절 칸타타 때 누가 피아노 반주를 한단 말인가? 아무리 생각해도 이것은 하나님의 은혜였다.

그런데 옆에서 이 사건을 지켜보는 이 처조카의 시각은 전혀 반대였다. 새벽기도를 안 나갈 때는 사고도 안 나고 아무런 일이 없었는데, 정말 하나님이 살아 계시다면 새벽기도도 갔는데 왜 하필이면 그날 사고가 나도록 내버려 두셨느냐는 말이다. 그래서 하나님의 일반 법칙을 설명해 주었다.

"하나님의 일반 법칙은 누구에게나 똑같이 적용된다. 선인에게 햇빛을 비추시는 하나님은 악인에게도 햇빛을 비추시고, 선인에게 비를 내리시는 하나님은 악인에게도 비를 내리시는 법이다. 믿지 않는 사람도 열심히 일하면 부자로 잘살 수 있고, 믿는 사람도 게으르면 가난하게 살 수밖에 없다. 마찬가지로 아무리 잘 믿는 사람이라도 모든 일에 주의하지 않으면 사고가 나는 법이고, 아무리 새벽기도를 갔다 왔어도 운전에 주의하지 않으면 교통사고가 날 수밖에 없다. 상대방의 과실이 아니라 본인의 과실이란 본인이 부주의했다는 이야기다. 그러므로 사고가 나는 것은 당연한 일 아니겠느냐?"

그랬더니 이 조카가 하는 말이 "그래도 하나님이 계시다면 새벽기도도 갔는데 사고 안 나게 해 주실 수 있지 않느냐?"는 것이다. 그래서 또다시 설명해 주었다.

"물론 전능하신 하나님이 사고가 안 나게 해주실 수도 있다. 그러나 만약 하나님이 믿는 사람들이라고 해서 일 안 하고 게으른데도 다 잘살게 해주시고, 주의를 하지 않는데도 교통사고도 나지 않게 해주신다면 하나님의 일반 법칙은 무효가 되어 버린다는 이야기다. 그러나 하나님이 필요하실 때에는 예외적인 일이 일어난다. 이 예외적인 일, 다시 말해서 하나님의 일반 법칙에서 벗어난 일을 우리는 기적이라고 부른다. 예를 들어서, 이번에 피아노 반주자의 교통사고를 보더라도 차가 폐차될 정도의 사고면 다쳐도 크게 다쳤어야 한다. 그러나 하나님은 그날 저녁 부활절 칸타타가 있는 것도 아셨고, 피아노 반주자가 다치면 반주도 없는 부활절 칸타타를 자신이 받으셔야 하며, 또 그가 그날 아침 새벽기도 나와서 기도한 것도 기억하고 계시기 때문에 하나도 다치지 않도록 보호해 주신 것이 아니겠느냐. '새벽기도도 갔는데'가 아니라, '새벽 기도를 갔기 때문에' 그런 기적이 일어난 것이다."

그의 숙제는 풀어진 것 같았다. 그러니 복음이 들어가는 것은 아주 쉬운 문제였다. 그는 복음을 듣고 예수님을 구주와 주님으로 영접했다. 육신의 생일과 영적인 생일이 같은 날이 된 것이다.

"할렐루야! 주님 영광 받으소서."

10
믿음은 느낌이 아닙니다

2001년 5월 5일, 아내가 월마트에 갔다가 어느 분으로부터 전도할 사람의 전화번호를 받아 왔다. 집에 와서 곧바로 전도를 하기 위하여 전화를 했다. "저 송향숙이란 사람인데요. K집사님으로부터 자매님 이야기를 들었어요. 한번 만나고 싶은데……"라고 하는 소리가 들려왔다. 그쪽에서 뭐라고 하는 것 같더니 "예, 잘 알았어요" 하면서 만날 장소를 정하고 약속장소로 나가면서 아내가 하는 말이 "향숙 씨, 우리 만나더라도 교회에 가자는 이야기는 서로 하지 말아요" 라고 그 자매가 단서를 붙였다고 한다.

그 자매와 아내가 몇 차례 만나 교제하는 가운데 결국 교회를 나오게 되었고, 스스로 심방을 해 달라고 요청했기 때문에 심방을 가게 되었다. 심방가기 일주일 전에 아내가 그 지역 셀 목자와 함께 자매를 만나 복음을 전했는데 전혀 먹혀 들어가지가 않았다며 서두르지 말고 서서히 복음을 전해야 할 것 같다는 보고를 받았다. 그래서 첫 심방이기에 복음 전할 생각은 전혀 하지 않고 말씀만 전하기로 마음먹고 심방을 갔다.

집에 들어서니 벌써 부지런한 셀 목자가 와서 기다리고 있었다. 널찍한 2층 부부 침실에 이미 예배드릴 준비를 다 해 놓고 있었다. 심방 예배를 드리면서 마태복음 11장 28-30절을 가지고 '무거운 짐'에 대해서 이야기했다.

오늘 본문에서 우리는 세 가지 주님의 음성을 들을 수 있습니다. 첫째는 내게로 오라는 초청의 음성을 들을 수 있고, 두 번째는 쉬게 하리라는 약속의 음성을 들을 수 있으며, 세 번째는 내게 배우라고 하시는 권면의 음성을 들을 수 있습니다. 예수님께서는 먼저 수고하고 무거운 짐 진 자들에게 "내게로 오라"고 초청하고 계십니다. 왜 초청하실까요? "내가 너희를 쉬게 하리라" 쉬게 해주기 위해서입니다. 수고하고 무거운 짐을 진 사람들에게 가장 필요한 것은 쉬는 것입니다.

그러면 이 수고하고 무거운 짐이란 어떤 짐일까요? 이 세상에는 여러 가지 무겁고 힘든 짐들이 많이 있겠지만 그중에서 가장 무겁고 힘든 짐은 죄의 짐입니다. 이 죄의 짐은 너무너무 무거워서 우리를 지옥의 밑바닥까지 끌고 내려갑니다. 그러므로 누군가가 이 죄의 짐을 대신져 주지 않으면, 우리는 이 세상을 하직하는 날 지옥으로 직행할 수밖에 없습니다.

그런데 이 세상에는 이 죄의 짐을 지지 않은 사람이 하나도 없습니다. 성경은 말합니다.

"모든 사람이 죄를 범하였으매 하나님의 영광에 이르지 못하더니."

예수님은 이 죄의 무거운 짐을 진 우리 인간들이 가장 필요로 하는 것이 무엇인지를 알고 계셨습니다. 그래서 "내게 오라"고 초청하시면서 쉬게 해주겠다고 약속을 하고 있는 것입니다. 그런데 우리가 이 예수님의 초청에 응해서 쉼을 얻으려면 조건이 한 가지 있다고 오늘 본문 29절에서 말하고 있습니다.

"나는 마음이 온유하고 겸손하니 나의 멍에를 메고 내게 배우라."

이 죄의 짐을 내려놓고 쉼을 얻기 위해서는 예수님의 멍에를 메고 그 방법을 배우라는 말씀입니다. 우리 아리조나 지구촌교회는 단계적 성경공부 프로그램이 잘되어 있는 교회입니다. 이제 교회에 나오셨으니 교회에서 예수님의 방법을 배워서 죄의 짐을 내려놓고 하나님의 자녀로 새 출발을 하십시오. 예수님의 방법은 어려운 것이 아닙니다. 매우 쉬운 것입니다. 그래서 예수님은 오늘 본문 30절에서 "내 멍에는 쉽고 내 짐은 가벼움이라"고 말씀하고 계신 것입니다.

이렇게 하여 심방 설교를 마치려고 하는데, 자매님이 "지난번에 사모님하고 이야기할 때도 그 죄에 대한 이야기를 했었는데……" 하면서 자기가 먼저 '죄' 이야기를 꺼내는 것이었다.

복음 전할 생각을 하지 않고 왔었는데 '성령님께서 그동안 준비를 시켜주셨구나' 하는 생각이 들어 복음을 전하기 시작했다. 먼저 죄에 대해서 설명을 했다. "죄를 우리가 쉽게 설명한다면 '해서는 안 될 일을 하는 것'이 죄입니다. 또 해야 할 일을 안 하는 것도 죄입니다. 그런가 하면 우리가 어떤 생각을 행동으로 옮기지 않았어도 마음속에 더러운 생각이나 악한 생각을 품기만 해도 죄라고 성경은 말하고 있습니다. 그래서 예수님께서는 아름다운 여인을 보고 음욕을 품으면 그것이 간음한 것이고, 형제를 미워한 것이 곧 살인한 것이라고 말씀하십니다. 그렇다면 이 세상에 죄 없는 사람이 있을까요?"라고 물었더니, "그렇게 따지면 죄 없는 사람이 어디에 있겠느냐?"는 것이다.

자신이 죄인이라는 것을 인정하고 나니 복음이 들어가기 시작했다. 복음을 다 설명하고 나서 "이해가 되십니까?" 하고 질문했더니 이해가 된다고 하였다. "그러면 이 영생의 선물을 받기를 원하십니까?"라고 질문했더니, 받기는 원하는데 성경 말씀대로 살 자신이 없다고 하였다. 그래서 중요한 것은 "이 복음이 이해가 되었으면 마음 문을 열고 자매님의 죄 짐을 맡아주실 그 예수님을 영접하면 되는 것"이라고 설명했다. "영접한다는 것은 예수님이 나의 죄를 사해 주시기 위해 십자가에 못 박혀 죽으시고 죽은 지 3일 만에 부활하셔서 지금도 살아 계셔서 우리의 삶을 주관해 주시는 분이라는 사실을 믿는 것이며, 마음 문을 연다는 것은 그렇게 하겠다고 마음의 결단을 하는 것"이라고 설명했다.

그러나 그는 "목사님 말씀은 이해가 되지만 그래도 어떤 느낌이 와야 하지 않겠느냐?"라고 하였다. 그래서 "자매님, 믿음은 느낌이 아닙니다. 의지적인 결단입니다. 제가 전해드린 말씀이 이해가 되었다는 말은 성경 말씀이 이해가 되었다는 이야기이고, 성경 말씀은 거짓말을 못하시는 하나님의 약속의 말씀입니다. 거짓말을 못하시는 하나님의 약속의 말씀을 믿고, 마음 문을 열고 예수님을 나의 구세주와 주님으로 영접하시면 하나님의 자녀가 되는 것입니다. 하나님께서는 '영접하는 자 곧 그 이름을 믿는 자들에게는 하나님의 자녀가 되는 권세를 주신다'고 약속하셨습니다. 하나님의 말씀을 믿고 결단하는 것이 믿는 것입니다"라고 말했다.

이렇게 해서 우리 네 명은 함께 손을 잡고 영접 기도를 했다. 영접 기도를 하고 난 그의 얼굴은 굉장히 밝아졌지만 아직도 예수님을 영접했다는 어떤 느낌이 오지 않는다고 하였다. 그래서 믿음은 느낌이 아니라 의지적인 결단이라고 다시 한번 설명해 주었다.

전도폭발훈련을 시키면서 항상 훈련생들에게 설익은 열매를 따지 말라고 강조했는데 오늘은 '내가 설익은 열매를 딴 것은 아닐까'라는 생각이 들었다. 그러나 설익은 열매가 아닌 것은 "교회 가자는 말은 하지 말자"고 제일 처음 단서를 붙였던 자매가 지금은 열심히 교회에 나올 뿐만 아니라 교인들의 친교를 위해서 음식까지 만들어 가지고 와서 기쁨으로 봉사하고 있으니, 그야말로 "할렐루야"다.

11
무당 될 팔자

한국에 다녀오는 비행기 안에서의 일이다. 비행기 옆 좌석에 전도할 사람을 앉혀 달라고 기도했더니 내 나이 또래의 한국 아주머님이 옆자리에 와 앉았다. 그런데 인상이 이 세상의 모든 고뇌를 혼자 다 끌어안고 사는 사람처럼 찌들어 있었고 말을 붙이기가 겁이 날 정도였다. 그러나 기도의 응답으로 하나님께서 전도하라고 옆자리에 앉혀 준 사람이라면 말을 붙여야 전도를 하지 않겠는가?

망설이고 망설이다가 비행기가 안전 궤도에 진입한 것 같아 "한국에 다녀오시는 모양이죠?" 하고 말을 걸었더니 힐끔 쳐다보면서 "네" 하고는 그만이다. 그래서 "어디 사시는데요?" 하고 물었더니, 나를 쳐다보지도 않으면서 귀찮다는 듯이 "LA요" 하고 톡 내뱉었다. 이런 상황이 되면 더 이상 말 붙이기가 쉽지 않지만, 그래도 하나님께서 내 옆자리에 앉혀 주신 사람이라는 생각이 들어 눈을 뜬 채로 기도했다. "하나님, 이럴 때 할 말을 주겠다(마 10:19)고 약속하시지 않았습니까?"라고 기도하면서 나도 모르게 "좋지 않은 일로 한국에 다녀오시는 모양이죠? 무척 힘들어 보이시네요"라고 또 말을 거니까 별꼴 다 보겠다는 표정으로 내게 "관상쟁이세요?" 하는 것이었다. 그래서 "관상도 좀 볼 줄 알죠" 했더니, "제가 무당 될 팔자라는데, 맞아요?" 하는 것이었다. 그래서 "누가 그런 소릴 합니까?"라고 물었더니 그의 이야기는 다음과 같았다.

한국에서 어렸을 때 자기 동네에 시주를 하러 왔던 중이 자기에게 "너는 시집을 여러 번 가거나 무당이 될 팔자"라고 하였다고 한다. 그날 이후로 그 말이 마음속 깊이 새겨져 시집을 여러 번 갈 바에야 결혼을 안 하는 것이 나을 것 같아 이제까지 결혼을 안 했고, 무당이야 자기가 안 하면 되는 것이니까 이제까지 버텨왔는데, 타고난 팔자는 어쩔 수 없는 모양인지 모든 상황이 자기에게 무당이 되라고 몰고 가는 것 같아 한국에 가서 무당이 되는 수업을 받고 오는 길이란다.

너무나 기가 막힐 일이다. 어렸을 때 중이 한 말 한마디가 한 여인의 삶을 이렇게 망가뜨려 놓았다는 생각이 들어 "그 팔자를 바꾸어 놓을 수 있는 방법이 있다면 그렇게 하시겠어요?" 하고 물었더니 "정말예요? 하고말고요"라고 대답하였다. 그래서 우리의 대화는 자연스럽게 연결이 되면서 성경 이야기를 하기 시작했다.

"이 세상 어느 종교의 신도 자기가 세상을 창조했다고 말하는 신이 없는데 오직 기독교의 하나님은 자기가 이 세상 만물을 창조했다고 성경 첫 머리에서 강조하고 있습니다. 그러면 그 신이 이 세상에서 가장 힘이 센 신이 아니겠습니까?"라고 하면서 성경을 펴서 창세기 1장 1절을 보여주었다. "태초에 하나님이 천지를 창조하시니라. 이 세상 천지를 창조하신 신이 하나님이시라면 그분이 우리 인간의 운명도 정해 주시지 않았겠습니까? 그렇다면 아주머님의 운명, 다시 말해서 아주머님의 팔자도 하나님이 바꾸어 주실 수 있는 것 아니겠습니까?"라고 말하자, "그렇겠네요"라고 대답하였다.

"바로 그겁니다. 이 성경 말씀에 의하면 우리가 타고난 운명이 바뀔 수 있는 방법이 있다고 말하고 있습니다. 우리 인간은 태어날 때부터 죄성을 가지고 태어나기 때문에 죽으면 다 지옥에 갈 수밖에 없고 귀신의 종 노릇을 할 수밖에 없는 팔자를 타고나지만, 하나님의 자녀가 되면 하나님이 자기 자녀가 된 사람들의 팔자를 다 바꿔 주셔서 더 이상 귀신의 종 노릇을 안 해도 되도록 해주십니다. 하나님의 자녀가 되고 싶지 않으세요? 그렇게 되면 무당 될 팔자도 고칠 수 있는데요."

그 찌부러져 있던 아주머니의 얼굴이 금방 환하게 펴지면서 하나님의 자녀가 되고 싶다고 하였다. 그래서 요한복음 1장 12절 말씀을 펴서 보여주면서 읽어 보라고 했다.

"영접하는 자 곧 그 이름을 믿는 자들에게는 하나님의 자녀가 되는 권세를 주셨으니."

"여기서 그 이름이란 예수님의 이름을 말하는 것이며 예수님을 영접하는 자 곧 예수님을 믿는 사람들에게는 하나님의 자녀가 되는 권세를 하나님이 이미 주셨다는 말입니다. 그러면 어떻게 예수님을 믿을 수 있을까요?"

이렇게 해서 자연적으로 복음을 전할 수 있게 되었다.

"하나님께서 세상 만물을 창조하실 때 우리 인간을 하나님의 형상을 따라 하나님과 교제할 수 있는 피조물로 창조하셨는데, 우리 인간의 조상인 아담이 에덴동산에서 하나님의 말씀을 거역하고 선악과를 따 먹는 죄를 범하였기 때문에 우리 인간들은 하나님과의 교제가 끊어져 마귀의 자녀가 되어 버린 것입니다. 죄의 삯은 사망(롬 6:23)이므로 우리 인간들은 다 죽어 지옥에 갈 수밖에 없는 팔자가 되었지만, 하나님이 우리 인간들을 불쌍히 여기셔서 그의 하나밖에 없는 아들 독생자 예수를 이 세상에 보내셔서 우리의 죄 값, 그러니까 아주머니와 나의 죄 값을 대신 갚아 주시기 위해 그 고통과 천대와 멸시를 받고 십자가에 못 박혀 피 흘려 돌아가신 것입니다"라고 이야기하니까, 아주머니가 흑흑 흐느껴 울기 시작하는 것이었다.

열심히 복음의 핵심 부분을 전하다 보니 내 음성이 조금 높아졌었나 보다. 승무원이 보기에 나이도 비슷해 보이는 남녀가 옆자리에 앉아 좀 큰소리로 이야기하더니 여자가 흑흑 흐느껴 우니까 비행기 안에서 부부 싸움을 하는 줄 알았던 모양이다. 남자 승무원이 우리 옆으로 다가오더니 "선생님, 비행기 안에서 그러시면 됩니까?" 하고 주의를 주었다. 내가 얼마나 열정적으로 복음을 전했으면, 또 아주머니가 얼마나 복음이 감격적으로 가슴에 와 닿았으면 흑흑 흐느껴 울었을까 생각하니 하나도 창피하다는 생각이 들지 않고 오히려 자랑스럽게 느껴졌다. 그래서 남자 승무원에게 "죄송합니다!" 하고 말하고는 조그만 목소리로 복음을 계속 전하였다.

"예수를 믿는다는 것은 예수님이 누구신가 그리고 그분이 하신 일이 무엇인가를 믿는 것입니다. 예수님은 하나님의 아들이시며 그분이 하신 일은 우리의 죄, 다시 말해서 나와 아주머니의 죄 값을 대신 갚아 주시기 위하여 십자가에서 우리 대신 죽으신 분이며 그럴 뿐만 아니라 그분은 성경에 예언된 대로 장사된 지 3일 만에 부활승천하셔서 지금도 하나님 우편에서 우리의 기도를 들으시고 응답해 주시는 삼위의 하나님 중 한 분이십니다. 이 예수님을 아주머니의 죄 가운데서 구원해 주신 구세주로 또 앞으로 아주머니의 삶을 주관해 주시는 주님으로 영접하기를 원하십니까?" 하고 물었더니, 영접하기를 원한다는 것이었다.

그래서 우리는 비행기 안에서 손을 잡고 영접 기도를 했다. 영접 기도가 끝난 그의 얼굴은 환해졌으며 전혀 다른 사람이 되어 있었다. 계속해서 간단하게 즉석 양육 지도를 한 다음 "아주머니, 오늘 이 세상을 떠나시면 천국 갈 수 있어요?" 하고 물었더니, 갈 수 있다고 답했다. 그래서 또 "하나님이 왜 아주머니를 천국에 들여보내 주실까요?"라고 물었더니, "예수님이 십자가에서 내 죄 값을 대신 갚아 주셔서 내가 하나님의 자녀가 됐으니까요"라고 정확하게 대답하는 것이었다. "그러면 무당 안 되도 되겠네요?" 하고 물었더니, "하나님의 자녀가 무당이 되면 안 되죠" 하고 기뻐하였다.

그는 LA가 종착역이고 나는 아리조나 가는 비행기를 갈아타야 하므로 LA공항 대합실에서 헤어질 수밖에 없었다. 나는 혹시 아리조나에 오면 연락하라고 명함을 건네주니 "목사님이셨군요"라고 하였다.

"하나님께서 자매님을 얼마나 사랑하시면 옆자리에 목사를 앉혀 자매님의 무당 될 팔자를 고쳐 주셨겠습니까? 그러니 가까운 교회에 나가셔서 신앙생활 열심히 하셔야 합니다."

그는 연신 고맙다고 허리를 굽혀 인사하면서 사라졌다.

12
세상에서 가장 아름다운 이야기

모처럼 한국에 다녀오는 비행기를 타기 전에 오늘도 옆 자리에 전도할 수 있는 사람을 앉혀 달라고 기도했다. 이번에는 자리가 비행기의 양옆이 아니라 좌석이 여러 개가 붙어 있는 가운데 자리의 맨 왼쪽이었다. 오른쪽 옆에는 초등학교 5, 6학년쯤 되어 보이는 남자 아이가 앉았고 그 옆으로 그 아이의 엄마와 아빠가 앉았다. 아빠가 옆자리에 있어야 말을 걸기가 쉬운데 두 좌석을 건너뛰어서 앉아 있으니 좌석을 바꾸자고 할 수도 없고, 전도하기에는 좀 난처한 입장이었다. 더구나 초등학교 꼬마 아이가 얼마나 말이 많은지 잠시도 쉬지 않고 엄마 아빠에게 질문을 한다. 미국에 처음 가는 모양이니 질문도 많겠지…….

오늘은 하나님께서 편히 쉬라고 전도할 사람을 안 붙여주시는 모양이구나 생각하고 눈을 감고 잠을 청하려고 하니 아이가 소리 내어 책을 읽기 시작했다. 내용인즉, 개가 자기 주인이 술에 취해 잔디 위에서 자고 있는데, 불이 나서 잔디가 타 들어오니까 꼬리에 물을 묻혀다 불을 꺼서 주인을 구해 주었지만 자기는 불을 끄다 기진맥진해 죽었다는 이야기다. 그래서 "그 책 참 좋은 책이구나. 그 책 이름이 뭐니?" 하면서 자연스럽게 말을 걸었다. 책 이름을 보여 주는데 "아름다운 이야기들"이라고 되어 있었다. 아름다운 이야기들을 모아 놓은 책이었다. 그 순간 이 아이에게 복음을 전해야 하겠다는 생각이 들었다.

그래서 아이에게 "너, 이 세상에서 가장 아름다운 이야기가 뭔지 아니?" 하고 물었더니, "뭔데요?" 하였다. "이 세상에서 가장 아름다운 이야기는 구세주의 사랑 이야기란다" 하면서 예수님 이야기를 시작했다. 옆에 앉아 있는 아이의 부모도 자기 아들과 진지하게 이야기하고 있는 것을 함께 듣고 있다는 것이 느껴졌다.

참 묘하신 하나님이시다. 전도할 사람을 옆자리에 앉혀 달라고 기도했더니 어쩌면 이렇게 자리 배치까지 잘 해주셔서 한꺼번에 세 사람에게 복음을 전하게 해 주셨을까 생각하면서 세상에서 가장 아름다운 구세주의 사랑 이야기를 전하기 시작했다.

"너, 개가 사람을 위해서 목숨을 바쳤다면 얼마나 훌륭한 개니? 그런데 사람이 친구를 위해서 목숨을 버렸다면 그것은 어떻게 생각하니?"

"아유, 그 친구 아주 훌륭한 친구네요."

"그러면 아주 선한 사람이 죄인을 살리기 위해서 죽었다면 그것은 어떻게 생각하니?" 하고 물었더니, "그건 개죽음이네요" 하는 것이었다. 전혀 예상치 못한 대답이었다. 그래서 "사람이 친구를 위해서 죽으면 훌륭한 친구인데 하물며 착하고 선한 사람이 죄인을 살리기 위해서 자기가 대신 죽을 수 있다면 더 훌륭한 사람 아니니?"

하고 물었더니, “그렇기는 하네요. 하지만 아깝잖아요” 하는 것이었다. “그래서 그런 사람이 있다”고 하니까, “그 사람이 누군데요?” 하였다.

“그분이 바로 예수님이야. 예수님은 이 세상 만물을 창조하신 하나님의 아들이신데 우리 인간들이 하나님의 명령을 거역하고 에덴 동산에서 선악과를 따 먹으므로 죄가 인간들에게 들어왔기 때문에 우리 인간들은 죽으면 그 죄 값으로 지옥에 가게 된 거야. 그런데 예수님이 우리 인간들을 너무너무 사랑하셔서 우리들의 죄 값을 대신 갚아 주시기 위해서 십자가에 못 박혀 죽으셨지. 그러므로 우리는 죄인이었었지만 예수님이 대신 죄 값을 갚아 주셨기 때문에 죄 없는 사람으로 여김을 받아서 천국에 갈 수 있게 된 거야.”

“그런데 아저씨, 아담이 죄를 졌는데 왜 우리가 지옥엘 가요?”

비행기를 처음에 탓을 때 엄마 아빠에게 질문이 많더니 역시 질문이 많았다. 질문이 많다는 것은 똑똑한 아이라는 증거가 아니겠는가?

“아담은 우리 인류의 조상이기 때문에 아담이 지은 죄는 그 자손들에게도 영향을 미치는 거야. 예를 들어서 너의 부모님이 돈을 잘 버시면 너도 부자로 잘 살 수 있지만 너의 부모님이 돈을 못 버셔서 가난하면 네가 어떻게 이런 좋은 비행기를 타고 미국 구경을 갈 수 있겠니? 이와 같이 자손들은 조상의 영향을 받을 수밖에 없는 거야. 그리고 아담의 죄 때문이라는 말은 우리 조상인 아담이 죄를 지을 때 그 죄를 지은 성품이 우리 자손들에게 유전이 되었기 때문에 그 자손인 우리 인간들은 다 죄를 지을 수밖에 없는 성품을 타고난다는 이야기야. 그래서 우리 인간들 중에는 죄 없는 사람이 하나도 없단다. 거짓말이나 나쁜 생각을 하는 것도 죄고 엄마 아빠 말 잘 안 듣는 것도 죄야. 그러면 너는 죄 지은 게 하나도 없니?"

그러자 아이가 하는 말이, "그럼 저도 죄인이네요" 하는 것이었다. 자신이 죄인임을 인정하면 그 다음 복음을 전하는 것은 그리 어려운 일이 아니지 않는가. 아이에게 복음을 전하자 곁에 있던 아이의 엄마 아빠도 진지하게 복음을 듣고 있었다.

성령께서 믿음 부분을 강조하게 하셔서 나는 주머니에서 조그만 열쇠 꾸러미를 꺼내면서 말했다.

"믿음은 천국 문을 여는 열쇠야. 여기 비슷비슷한 열쇠들이 여러 개가 있지 않니? 만약 네가 우리 집에 들어오기 원한다면 바로 이 열쇠를 가져야만 우리 집 문을 열고 들어올 수 있어. 이렇듯 천국에 들어가려면 믿음이란 열쇠를 가져야만 한단다. 그런데 여기 열쇠가 비슷비슷하지만 이것 가지고는 우리 집 문이 열리지 않듯이 천국 문을 여는 믿음의 열쇠도 비슷한 것들이 있단다. 그것은 단순한 지식적인 동의의 믿음을 말하는데 그런 믿음은 천국 문을 열지 못한단다. 즉 지식적으로 알고는 있지만 그 지식이 마음으로까지 와야 한다는 이야기야. 그런가 하면 일시적, 현세적인 믿음도 있어. 우리가 살면서 필요할 때만 하나님께 기도하면서 믿는 믿음이야."

그리고는 "너는 무엇이 갖고 싶을 때 어떻게 하니?" 하고 묻자, 아이는 영리하여 금방 대답한다.

"엄마 아빠한테 사달라고 졸라요."

"맞아, 우리가 살면서 필요한 것들은 하나님께 달라고 기도한단다. 그럼 하나님께서 이루어 주시지. 그런데 그 기도한 것이 이루어지면 그 다음엔 다시 기도하지 않지? 그런 것들은 일시적 현세적인 믿음이야. 물론 그 믿음도 필요하지만 그런 믿음만 가지고는 천국에 갈 수가 없어. 오직 예수 그리스도만을 신뢰하는, 믿음이란 열쇠가 필요한 것이야."

여기까지 이야기하자 아이 엄마가 말을 했다. "아, 그렇군요. 저는 아이를 위해서 하나님께 기도는 많이 했는데 그것이 믿음이라 생각했거든요"라고 처음으로 입을 열었다. 그래서 믿음 부분을 강조해서 덧붙여 설명해 주었다. 오직 예수 그리스도만을 신뢰하는 믿음, 내 죄를 대신해서 십자가에 달려 돌아가시고, 장사한 지 사흘 만에 부활하셔서 지금도 내 안에 계셔서 나의 기도에 응답해 주시는 그 예수님을 마음으로 받아들이고 영접해야만 한다고 하자, 아이가 먼저 "그럼 그 예수님을 마음으로 받아들일게요. 저는 지옥 가기 싫어요" 하는 것이었다. 아이의 뜻밖의 말에 아이의 엄마 아빠도 함께 '그 예수님을 영접하고 마음으로 받아들이겠다'고 말하였다.

생각지도 않게 아이의 부모까지 예수님을 영접하겠다는 말에 오히려 놀라고 있는 내 자신을 발견했다. 세 사람이 영접 기도를 함께 하고 "예수님의 이름으로 기도했습니다!"라는 말까지 또박또박 따라하여 기도를 마쳤을 때, 내 안에서 역사하는 성령의 임재를 느끼며 마음속으로 몇 번이나 "할렐루야"를 외쳤는지 모른다.

13
새벽 3시에 걸려온 전화

2006년 가을, 그날은 유난히 바쁜 하루를 보냈다. 마지막 심방을 마치고 밤 12시가 다 되어 집으로 돌아와 이것저것 정리하다 보니 밤 1시가 넘어서야 잠자리에 들게 되었다. 그런데 거의 깊은 잠에 빠져 있을 때 전화벨 소리가 들렸다. 아내가 얼른 일어나 전화를 받았다. 아내는 잠시 이야기를 듣더니 작은 목소리로 "죄송하지만 새벽기도회 후에 일찍 가면 안 될까요? 조금 전에 막 잠이 드셨는데……" 하는 것이다.

잠결에 들리는 소리이지만 무척 급한 전화인 것 같았다. 그래서 비몽사몽간에 일어나 아내에게 누구냐고 물으니, "아리조나 복음방송 사장님이신데 지금 어떤 사람이 병원에서 임종을 준비해야 하는데 구원의 확신이 없어서 전화를 하셨어요" 하는 것이다. 벌떡 일어나 전화를 받아 보니 K집사님이었다. K집사님은 연약한 여성으로서 지역에 복음방송을 창립하고 방송을 통해 복음을 전하면서 아리조나 지역 교회들과 좋은 관계를 맺고 있는 여 집사님이다.

전화를 바꾸어 사연을 들어본즉, '선한 사마리아인 병원(Good

Samaritan Hospital)에 C형제가 췌장암 말기로 입원해 있는데 오늘밤이 고비여서, 의식이 있을 때 복음을 전해야겠다는 생각이 들었다고 한다. 그래서 어느 목사님께 전화를 드릴까 고민하다가 아무리 생각해 봐도 이 밤중에 전화받고 영혼 구원을 위하여 기꺼이 가서 복음을 확실하게 전해 주실 분은 송 목사님밖에 없는 것 같아 실례인지 알면서도 전화를 했다'는 것이다. "몇 호실입니까?" 하고 물었더니 중환자실에 있다고 한다. 시계를 보니 새벽 3시였다. 급하게 옷을 갈아입고 나가는데, 아내가 운전을 해주겠다며 따라 나왔다. 집에서 약 20분 정도 거리에 있는 병원인데 그날은 꽤 멀게만 느껴졌다.

아내와 함께 병실에 들어가 보니 고등학교에 다니는 딸과 엄마가 C형제님 곁에 앉아 있었다. 의사의 말에 의하면, 오늘 밤을 넘기기가 쉽지 않다고 하는데도 의식은 있어 예의를 갖추려고 애쓰는 모습이 안타까울 정도였다. 기도를 하고 나니 C형제는 "나는 이제 마지막이 된 것 같은데 지금 당장 죽으면 아내와 딸이 제일 걱정이 되요"라고 했다.

C형제 가족은 아내와 딸, 세 식구인데 3년 전 미국에 들어와 E2 비자로 Business(Water & Ice)를 하면서 생활하고 있는데, 그동안 아내와 딸을 공주같이 받들면서 행복한 생활을 했지만 낯선 미국 땅에 와서 사업과 가정의 모든 일들을 혼자 다 하며 바쁘게 살다 보니 암 말기가 될 때까지도 모르고 있었다는 것이다. 문제는 자기 아내는 미국에 와서 아무것도 안 해봐서 앞으로 딸과 함께 어떻게 살아갈지 큰 걱정이라고 한숨을 지었다. 운전도 할 줄 모르고 면허증도 없고 'Water & Ice Store'를 같이 운영하고는 있었지만 그 상점도 C형제

이름으로만 되어 있어 자기가 세상을 떠나면 영어도 잘 못하는 아내가 아무것도 할 줄 모르는 상태에서 어떻게 살아갈지 걱정이라는 것이다.

이런 상황 속에서는 무엇보다 먼저 C형제를 안심시켜 주어야 할 것 같았다. 그래서 “살아 있는 사람에게는 그런 것들이 문제가 되지 않아요. 산 사람은 어떻게 하든지 주위의 도움을 받아 문제를 풀어가면서 살아갈 수 있지만 C형제님에게는 그보다 더 큰 중요한 문제가 바로 문턱에 와 있어요”라고 말했다.

C형제는 ‘그게 무슨 말이냐’는 듯이 눈을 크게 떴다. 그래서 이렇게 말했다.

“사람은 태어나면 누구나 죽게 마련이에요. 형제님도 저도 언젠가는 죽지요. 그런데 죽음 이후에는 어느 누구에게나 단 두 갈래 길만이 존재합니다. 천국과 지옥, 그 두 갈래 길만이 존재하지요. 천국으로 가느냐, 지옥으로 가느냐인데 형제님은 지금 당장 죽으면 천국 갈 수 있겠어요?”

죽음을 코앞에 둔 형제에게는 미안한 질문이지만 구원의 확신을 진단하기 위해선 반드시 물어야만 할 질문이었다. 형제는 갑자기 내 질문에 “내가 뭐 그렇게 큰 죄를 지은 것은 없지만 천국에 갈 자신은 없네요”라고 대답하였다. “그렇다면 지금이라도 천국 갈 수 있는 길이 있다면 그렇게 하시겠어요?”라고 물었더니, “물론이죠”라고 대답하였다. 그래서 복음을 전하기 시작했다.

곁에서 형제의 아내와 딸이 열심히 경청하고 있었다. 복음을 다 듣고 난 형제는 숨을 가쁘게 쉬면서 “제가 예수님을 마음에 구세주로, 주님으로 영접하겠습니다. 저를 위해 기도해 주세요"라고 하였다. 그래서 이렇게 기도 인도를 했다.

"저를 따라서 한마디씩 이렇게 기도하세요. '주님! 감사합니다. 이 시간 제 마음 문을 열고 예수님을 구주와 주님으로 영접합니다. 제 죄 때문에 십자가에 달려 돌아가셔서 죄 사함 받게 하시고 천국에 들어갈 수 있게 해 주셔서 감사합니다. 이 시간 이후 제 모든 삶을 예수님께 맡깁니다. 죽고 사는 문제까지도 주님께 맡기오니 모든 삶을 주관해 주시옵소서! 이 주신 영생의 선물로 인해 감사드리며 예수님 이름으로 기도합니다.'"

이날의 기도는 특별한 의미가 부여된 영접 기도였다. 또한 이 영접 기도를 하는 동안 곁에서 함께 복음을 듣고 있던 부인과 딸도 주님을 영접하겠다고 또박또박 영접 기도를 따라 하였다. 형제는 내 손을 더욱 굳게 잡고 영접 기도를 따라 하였는데 내 손등에 뜨거운 눈물방울이 뚝뚝 떨어졌다. 영접 기도가 끝난 후 "자, 이제 당장 죽으면 어디서 눈을 뜰 수 있습니까?" 하고 묻자 "천국에서 눈을 뜰 수 있습니다"라고 형제는 자신 있게 대답하였다. 또한 형제의 부인과 딸에게도 똑같은 질문을 하니 "저도요" 하면서 똑같은 대답을 했다. 영접 기도를 하고 난 형제는 빙그레 웃으면서 "그럼 우린 언젠가 다 천국에서 만날 수 있는 거네" 하면서 사랑스런 눈으로 부인과 딸을 번갈아 쳐다보았다.

그런데 참 이상한 것은 다 죽어가던 사람이 영접 기도를 하고 당장 죽어도 천국에 갈 확신을 가진 후부터 생기가 돌기 시작하는 것이다. 그리고 나에게 자신의 가족들이 현실에 부딪쳐야 할 문제들을 하나하나 이야기해 주며 도와달라고 하였다. 다 도와드릴 터이니 걱정하지 말라고 이야기하면서 C형제가 언제 세상을 떠날지 모르므로 먼저 Business의 명의를 아내 이름으로 바꾸어 주어야 한다고 했다. 그러려면 위임장(Power of Attorney)을 정해야 할 것 같아 병원에 문의하니, 큰 병원이라 그런 일 하는 사람들이 그 시간에도 대기하고 있었다.

서류를 작성해 놓고 교회에 새벽기도가 있으므로 갔다가 다시 병원으로 와서 보니 C형제는 상태가 훨씬 좋아져 있었다. 그후 C형제는 병세가 악화되어 병원에서 호스피스로 옮겨져 한 달을 더 살면서 아내와 딸과 충분한 대화도 나누고 Business 명의도 아내 이름으로 바꾸어 놓고 이별할 준비를 모두 마친 후 천국으로 갔다.

장례를 치른 후, 고등학교 다니는 딸과 그 부인은 우리 교회에 등록하고 출석하게 되었다. 고등학생인 딸은, 아빠가 병원에 입원해 계시는 동안 어머니도 병원에 함께 계셔야 하므로 집에 혼자 있어야 했는데 너무 무서워 소파에 앉아 있어도 발을 땅에 댈 수가 없었고 방안이 무서워 잠도 잘 못 잤는데, 주님을 영접한 후에는 예수님이 늘 곁에 계신 것 같아 무섭지도 않았고, 또 잠도 잘 잘 수 있었다고 한다. 이젠 마음도 참 평안해졌고 언젠간 천국에서 아빠를 만날 수 있다는 소망이 있어 여기서 엄마와 열심히 살 수 있을 것 같다고 이야기했다. 돌아가시기 전 자기만 구원받은 것이 아니라 아내와 딸에게도 가장 큰 선물을 주었고 소망을 주었다는 생각이 들어 하나님께 감사드렸다.

4부

살아있는 역사의 증인

선교지 편

1장 구소련 선교 편

모스크바의 성
바실리 대성당

크렘린 성벽 밑에
있는 레닌의 묘

1
모스크바의 성 바실리 대성당

'철의 장막'이라고 불리던 얼어붙었던 소련 땅에 이렇게 선교의 문이 열리리라고 그 누가 상상이나 했겠는가? 하나님은 존재하지 않는다고 가르쳐 오던 공산주의, 레닌의 흉상이 완전히 우상이 되어 가는 곳마다 안치되어 있던 집회 장소(극장, 공회당)가 이제는 레닌의 흉상을 무대 뒤 구석 자리로 옮겨 놓고 얼굴조차 휘장으로 가려 놓은 상태에 있었다. 그토록 철통 같은 철의 장막 공산주의가 무너지는 소리를 듣고 현장으로 달려가 "하나님은 살아 계십니다! 예수님은 우리의 죄를 대속하시기 위해서 십자가에 못 박혀 돌아가셨습니다! 돌아가신 지 3일 만에 부활하셔서 지금도 우리의 기도에 응답해 주십니다! 우리의 모든 삶을 주관해 주십니다! 주 예수를 믿으십시오! 그러면 여러분과 여러분의 집이 구원을 받습니다!"라고 외치고 돌아오다니 꼭 꿈만 같은 이야기였다.

1991년 5월, 선교단원은 제일한인침례교회(현 워싱톤지구촌교회) 15명, 워싱톤침례교회 11명, 북미주 지역 침례교 목사님들 22명으로 총 48명이 소련 선교의 문을 열고 들어가게 되었다. 선교 집회 강사는 이동원 목사님, 이상훈 목사님, Dr. Bob Hamblin이다.

비록 11일간(1991년 5월 13일-24일)의 짧은 선교 여행이었지만, 선교 집회를 일곱 번(사마르칸트, 굴리스탄, 타슈켄트 3회, 알마릭, 모스코바)이나 가질 수 있었다. 연 동원 인원은 약 5,000명 이상이었다. 결신 초청에 응답하여 일어선 사람은 약 1,400명, 개인적으로 복음을 전해 예수님을 영접한 사람이 238명(노방 전도 및 비행기 안에서의 전도 포함), 의료 선교를 통해 진료한 인원이 약 640명, 전도지(영노, 한노) 배포가 약 12,000권에 달했다.

첫 소련 선교의 열매치고는 엄청난 결과였다고 생각한다. 이 모든 사역을 가능케 했던 것은 소련 선교를 위해 많은 사람들이 기도해 주고 헌금해 주었기 때문이다. 정말 보내는 선교사, 가는 선교사가 하나 되어 하나님의 지상 명령을 수행하는 일에 순종하는 기적의 역사를 체험하는 감격의 시간들이었다.

분명코 이 일은 한 영혼을 천하보다 귀히 여기시는 하나님께서 계획하시고 준비하시고 우리들을 사용해 주신 것이다. 더욱 더 기적적인 확실한 사실은 현재 소련에 선교의 문이 열려 있다는 것과 하나님은 당신을 부르고 계시다는 사실이다.

"누가 우리를 위해서 소련에 갈꼬?" 하고 하나님께서 부르고 계신데 당신은 어떻게 대답하겠는가? "제가 여기 있나이다. 저를 보내소서!"라고 이사야처럼 대답해야 하지 않겠는가? 그리고 하나님께서 준비해 놓으신 순박한 그들의 마음 밭 속의 깨끗한 편지지 위에 History(His story; 주님의 이야기)를, 아름다운 사랑 이야기를 솔직하게 적어나가기 원하지 않는가? 가다가 쓰러지는 곳이 어느 곳일지라도 그곳에 우리의 믿음과 소망과 사랑이 있을진대, 또 "세상 끝 날까지 너희와 항상 함께하겠다"고 약속하신 주님이 계실진대 무엇인들 못 하겠는가?

2
옆자리의 사람까지 바꾸어 주시는 하나님

선교 팀 모두는 부푼 가슴을 안고 1991년 5월 13일 오후 3시 20분 워싱턴 내셔널 공항을 출발하여 소련 선교의 길에 올랐다.

소련에 있는 한국 사람들은 한국말도 잘 못한다는데 소련말도 모르는 우리가 어떻게 소련에 있는 사람들에게 복음을 전할 수 있을까 하는 의구심과 더불어 이 기회에 하나님께서 소련 방언이나 주시지 않을까 하는 기대도 해보면서 우선 비행기 안에서부터 전도를 시작하기로 마음먹었다. 그러나 옆자리에는 모두 우리 선교단 일행이고, 딱히 마땅한 사람을 찾지 못하고 약 50여 분 만에 뉴왁(Newark) 공항에 도착했다.

오후 7시 40분에 다시 스웨덴 행 비행기에 올랐다. 옆자리에 전도할 수 있는 좋은 사람을 보내 달라고 기도했으나 오른쪽은 복도이고 왼쪽 자리엔 정경주 사모님이 앉았다. 비행기가 출발한 후 안전벨트를 풀고 혹시 적당한 전도 대상자가 없을까 하고 비행기 안을 한 바퀴 돌아보았으나 빈 자리가 하나도 없어서 되돌아와 앉았다. 비행기 안에서 앉아 있는 사람에게 서서 전도할 수는 없는 일이기에 하나님의 뜻이 아닌 모양이라고 자위하면서 정경주 사모님의 옆자리를 보니 험상궂게 생긴 미국 남자가 앉아 있었다. 정 사모님에게 "옆에 있는 미국 사람에게 전도 한번 해보세요"라고 이야기했더니, "그렇지 않아도 옆자리에 전도할 수 있는 좋은 사람을 보내 달라고 기도했는데 인상을 보니 입이 떨어지지 않는다"고 나보고 자리를 바꾸어 전도해 보라는 것이다.

한국말로 하라고 하면 무슨 걱정이 있겠는가만 영어로는 복음을 전해보지 않았는데 미국에서 공부한 정 사모님 앞에서 영어로 전도한다는 것이 마치 "번데기 앞에서 주름잡는 격"이 될 것 같아 정 사모님이 복음을 전하시라고 이야기하면서 사양할 수밖에 없었다.

그러나 전도는 시작도 못한 채 우리는 다른 이야기를 나누게 되었다. 정 사모님의 러브스토리는 교회 회보 "가정 탐방"란에 소개되어 대략은 알고 있었지만 책에 소개되지 않았던 세세한 부분까지 직접 들으면서 정말 하나님의 섬세하고도 놀라운 사랑에 감탄하지 않을 수가 없었다.

정 사모님의 러브스토리가 끝날 무렵 승무원이 정 사모님 옆에 있던 험상궂게 생긴 미국 사람을 불러내더니 키가 훤칠하게 큰 젊은 청년이 옆자리에 와서 앉는 것이다. 비행기가 뉴왁에서 스톡홀름까지 7시간 동안 논스톱으로 가기 때문에 옆자리의 손님이 바뀌어야 할 이유가 없는데 바뀐 것이다. 정 사모님 옆에 새로 앉은 젊은 백인은 비교적 인상도 좋고, 또 비행기가 공중을 날아가고 있는 사이에 사람이 바뀌는 것이 이상해서 질문을 했다.

이 청년은 스웨덴 사람으로 미국에 있는 친구가 몹시 아파서 병문안을 가야 하는데 비행기 값이 없어서 스칸디나비안 에어라인(Scandinavian Airline)에 근무하는 친구에게 부탁을 했더니, 승무원 석에 태워주어서 미국을 다녀가는 길인데 마침 1등석에 자리가 하나 비었다는 것이다. 그러나 공짜 손님인 청년을 1등석에 태워줄 수 없었던지 정 사모님 옆에 앉아 있던 험상궂게 생긴 사람을 1등석으로 보내고 자기를 이 자리에 앉게 했다는 것이다. 옆자리의 사람까지 바꾸어 주시는 하나님! 이것이야말로 하나님께서 보내주신 전도 대상자가 아니겠느냐는 생각이 들었다. 정 사모님은 신이 나서 복음을 유창한 영어로 전하기 시작했다.

미리 준비해 가지고 온 한영 전도지를 보여주면서 설명을 해 나가는데, 정 사모님이 예쁘고 상냥한 말로 차근차근 예수님을 전하는 솜씨는 정말 일품이었다. 전도폭발훈련도 받지 않았다는데 전도폭발에서 사용하는 성경 구절을 사용하여 전도지에 없는 부분들을 보충 설명까지 해 가며 복음을 전하였다. 마침 나는 가방 속에 NIV 한영 성경을 가지고 있었기에 성경 구절을 인용하기가 무섭게 성경을 찾아 읽어볼 수 있도록 보여주었다.

이 청년의 가장 큰 의문은 성경이 하나님의 말씀이란 것을 어떻게 믿을 수 있느냐는 것이다. 그래서 나는 서툰 영어로 "성경은 1,600여 년 동안 40여 명의 사람들에 의해 각기 다른 시기에 다른 언어로 기록되었으되 한결같이 똑같은 주제를 이야기하고 있으며 성경이 기록될 때에는 이 주제들이 거의 모두 예언이었으나 그 예언이 현재로 볼 때 2/3가 글자 그대로 실현된 것으로 미루어 볼 때 하나님의 말씀이 아니고서는 이렇게 들어맞을 수가 없다"고 설명했다.

그랬더니 이 청년 말이 자기가 알고 있는 그리스도는 헌신적이고 희생적이고 사랑이 넘치는 분인데 크리스천이라는 사람들이 예수를 이기적인 사람으로 만들어가고 있다는 것이다. 예를 들어서 꼭 예수를 믿어야만 구원을 받을 수 있다고 주장하는 것도 얼마나 이기적이냐는 것이다. 그래서 요한복음 14장 6절을 옆에서 얼른 펴서 보여주었다.

"I am the way and truth and the life. No one comes to the Father except through me. 나는 길이요 진리요 생명이니 나로 말미암지 않고는 아버지께로 올 자가 없느니라."

이것은 예수님이 직접 말씀하신 것이라고 말을 시작하면서 복음을 자연스럽게 전하기 시작했다. 굉장히 관심을 갖고 열심히 듣고 있던 청년은 믿음에 대한 이야기로 무르익어 갈 때 갑자기 자기가 친구 병문안을 하느라 잠을 제대로 못 잤기 때문에 너무 졸리니 조금만 자고 나서 들으면 안 되겠느냐고 하였다. 정 사모님은 전도지를 주면서 집에 가지고 가서 읽어 보라고 했다. 청년이 조금 자고 난 후 전도지를 되돌려 주며 "전도지도 좋지만 당신한테 직접 더 설명을 듣고 싶다"고 간청하였다.

그러나 이미 비행기는 스웨덴 상공에 있었으므로 할 수 없이 전도지를 다시 그에게 주면서 그의 주소와 전화번호를 받아서 앞으로 믿음에 도움이 되는 좋은 책자를 보내주기로 약속했다. 또한 우리 교회 주소와 전화번호를 적어 주면서 앞으로 이 전도지를 읽고 믿음에 대해 의문 나는 것이 있으면 언제라도 연락하라고 했다. 청년은 기꺼이 "OK!"를 하고는 아쉬운 마음으로 서로의 갈 길을 가야만 했다.

비록 결심까지는 이르지 못했지만 잠시 잠을 자고 난 청년이 깊은 관심을 가지고 있었기에 전도지를 읽고 성령께서 그를 인도하여 구원을 주실 것을 믿어 의심치 않는다. 이제 청년에게 복음의 씨앗이 뿌려졌으매 하나님께서 그 씨앗이 자라나게 해주시기를 간절히 기도하면서 스웨덴의 스톡홀름에 도착했다.

3
공산주의 이념과 실제 현장

1991년 5월 14일 오전 10시쯤, 스웨덴의 수도인 스톡홀름 공항에 도착했다. 소련의 모스크바로 출발하는 비행기는 오후 1시 50분에 있는데 4시간 동안 공항 대합실에서 보내기는 너무나 따분한 생각이 들어, 그동안 시내 구경을 하기로 하고 택시비를 물어보니 시내까지 약 40분 걸리는데 가는 데만 100불이란다. 스칸디나비아 3국은 국민소득이 세계에서 제일 높은 나라들이기에 물가가 비싼 줄은 알았지만 너무 비싸다는 생각을 하면서 버스를 타고 시내에 들어갔다. 하늘 높은 줄 모르고 쭉쭉 뻗어 오른 나무들을 바라보면서 재목이 좋아서 스칸디나비아 가구가 유명한가 하는 생각을 해 보았다.

시내버스이므로 오고 가는 2시간을 빼면 불과 시내 구경할 시간은 한 시간 정도밖에 안 되기 때문에 서두르지 않으면 안 되었다. 시내 한복판에 내려서 건물들을 배경으로 사진을 몇 장 찍고 기념품을 좀 살까 해서 상점에 들어갔지만 가격이 너무 비싸서 그냥 나와 버렸다. 보통 상점에서 파는 커피 한 잔에 2불이니 미국($0.50)보다 4배나 비싼 것이다. 그래서 대략 눈요기만 하고 공항으로 되돌아왔다.

일행은 오후 1시 58분에 스톡홀름을 출발하여 소련 시간으로 오후 4시 45분(워싱턴 시간 오전 9:45)에 모스크바 공항에 도착했다. 비행기 안의 안내판에 의하면 모스크바의 기온은 섭씨 13도였다. 어둠침침한 공항의 대합실을 바라보면서 대합실 분위기가 마치 초등학교 때 배운 공산주의의 느낌에 일치하는 것 같았다. 일말의 불안감 같은 것마저 느끼며 출입국 관리소로 가서 입국 수속을 했다. 붉은 테가 달린 경찰 모자 같은 것을 쓰고 유니폼을 입은, 마치 KGB 요원과 같은 인상을 풍기는 사람들이 여권과 비자를 받아서 카운터 밑에다 놓고 얼굴과 카운터 밑을 번갈아 쳐다보는가 하면, 무엇을 기다리는지 평균 일인당 15분 이상씩을 아무것도 하지 않고 앉아 있는 것이다. 카운터 밑에 성능이 좋지 않은 컴퓨터라도 있어서 그것을 통해 신원 조회를 하고 회신이 올 때까지 기다리는 것인지, 시간이 너무 길다 보니 짜증도 나고 또 입국을 못하고 쫓겨 가는 것은 아닐까 하는 불안한 마음도 들었다.

입국 수속이 모두 끝나고 모스크바 공항에서 호텔로 가는 버스 안에서 우리는 환호성을 지를 수밖에 없었다. 대로변 양쪽으로 보이는 선전용 간판이 모두 한국 기업의 이름이었다. 대한항공(Korean Airline), 삼성(Samsung), 현대(Hyundai), SK(Sunkyung) 등 소련의 모스크바 땅에 한국 기업들을 선전하는 간판이 세워져 있으리라고 누가 상상이나 했겠는가? 세상은 급변하고 있다는 것을 다시 한 번 느끼면서도 눈시울이 찡해 오는 감동을 감출 수 없었다.

소련은 유럽과 아시아의 양 대륙에 걸쳐 펼쳐진 세계에서 가장 면적이 넓은 나라로 발트 해에서 흑해에, 카르파티아 산맥에서 태평양에, 북극에서 서남아시아에 이르기까지 그 광활한 영토는 동서가 약 7,000마일(약 11,300km), 남북이 약 2,500마일(약 4,000km)에 달한다고 한다. 모스크바에서 블라디보스토크까지는 급행열차로도 1주일이나 걸리고, 전국에 무려 7개의 시간대가 있으며 소련의 국경선은 총연장 40,000마일(약 65,000km)이나 되는데 서쪽으로 핀란드, 노르웨이, 폴란드, 체코슬로바키아, 헝가리 및 루마니아와 또 남쪽으로는 터키, 이란, 아프가니스탄, 중국, 및 몽고, 그리고 우리나라와는 두만강 하구에서 국경을 같이하고 있다.

소련 하면 우리는 흔히 눈 덮인 시베리아 벌판과 백인계 러시아인들만 생각하기 쉬우나 소련은 면적이 넓은 것만큼 기온 차도 심하며 다민족 국가로서 러시아, 카자흐스탄, 우크라이나, 우즈베키스탄, 리투아니아공화국 등 15개의 공화국이 '소비에트' 사회주의 공화국으로 구성된 연방국이다.

소련의 총인구는 당시 2억 8천만 명으로 세계에서 중국, 인도에 이어 세 번째로 인구가 많은 나라이다. 이 가운데 러시아 인구는 1억 3천5백만으로 소련의 최대 집단을 이루고 있으나 소련 전 인구의 절반 정도에 불과하다. 우리 한민족은 100여 민족 중 28번째로 50만에 달한다고 하며 이들은 자신들을 '고려족'이라고 부른다.

30-40년 전의 서울 거리와 마찬가지로 전차들이 다니기 위한 전선들이 대로변 위를 장식하고 있으나 전차는 궤도가 없이 버스 바퀴와 같은 타이어로 대로 위를 굴러다니는 무궤도 전차들이었다. 건물들은 수리를 하지 않아 지저분하기 짝이 없었다. 얼마 후 숙소인 코스모스 호텔(Cosmos Hotel)에 도착했다.

모스크바의 외국인 전용
코스모스 호텔 전경

코스모스 호텔 앞에서 우리 일행은 그 건물의 위엄에 놀람을 금치 못했다. 1980년 모스크바 올림픽에 대비하여 1979년에 건설되었다고 하는데, 26층의 반원형 호텔에는 객실이 1,777개나 된다. 겉에서 보기에 미국의 어느 호텔 건물 못지않게 화려하고 웅장해 보였다. 이제야 모스크바에 온 기분이 들어 설레는 마음으로 호텔 로비에 들어서면서 또 한 번 실망하지 않을 수가 없었다. 겉에서 보기와는 달리 너무나 대조적으로 어둠침침한 분위기에 전혀 관리를 하지 않은 상태였다. 사람들도 한결같이 무표정하고 무뚝뚝해 보였으며, 한국 사람들과는 정반대로 급한 것이 전혀 없는 민족이라는 생각이 들었다.

호텔 체크인을 하는 데에도 줄을 서서 한없이 기다려야 하며 차례가 되어도 빨리빨리 수속을 해 주는 것이 아니라 자기 볼일 다 보고서야 여권을 회수하고는 방 번호가 적힌 카드를 주면, 그것을 가지고 또 자기 방이 있는 층에 올라가서 다시 방 열쇠와 바꾸어야 하는 불편하기 짝이 없고 도무지 이해할 수 없는 호텔 경영을 하고 있었다.

방 열쇠에는 나무토막이 달려 있어 분실할 염려는 없지만 주머니에 넣고 다니기에 불편하여 식사를 하러 갈 때에도 같은 층의 카운터에 열쇠를 맡겨 놓고 가는 수밖에 없었다. 한마디로 1979년도에 지어 놓고 관리를 안 해서 마치 부잣집이 망해 가는 것 같은 느낌을 받았다.

모든 사람이 함께 소유하고 모든 사람이 공평하게 나누어 갖는다는 공산주의가 이념뿐이지 사실은 네 것도 내 것도 아니니 관리할 필요가 없고, 또 열심히 힘들여서 일할 필요가 없다는 생각이 소련을 이처럼 가난한 나라로 만들었구나 하는 생각을 하면서 서울에 있는 운동권 학생들을 데려다가 한 달 동안만 소련 구경을 시켜주면 다시는 데모를 하지 않을 거라는 생각이 들었다. 외국인 전용이라는 코스모스 호텔이 이 모양이니 다른 곳은 가보나 마나 뻔한 노릇이었다.

짐을 방에 옮겨 놓고 오후 8시(워싱턴 시간 오후 1시) 호텔 전용 식당에 저녁 식사를 하러 내려갔다. 일류 호텔이건만 딱딱한 빵 쪼가리에 버터와 몇 가지 이름 모를 음식이 나왔지만 도무지 입에 맞지 않아 방에 올라가 가지고 온 라면을 끓여 먹으니 살 것만 같았다. 소련에 가면 물과 음식이 형편없고 도둑이 많으니 조심하라는 소리는 많이 들었지만 이렇게 못살리라고는 상상을 못했다. 우리는 관광을 온 것이 아니라 선교를 온 것이기에 마음에 각오는 되어 있었지만, 소련의 수도 모스크바의 일류 호텔이 이 모양이니 선교지인 우즈베키스탄공화국 타슈켄트는 어떠할까 궁금하지 않을 수가 없었다.

저녁 식사 후에 우리는 모여서 소련 도착 예배를 드리고 선교 전략을 다시 의논하며 행동을 신속하게 통일할 수 있도록 조장을 선임하는 등 밤 11시 30분이 되어서야 취침할 수가 있었다. 미국과 7시간의 시차가 나는 데다가, 장시간의 비행기 여행 때문에 온몸은 물에 젖은 솜처럼 무겁고 피곤하였지만 잠은 제대로 오지 않았다. 잠을 자는 둥 마는 둥 하다가 눈을 떠보니 새벽 5시 30분이었다. 아침 7시부터 경건회 준비를 해야 하므로 일어나 커튼을 젖히고 창밖을 내다보니 15층 창밖 광경은 실로 인상적이었다.

세계에서 두 번째로 높다는 TV 송신탑이 하늘을 찌르듯이 치솟아 있었고, 소비에트 우주 탐험 기념관의 295피트(90m) 높이에 기념비가 금방 우주를 향하여 날아오를 듯한 자세로 서 있는데, 그 재료는 우주선을 만드는 금석으로, 금보다도 가격이 비싸다고 하니 그 큰 기념비를 제작하는 데 얼마나 많은 돈이 들어갔을까 생각된다. 내가 알고 있는 미국의 어느 변호사 말에 의하면 소련이 미국에 비해 모든 면으로 70년이 뒤져 있다고 하는데 소련이 공산주의를 시작한 것이 70년 전이고 보면 책임은 역시 공산주의에 있으며, 현재 소련 사람들은 레닌과 스탈린에게 속았다고 공공연히 이야기하고 있을 뿐 아니라 레닌이라는 이름이 붙었던 시, 호텔, 또는 길 이름이 모두 바뀌어 가는 것만 보아도 알 수 있었다.

4 살아 있는 역사의 증인

시간의 차와 장시간의 비행기 여행 때문인지 북미주 지역에서 오신 침례교 목사님들 22명 가운데 한 사람도 첫날 경건회 시간에 나오지 못하였다. 두 교회에서 온 선교 팀들 26명이 참석한 가운데 이동원 목사님의 인도로 경건회 시간을 가졌다. 호텔 로비의 구석진 대합실에 앉아 경건회 시간을 갖는 것도 한층 새로운 감회로 다가왔다.

우리의 선교 목적지는 고려인들이 제일 많이 사는 중앙아시아의 우즈베키스탄공화국이므로 호텔에서 아침 식사를 한 후 짐을 꾸려 가지고 국영 비행기를 타러 국내 공항으로 갔다. 국내 공항은 마치 30여 년 전 한국의 고속버스도 아닌 일반 시외버스 터미널을 연상케 했다. 비행기 표를 한 장씩 받아 가지고 비행기를 타는데, 비행기 표는 이름이나 날짜 같은 것이 적혀 있지 않은, 사용했던 것을 계속 사용하고 있었다. 표를 받아가지고 탑승할 때 승무원에게 내면 그 표가 다시 표 파는 데로 넘어와 또 사용되는 것이다. 비행기도 짐을 싣는 창고를 통하여 올라가게 되어 있었다.

점심때 비행기 안에서 먹으라고 호텔에서 싸준 비닐봉지 하나씩 받은 것을 열어보니, 마른 빵 한 조각에 굳어버린 치즈, 쿠키 1개에 닭고기 한 조각인데 그나마도 상했는지 색깔이 변해 있었다. 나는 도무지 먹을 수가 없어 점심 먹는 것을 포기하고 비행기 안에서 전도지를 배포하기 시작했다.

비행기 안은 우리 선교단원들을 제하면 모두 소련 사람들이므로 미리 준비해 가지고 간 한노 전도지와 영노 전도지를 전해 주면서 선교를 떠나기 전 간단히 배운 소련말로 인사를 하니 너도나도 손을 내밀면서 자기도 하나 달라는 것이다. 그렇게 무뚝뚝해 보이던 사람들이 활짝 웃으며 손을 내미는 것을 보니 순박한 그들의 다른 일면을 볼 수가 있었으며, 말이 잘 통하지는 않지만 선교를 할 수 있겠구나 하는 확신이 생겼다.

전도지 박스는 짐 싣는 곳에 놓아두고 왔기에 더 가지러 창고 쪽으로 가 보았으나 문이 잠겨 있어 우리 선교단원들이 개인적으로 가지고 있는 것을 거두어서 돌리는 수밖에 없었다. 고려족 사람들도 65세 이상이 되어야 한국말을 할 줄 안다고 하는데 말도 잘 통하지 않는 소련에 와서 어떻게 선교를 할 것인가 하던 걱정스러움이 조금 사라지고 용기가 나기 시작했다.

비행기가 모스크바를 출발한 지 약 2시간 후에 우즈베키스탄공화국의 수도 타슈켄트에 도착했다. 모스크바보다 2시간이나 빠르므로 오후 4시 30분이었다. 타슈켄트는 소련에서 모스크바, 레닌그라드, 키예프에 이어 네 번째로 큰 도시로 인구가 약 200만인데 고려인은 약 8만이나 살고 있는, 소련 내에서 고려인이 가장 많이 살고 있는 도시

타슈켄트의 철수 호텔
(Chorsu Hotel)

이며, 날씨는 몹시 더운 편이고, 이슬람 문화권에 속해 있었다.

저녁 7시 15분이 되어서야 숙소인 타슈켄트의 철수(Chorsu Hotel)에 도착했다. 원래 이 호텔 이름은 레닌그라드 호텔이었는데 소련 사람들이 레닌을 싫어하기 때문에 철수(Chorsu) 호텔로 이름이 바뀌었다는데, 철수라는 소련말의 뜻은 'Black Water'라고 한다.

이 호텔도 겉에서 보기엔 굉장히 웅장해 보이는 22층 건물이었다. 모스크바의 코스모스 호텔에서 실망을 했기에 아예 기대도 안 하고 들어갔지만 이곳은 더 형편없었다. 코스모스 호텔은 비록 샤워 커튼에 곰팡이가 꺼멓게 끼었을망정 뜨거운 물 욕조(hot bath tub)는 있었는데 이곳엔 아예 샤워 커튼도 없이 겨우 한 사람 샤워할 수 있도록 공간만 되어 있고, 좁은 욕실 내에 세면대와 거울, 그리고 변기가 깨어진 타일 바닥과 함께 방치되어 있었다. 이렇게 형편없는 시설임에도 불구하고 외국인들에게는 하루 저녁 숙박료가 120불이며, 소련 주민들에게는 약 300루블(약 11불)이라니 인종 차별이 소련만큼 심한 나라도 없다는 생각과 함께, 외국 사람들에게 이렇게 바가지를 씌우면 긴 안목으로 볼 때 손해가 아니겠느냐는 생각이 들었다.

저녁 식사는 고려문화협회에서 만찬을 준비해 주었다. 밥과 장물(된장국), 가지나물, 미역무침 등이 나와서 오랜만에 포식을 했더니, 기름밥(볶음밥)이 또 나오는 것이다. 기름밥까지 다 먹고 나니 피곤이 풀리는 기분이었다. 역시 한국 사람은 된장국 같은 한국 음식이 활력소가 되는 것 같다.

이곳에 고려인이 제일 많이 살게 된 이유는 피눈물 나는 사연과 말 못할 고난이 있었음을 70세 이상 되시는 노인들을 통해서 들을 수가 있었다. 1930년대 일본이 아시아 대륙 침략의 야욕을 드러내자 일본과 소련의 관계가 악화되어 전략적으로 민감한 국경 지대에 거주하고 있던 한국인들은 소련 당국으로부터 일본과 내통, 혹은 협조하여 일본의 스파이 노릇을 할 수 있다는 의심을 사게 되었단다. 또한 한인들이 너무 많이 밀집해 있어 자치 구역을 요구할 수 있다는 불안감 때문에 이들을 분산시켜 한인의 인력으로 중앙아시아의 땅을 개척하려는 정책을 세우게 되며, 이러한 복합적인 동기에 의해 1937년 가을, 중일전쟁이 시작된 지 2개월 후 20만 명에 달하는 극동지방의 재소 한인들은 스탈린 정권하에서 멀고 먼 중앙아시아로 강제 이주 조치를 당하였다고 한다.

단 하루 전의 통지로 이들은 모두 재산을 빼앗긴 채, 문도 없는 화물 열차에 실려 2-3개월이 걸리는 고달프고도 먼 이주의 길을 떠나야만 했으며, 절반 이상이 도중에 추위와 질병과 기근으로 죽었다고 한다. 겨우 살아남은 사람들도 황량한 벌판에서 풀뿌리를 캐어 먹으며 살았는데, 창문도 없는 토굴집에서 첫 겨울을 보내며 멧돼지나 야생 동물들에게 잡혀 먹히는, 생각만 해도 끔찍한 일들을 당했다며 날짜까지 헤아려 가면서 눈물을 흘리시던 72세의 최금철 할아버지의 고백은 정말 눈물 없이는 들을 수 없는 비극이었다. 우리는 최금철 할아버지의 지난 일들의 이야기를 현장감 있게 자세히 들으면서 그가 살아 있는 역사의 증인임을 알 수 있었다.

5
사마르칸트 선교 집회

5월 16일 아침 6시 기상하여 7시에 식당에 모여 경건회를 가진 다음 8시부터 아침 식사를 하면서 밤 사이에 일어난 이야기를 들으면서 잠시 긴장할 수밖에 없었다. 우리 선교단원들이 대부분 같은 층에 방이 배정되었으나 몇 분이 다른 층에 배정받았는데, 옆방에 머물고 있던 이북에서 온 사람들이 한밤중에 문을 두드리면서 "동무, 문 좀 열어달라우요" 하더란다. 겁이 나서 숨을 죽이고 인기척을 내지 않는데도 계속해서 두드리는 바람에 한숨도 못 잤다는 것이다. 절대로 밤중에 혼자서 외출을 해서는 안 되겠다는 생각을 하면서, 우리의 첫 번째 선교지인 사마르칸트(Samarkant)를 향해 아침 8시 55분 두 대의 관광버스에 분승하여 타슈켄트를 출발했다.

산이라고는 전혀 찾아볼 수 없는 끝없는 들판은 사막을 개간하여 주로 목화와 양배추, 양파 등을 재배하는 밭이라고 하는데, 시멘트로 만든 수로가 길을 따라서 끝없이 연결되어 있는 것이 이색적이었으며 들판에서 이따금 풀을 뜯고 있는 소들은 한결같이 삐쩍 말라서 마치 소련의 경제 사정을 대변해 주는 듯한 느낌을 받았다. 곡

괭이를 들고 땅을 파고 있는 사람들을 가끔 볼 수 있었으나 이 넓은 들판에 농사짓는 기계가 한 대도 안 보이는 것이 참 이상스러웠다.

약 3시간 동안 들판을 달리고 나니 그리 높지 않은 산비탈에 소와 양들이 한가하게 풀을 뜯고 있었으며, 토담집들이 마치 30-40년 전 한국의 시골 풍경을 연상하게 하였다. 단지 큰 나무들이 없다는 것이 다른 점이었다. 산이 조금 높아지면서 나무가 한 그루도 없는 바위 틈에서 산양들이 먹이를 찾아 떼로 몰려다니는 장면이 마치 한 폭의 그림을 바라보는 것 같았다.

우리는 주막집에 들러 그곳의 명물인 양고기 구이를 맛볼 수 있는 특권을 누렸다. 양고기를 썰어서 아무런 양념도 하지 않고 소금만 뿌려서 기다란 알루미늄 같은 쇠꼬챙이에 끼워 즉석에서 숯불에 구워서 파는데 맛이 제법 괜찮았다. 숯불의 연기 속에서 원시적인 방법으로 양고기를 구워 그들 고유의 'hot tea'와 함께 먹자니 가슴 속에 이상야릇한 낭만 같은 것을 느낄 수 있었다.

주막집에서 필히 가야 할 곳이 한 군데 있었으니 그곳은 말할 것도 없이 화장실이다. 조금 떨어져 있는 화장실을 다녀오는 사람들은 남자 여자를 막론하고 인상이 찌푸려져 있어서 가히 그 상태를 짐작할 수 있었다. 너무너무 더러워서 발 들여놓을 틈도 없을 뿐만 아니라 코를 막지 않고서는 도저히 견딜 수가 없는, 그야말로 뒷간이었다. 아예 남자들은 언덕 밑으로 내려가 실례를 하고 오는 사람도 있었다. 남자가 여자보다 편리한 존재라는 것이 여실히 증명되는 순간이기도 했다.

다시 버스를 타고 2시간 이상을 달려 오후 2시 30분에야 목적지인 사마르칸트에 도착하였다. 능수버들이 우거진 연못 속에 자리 잡고 있는 고려식당에서 점심식사를 하고 오늘 저녁에 묵을 투리스트 호텔에 체크인을 한 것이 오후 4시 30분이었다. 이 호텔은 더욱더 말이 아니어서 변기가 있는 한 귀퉁이 공간이 곧 샤워하는 곳이었다. 화장지는 마분지 같은 색깔이었으며, 사포처럼 껄끄러워 도저히 사용할 수 없었다. 어떤 여자 집사님은 집에 있는 아이들에게 이 화장지를 보여주며 "너희들이 얼마나 행복한 삶을 살고 있는가!"를 알려주기 위해 미국에 가져가겠다고 가방 속에 집어넣었다.

저녁 7시부터 첫 번째 집회가 있기 때문에 의료진들은 집회 전에 진료를 하기 위해 쉬지도 못하고 집회 장소로 먼저 출발하고, 우리는 6시 30분경에 집회 장소에 도착했다. 집회 장소 입구에는 "소련 고려족을 위한 예술단 대공연"이란 현수막이 크게 붙어 있었다. 집회 장소는 공회당이라고 하는데 마치 극장처럼 3층으로 되어 있는 웅장한 건물이었다. 이곳이 바로 공산당 전당대회를 하는 곳이란다.

졸지에 예술단원이 되어 소련에 있는 우리 동포들을 위문하러 온 셈이 된 것이다. 이곳에 있는 분들은 하나님이나 예수님에 대해서는 들어보지도 못한 사람들이 대부분이고 선교 집회라고 하면 무슨 소리인지 몰라서 사람들이 모이지 않기 때문에 미국에서 예술단이 왔다고 선전했다고 한다.

선전 덕분에 1, 2, 3층이 꽉 찰 정도로 약 1,200명은 모인 것 같았다. 우리는 예술단답게 〈아리랑〉을 비롯하여 〈고향의 봄〉, 〈타향살이〉 등을 합창하면서 함께 부르자고 했지만 그 유명한 〈아리랑〉을 아는 사람이 별로 많지 않았다. 그럴 수밖에 없는 것이 65세 이상

된 노인들만이 한국말을 할 줄 알 뿐, 60세 이하는 모두 이곳에서 태어나 한국말도 잘 모를 뿐만 아니라 특히 한국과는 왕래가 없이 폐쇄되어 있던 곳이기에 쉽게 음악을 통해 마음이 통할 수는 없었지만 무언가 마음속에 뜨거운 것이 서로 통한다는 것을 알 수 있었다.

소련에 사는 사람들은 역시 예술에는 조예가 깊어서 피바디 음대에서 피아노로 박사 학위를 공부하고 있는 최현숙 자매의 피아노 독주는 열광적인 환영을 받고 몇 번이고 계속 앙코르를 하지 않으면 안 되도록 공산당식 박수(한꺼번에 계속해서 똑같이 짝!짝!짝!짝!)를 치는가 하면, 연주가 끝날 적마다 어린아이들이 생화를 한 아름씩 안고 단 위로 올라와 꽃다발을 선물하였다.

집회 시간은 약 3시간 동안 계속되었다. 타슈켄트 대학 언어학 교수로 있는 '넬리 박'이 이동원 목사님과 이상훈 목사님의 설교를 소련말로 통역하였으며, Dr. Bob Hamplin의 영어 설교를 소련 교회의 집사 한 분이 통역을 하여 한 집회에서 세 번 설교를 하는 중간 중간에 음악 선교를 맡은 단원들이 솔로로 혹은 듀엣으로 지루하지 않게 집회를 진행해 나갔다.

하나님은 존재하지 않는다고 가르치던 공산당들이 전당대회 하던 장소에서 "하나님은 살아 계십니다. 예수님은 우리의 죄 값을 치러 주시기 위해서 십자가에서 돌아가셨을 뿐만 아니라 사흘 만에 부활하셔서 지금도 우리를 돌보아 주시고 우리들을 사랑하십니다. 이 예수를 믿으십시오!" 하고 외치다니 꿈만 같은 일이었다. 하나님이 계획하신 일이 아니고서는 그 누구도 할 수 없는 일이라는 생각이 들었다. 많은 사람들이 예수를 믿겠다고 결신하며 일어서는 것을 보면서 눈시울이 뜨거워지지 않을 수가 없었다.

밤 10시가 되어서야 집회가 끝나고 고려식당으로 되돌아와 고려인들이 베풀어 주는 저녁 식사를 하였다. 여러 가지 이름 모를 음식들이 많이 나왔다. 다 먹었는가 하면 또 나오고, 다 먹었는가 하면 또 나오고, 나중에 나오는 것일수록 더 좋은 음식임을 알 수 있었다. 이 얼마나 성서적인가? 가나의 혼인 잔칫집에서 맨 나중에 예수님이 물로 만든 포도주를 내놓았을 때 손님들이 더 좋은 포도주가 맨 나중에 나왔다고 감탄했던 것처럼 말이다.

고려인 대표들과 함께 식사를 하면서 연세가 드신 아주머님들이 합창을 하기 시작했다. "우리의 소원은 통일"(2절: 자주, 3절: 민주)과 "타향살이"가 아닌 "어머님의 나라"이다. 생전 처음 듣는 노래이기에 가사를 적어 본다.

풍년 새가 노래하는 곳 사랑하는 내 고향일세
아아 언제나 좋은 곳일세 아아 내 고향 어머님 품 안

우리에게 이 노래가 생소한 것같이 소련에 사는 고려인들에게는 우리가 즐겨 부르는 "타향살이"가 생소하게 느껴지는 것 같았다. 그럴 수밖에 없는 것이 그들은 일제 36년의 나라 잃은 슬픔을 체험했거나 전해 들은 세대가 아니기 때문이리라.

마지막으로 66세 되시는 고려족 회장님께서 "40년 동안 당원으로 하나님이 없다고 했었던 것을, 있다고 믿기가 어렵지만 목수(목사)가 와서 가르쳐 주면 믿을 수도 있다"고 해서 우리는 신나게 박수를 쳤다.

6
굴리스탄 선교 집회

5월 17일, 모처럼 오전 중 시간이 나서 사마르칸트 시내를 돌아보기 위해서 버스에 올랐다. 사마르칸트는 우즈베키스탄공화국 제2의 도시로서, 2,500년의 유구한 역사를 자랑하는 고도이다. 알렉산더 대왕에 의해 정복된 후 아랍족의 침범으로 황폐화되고 다시 칭기즈칸에 의해 파멸에 이르렀던 사마르칸트는 14세기에 유럽인으로부터 전설적 정복자로 불렸던 타머레인(Timurleng)에 의해 재건되어, 현재의 아프가니스탄, 이란 및 터키 지역을 다스리는 광대한 티무르 제국의 수도가 되었다. 그의 손자인 수학자이며 천문학자인 울루그 베그(Ulug Beg)의 시대에는 선진 자유사상을 바탕으로 하여 과학의 중심지가 되어 아시아 중세기 회교 문명의 꽃을 피웠던 곳이라고 한다.

사마르칸트 한복판에 웅장하면서도 정교한 모자이크로 이루어진 둥근 지붕의 회교 사원, 왕릉 및 회교 신학대학 등은 중세의 찬란했던 회교 문화를 그대로 전해주고 있으며, 비록 깨어지고 부서지긴 했지만 모자이크의 섬세하고 정교하며 찬란한 색채는 동양의 신비와 독특한 아름다움의 극치를 보여주는, 살아 있는 역사의 기념비라

하기에 부족함이 없었다.

사마르칸트는 "만남의 장소"라는 뜻이며, 옛날 비단 상인들이 지나다니던 비단길(silk road)의 교차 지점이다. 튜비테이카라는 전래의 사각 모자를 쓰고 뜨거운 햇볕에 그을린 남녀노소들이 다채로운 색채의 비단 옷감과 옷, 그리고 편직물 등을 내걸고 흥정하며 사고파는 모습을 볼 수가 있었다.

이곳에도 고려 사람들이 1만 명 가까이 살고 있다고 하며 그중 절반 이상이 농사에 종사하고 있는데, 이들은 양파 재배로 유명하며 지금은 어느 정도 사유재산을 인정하고 농사짓는 것도 2/3만 나라에 바치고 1/3은 자기들이 소유하기 때문에 열심히 일을 하여 농사짓는 사람들이 오히려 전문 직종에 종사하는 사람들보다도 경제적으로 여유가 있다고 한다.

우리는 사마르칸트에서 점심 식사를 하고 오후 2시, 두 번째 선교지인 굴리스탄을 향하여 출발했다. 버스로 약 4시간이 소요되었다. 의료진들은 진료를 시작하였고, 우리는 전도 집회 장소인 공산당 전당대회 때 사용했다는 극장 같은 곳으로 이동했다. 이미 그 앞에는 "미국에서 오신 예술단을 열렬히 환영합니다", "소련 우즈베키스탄공화국 고려인을 위한 대공연"이라고 빨간 판에 하얀 글씨로 쓴 대형 현수막이 우리를 기다리고 있었다.

극장 안으로 들어가니 역시 겉모습의 웅장함과는 대조적으로 관리하지 않는 상태의 내부 시설과 극장 무대 뒤편에는 몇 년 전까지만 해도 소련 사람이 우상처럼 섬기던 레닌의 흉상이 쓰레기들과 함께 방치되어 인생의 무상함을 다시 한 번 절감케 했다. 저녁 7시 30

분부터 빈 자리가 거의 없을 정도로 꽉 찬 관중들 앞에서 사마르칸트에서와 똑같은 전도 집회를 가질 수 있었으며, 집회 도중 나는 이 집회를 취재하고 있던 소련의 신문 기자에게 생전 처음 영어로 복음을 전해 결신시키는 감격의 시간을 가질 수 있었다.

집회 후 개인 전도를 할 수 있는 시간이 있었는데, 우리 선교단원 중 한 자매는 복음을 전하면서 "우리 예수님을 믿어 행복하게 살자"고 하니까 한국말을 잘 못 알아들어서인지 "나 장가갔어요"라고 대답했다고 해서 우리 모두 한바탕 웃었다.

전도 집회 및 개인 전도가 끝나고 밤 9시 30분, 우리는 굴리스탄 고려족 교민들이 저녁 식사를 차려 놓은 '궁전'이라고 하는 곳으로 안내되었다. 그들의 말에 의하면 밤잠을 안 자고 우리들을 위해서 꼬박 이틀 동안 준비한 음식이라고 하는데 정말 상다리가 부러질 정도로 차려져 있었다. 이곳의 음식은 훨씬 한국적이어서 장물(된장국), 찰떡, 강정, 술떡과 이상한 냄새는 나지만 김치 비슷한 것이 있었으며 술병까지 식탁에 잔뜩 올라와 있었다. 우리는 술을 안 마신다고 하니까 오히려 이상하게 생각하면서 고려족 회장이라는 분이 서툰 한국말로 우리를 환영하는 환영 인사를 하였다.

"여러 동무들 앉으요. 우리는 한 핏줄로 화목하게 삽시다. 나 고려 말 잘 못하요. 그러나 우리 구차하게 아이 삽니다. 이렇게 삽니다" 하면서 자기들이 차린 음식을 보라는 듯이 자랑스럽게 말했다. 미국에서의 음식에 비하면 초라한 것이었지만 이곳의 음식으로는 훌륭한 것으로 또 우리 입에도 맞는 편이어서 오랜만에 포식을 할 수 있었다. 우리는 술을 마시지 않았지만 그들은 술도 마시고 거나 하게 되자 할머니들이 일어나서 노래를 부르기 시작했다.

하나님이나 예수님에 대해서 아는 사람들은 거의 없었고 어렸을 때 평양에서 교회에 나갔었다는 64세의 나만석 할아버지에게 생각나는 찬송가가 있느냐고 했더니, 한참 생각을 하더니 "예수님이 오실 때에"를 기억해 내서 함께 찬송을 부르며 감격했고, 나만석 할아버지는 거의 울음 섞인 목소리로 "언젠가는 예수님이 오실 줄 알았습니다. 여러분은 나에게 예수님입니다"라고 울먹였으며, 이곳에 교회를 하나 지어 달라고 하였다.

우리는 정말 생전 처음 보는 이들에게서 같은 피가 흐르고 있다는 동족애를 느끼면서 식사 후에 개인 전도를 하기 시작했다. 잘 통하지 않는 고려 말을 손짓 발짓을 해 가면서 복음을 전하자니 쉬운 일이 아니었다. 간단한 예로, 천국과 지옥에 대해 이야기하면 천국과 지옥이라는 말 자체를 이해하지 못하며, 그것을 아무리 쉬운 말로 설명해도 하나님은 존재하지 않으며 죽은 후에는 아무것도 없다고 공산당원들에게 세뇌된 그들의 상식으로서는 납득이 안 가는 것이다.

굴리스탄 교민들은 더 많은 이야기를 하고 싶어했지만 내일의 스케줄 때문에 우리는 자리에서 일어나야 했다. 밤 12시가 다 되어서야 굴리스탄을 출발하여 타슈켄트에 다시 돌아오니 5월 18일 새벽 2시 13분이었다

7
알마릭 선교 집회

5월 18일 새벽 2시 13분, 타슈켄트 철수 호텔에 도착해 체크인을 하고 샤워를 하고 나니 벌써 새벽 3시가 넘었다. 잠깐 눈을 붙이고 일어나 아침에 식사를 하고 짜여져 있는 계획대로 현지 주민촌을 살펴보기 위해 최 선교사가 살고 있다는 아파트를 방문했다. 아파트는 1960년대 서울의 시민아파트와 비슷했다. 엘리베이터는 없고 계단은 콘크리트 그대로였으며, 어둠침침하기는 했지만 넓은 편이었다. 말이 통하지 않으므로 현지 주민들을 취재하지 못하는 것을 안타깝게 생각하면서 타슈켄트 시내로 나왔다.

타슈켄트는 2천 년의 역사를 지닌 인구 200만의 우즈베키스탄공화국의 수도로 고려족이 8만 명이나 살고 있는 재소 한인의 본거지라고 해도 과언이 아니다. 이 도시는 1966년 4월 26일 새벽 5시 23분에 대지진이 일어나 인구의 1/3이 죽는 대참사의 현장이 된 이후 광범위한 개축으로 중앙아시아의 전시장으로 탈바꿈했다고 한다. 현재는 대학, 박물관, 문화궁전, 극장 및 유명한 나보이(Navoi) 도서관 등을 가진 경제, 산업, 문화의 중심지이며 중앙아시아에서 가장 큰 비행장을 가지고 있어 모스크바에서 인도, 인도네시아, 기타 동남아 국가로 가는 비행기의 중간 급유지이기도 하다.

가는 곳마다 공산당 전당대회를 위해서인지 극장을 웅장하게 지어 놓았다. 이곳에도 4,500명을 수용할 수 있는 레닌 기념관이 있는데, 우리의 타슈켄트 전도 집회 장소로 허락이 되었었으나 회교도들의 방해로 취소되었다고 한다. 우리를 안내해 주는 관광버스 안내양의 말에 의하면, 관광 안내양의 한 달 봉급은 160루블(미화 약 6달러)이라고 하는데 구두 한 켤레에 200루블, 티셔츠 한 장에 300루블이라고 하니, 우리의 생활방식이나 습성으로서는 도무지 이해가 가지 않는 이야기였다. 그러나 나중에 안 일이지만 이곳에도 팁을 받을 수 있는 직종은 급료가 적다는 것이다. 아파트 렌트는 위치에 따라 다르지만, 500루블 정도이고 전화를 신청하면 1년 정도 걸려야 전화가 가설된다고 한다.

점심 식사 후 오후 3시에 타슈켄트를 출발하여 세 번째 집회 장소인 알마릭에 도착한 것이 오후 4시였다. 선교 집회는 오후 7시부터이므로 3시간의 여유가 있었다. 집회 장소인 문화회관(Culture Center) 앞에는 벌써부터 많은 사람들이 몰려들어 진료를 받기 원했으며, 아프지 않은 사람도 약을 받기 위해 줄을 서서 기다리는데 이곳에도 큰(높은)사람을 빙자하여 새치기하려는 사람들이 있었다. 이곳에 사는 고려 사람들은 비교적 한국말을 잘하는 편이어서 오랜만에 한국말로 대화를 나눌 수 있었다.

한국전쟁은 남조선이 북침한 것이며 주한 미군이 빨리 철수해야만 남북통일이 될 수 있다고 이야기하고 있었다. 서울에서 강경대

군이 데모하다가 죽은 사건을 이야기하는 것을 보면 북한과 긴밀한 연락이 되는 사람들이 있는 모양이다.

미국에서 고생이나 하지 않느냐는 질문에 우리의 생활 상태를 이야기해 주니 도무지 믿을 수 없다는 표정이었다. 어떤 사람은 거짓말하지 말라는 투로 "우리도 잘삽네다"라고 퉁명스럽게 내뱉는 것이다. 그러나 이곳에도 고르바초프의 페스트로이카 정책에 힘입어 자유화의 물결이 세차게 흐르고 있다는 사실을 실감할 수 있었다. 주민들 대부분이 레닌과 스탈린에게 속았다고 공공연히 말하고 있었으며 언젠가는 공산주의가 망하기는 망할 것이라고 입 밖에 내어 말하는 것을 보고 나는 오히려 깜짝 놀라지 않을 수가 없었다.

소련에 종교의 자유가 허락된 지 9개월이 되었다고 한다. 정치적, 경제적, 종교적으로 얼어붙었던 땅 소련에도 봄은 오고야 말았다는 생각을 하면서 감개무량하지 않을 수가 없었다.

얼마 전 3일 혁명을 일으키고 무력으로 소련 국민을 다스려 옛날의 공산주의 체제로 복귀하려고 시도했을 때 대부분의 크리스천들은 모처럼 열린 선교의 문이 닫힐까 봐 걱정을 많이 했지만 나는 쿠데타가 실패할 것이라고 장담했었다. 왜냐하면 이 일은 하나님이 시작하신 일이기 때문에 그 누구도 막을 수 없다는 확신이 있었으며, 또한 소련 국민들이 맛본 자유화의 물결이 너무나 세차게 흐르고 있다는 사실을 실감하고 돌아왔기 때문이다.

오후 4시부터 7시까지 이 사람 저 사람을 붙들고 열심히 복음을 전하기 시작했다.

"천국은 하나님께서 우리에게 주시는 선물이며, 그것은 돈이나 공로나 자격으로 얻어지는 것이 아닙니다. 우리 인간들이 죄만 없으면 천국에 갈 수 있지만 이 세상에 존재하는 모든 인간은 죄인이기 때문에 자기의 힘으로는 천국에 갈 수 없습니다. 그러나 하나님께서는 우리들을 사랑하시기 때문에 벌 주기를 원치 않으시므로 하나님이 아들 예수 그리스도를 이 땅에 보내셔서 예수님이 우리의 죄 값을 십자가에서 대신 치르고 돌아가셨습니다. 또한 돌아가신 지 3일 만에 부활하심으로 우리의 구원자가 되시고 우리 삶의 주인이 되셨습니다. 또한 우리는 죄 없는 사람으로 여김을 받아 천국에 갈 수 있게 되었습니다. 그렇다고 누구나 다 천국에 갈 수 있는 것은 아닙니다. 이 사실을 믿는 사람만이 천국에 갈 수 있습니다. 이 예수님을, 나를 죄에서 구원해 주신 구세주와 나의 주인 되시는 주님으로 모시기를 원하는 분은 마음 문을 열고 그분을 영접해야 합니다."

전도 집회가 시작되기 전까지 많은 사람들에게 복음을 전했지만 그중에서 9명만이 마음 문을 열고 예수님을 영접하겠다는 결신 기도를 함께 했다. 여기저기 흩어져서 우리 대원들이 3시간 동안 복음을 전했으므로 그날 주님께 인도된 영혼이 다른 날보다 많았으리라는 생각이 들었다.

오후 7시가 되어 예정대로 전도 집회가 시작되었다. 문화회관이 꽉 찬 것으로 보아 약 800여 명은 모인 것 같다. 집회순서는 사마르칸트나 굴리스탄에서와 대동소이하게 진행되었으나 선교단원들은 날이 갈수록 여유가 생기고 자신감을 갖는 모습을 발견할 수가 있었다. 이날도 많은 사람들이 예수를 믿겠다고 목사님의 초청에 응하여 결신 기도를 따라서 했다.

밤 9시 30분경 집회를 마치고 9시 50분에 이곳 교민들이 차려주는 저녁 식사를 하면서 교제를 나누다가 밤 12시가 넘어서야 타슈켄트의 철수 호텔로 돌아왔다.

8
타슈켄트 선교 집회

급변하는 세계 정세 속에서도 1991년은 세계의 역사에 획기적인 전환점들이 수없이 일어난 한 해였다. 세계 공산권의 대부였던 소련이 74년 만에 낫과 망치가 그려진 붉은 기를 내리고 15개의 독립국가로 분리되어 이름조차 바꾸고 세계 지도가 바뀌는가 하면, 유럽의 EC공동체는 통합을 위한 기반을 다지는 한 해였다. 더구나 걸프 전쟁은 얼마나 우리의 마음을 조마조마하게 만들었던가?

그런가 하면 냉전의 마지막 보루였던 우리의 조국 땅에도 남북 유엔 분리 동시 가입을 비롯하여 미 핵무기 철거, 남북 합의서 발표 등 머리가 컴퓨터처럼 재빨리 회전을 하지 않고서는 정신을 차릴 수 없는 시간의 흐름 속에서, 1년도 채 되지 않은 소련의 이야기가 마치 아득한 옛날 이야기처럼 느껴졌다. "하루가 천 년 같고 천 년이 하루 같다"는 하나님의 시간 계산법을 조금은 이해할 수 있을 것 같다.

1991년 5월 19일, 일요일은 우리 소련 선교의 목적지인 타슈켄트 집회가 있는 날이다. 사실 이날을 위해서 우리 선교 팀원들은 3-4개월 동안 매주 모여서 성가 연습을 하고 소련 말과 소련의 기독교 역사를 공부하며 준비했다. 여자들은 주일 교회 예배 때 화장을 하지 않는다고 해서 선교단의 여성 동무(?)들이 제일 걱정을 하던 날인데 막상 화장을 하지 않은 얼굴을 보니 눈에 액센트가 없어서인지 조금 졸려 보이는 듯하기는 했지만 그런 대로 청순미가 있어 보여 좋았다.

원주민 교회에서는 여자들이 초대 교회 때처럼 머리에 수건을 써야 한다는 정보 때문에 우리 선교단의 여자들은 모두 머리에 수건을 쓰고 들어갔다. 그러나 원주민 여자들 중에 수건을 쓰지 않은 사람들이 있어서 물어 보았더니, 결혼한 여자만 남편에 대한 순종의 표시로 수건을 쓴다고 한다. 그런데 우리 선교단 여자 중에 네 사람(최현숙, 홍은선, 이정현, 고성은)은 결혼하지 않은 처녀들인데 엉겁결에 결혼한 아줌마 행세를 했으니 집회가 끝난 후 배꼽을 잡고 웃지 않을 수 없었다.

원주민 교회는 생각했던 것보다 훨씬 화려하며 파이프오르간까지 갖추고, 좌석이 1, 2층 합하여 약 700석 정도 되는 작지 않은 규모의 건물이었다. 1, 2층에 앉을 자리가 없을 정도로 가득 차 함께 예배를 드렸다. 예배는 소련말로 진행했기 때문에 무슨 말인지 알아들을 수는 없었지만 모든 사람들의 표정이 무척 엄숙하고 진지했으며 찬양과 기도, 그리고 성경 봉독과 설교가 계속해서 반복되었다.

찬양은 원주민 교회 성가대와 우리 선교단원들이 번갈아가며 부르고, 중간중간에 독창으로 정경주 사모의 "인애하신 구세주여", 이정현 자매의 "주기도송", 강학기 전도사의 "그 크신 하나님의 사랑" 특송이 있었으며, 최현숙 자매의 피아노 독주는 우레와 같은 박수를 받았다. 설교도 소련 목사님을 비롯해 이동원 목사님, Dr. Bob Hamblin, 그리고 이상훈 목사님, 네 분이 중간중간 찬양 프로를 진행하면서 네 번의 설교를 하였다.

원주민들에게 소련 말로 통역된 이동원 목사님의 설교 제목은 "고난이 주는 유익"이었으며, 이동원 목사님 특유의 유머러스한 설교는 엄숙한 소련 원주민들을 마침내 웃기기 시작했다. 원주민들의 웃는 얼굴에 화기가 돌기 시작하면서 마음 문들이 열리는 것을 느꼈다.

뒤이어 우리 중창단의 중창("돌아와")과 선교단의 찬양("나 같은 죄인 살리신")이 있었고, Dr. Hamblin이 설교한 후 초청하자 많은 사람들이 걸어 나와 울면서 안수 기도를 받는 역사가 일어났다. 소련 목사님도 감격하셨는지 손수건을 꺼내어 계속 눈물을 닦아내고 있었다.

소련 원주민 교회 예배의 특징은 시간이 보통 2시간 30분 내지 3시간이며, 이렇게 긴 시간에도 불구하고 조는 사람이 한 사람도 없을 뿐만 아니라 예배 시간에는 들락날락하는 사람이 전혀 없었다. 성경 봉독할 때는 모두 일어서서 들었고 기도할 때에도 모두 일어섰다. 또한 다른 지역이나 교회에서 문안드린다고 광고하면 모두 일어서서 '할렐루야'로 화답하였다.

오전 9시에 시작된 예배가 11시 40분이 되어서야 끝났다. 예배가 끝나자 이야기 듣던 대로 초대교회 때처럼 남자끼리 입을 맞추는 성도의 교제가 있었다. 나도 생전 처음으로 소련 목사님과 남자끼리 입을 맞추었다.

소련 개신교는 유일하게 침례교뿐이며 얼마나 보수적인지 교인이 믿지 않는 사람과 결혼하게 되면 주례는 서주지만 6개월간 인사도 하지 않고 1년이 지나서 심사를 거쳐야 교인이 될 수 있다고 한다. 마치 공산당 입당하는 식으로 입교를 하는데 그 이유는 종교적 핍박 때문이다.

집회 후 점심 식사를 하고 오후 3시에 같은 건물에서 타슈켄트 제일침례교회(손영호 목사 시무)의 고려족들을 위한 예배가 있으므로 우리 팀원들은 함께 그곳에서 또 예배를 드렸다. 소련 원주민 예배 때와 비슷한 2시간 30분 동안의 예배 중 설교가 세 번 있었으며, 소련 원주민 예배는 엄숙하고 진지해 보이는 예배였던 반면 고려족들의 예배는 미국에서 6개월 전에 손영호 목사님이 오셔서 창립하셨기 때문에 미국 식으로 자유스러운 분위기에 율동과 함께 찬양을 하는 것이 대조적이었다.

오후 5시 30분 예배가 끝나자 할머니 한 분이 이동원 목사님을 찾아와 목사님 설교를 듣는 중에 예수님을 영접했다고 하며 기뻐하셨다. 이 목사님이 할머니에게 "그러면 예수님이 지금 어디 계시죠?" 하고 물으니 "내 마음속에 있다"고 정확하게 대답하셨다. 할렐루야!

오후 6시부터 소련 원주민들의 오후 집회가 있어 목사님들은 같은 날 세 번째 집회에 들어갔지만, 우리는 고려족들과 교제를 나누며 개인 전도를 시작했다. 피가 물보다 진하다는 말을 실감할 수밖에 없는 것이 같은 고려족이라는 사실만으로 우리는 금방 친숙해질 수 있었고, 또 성씨가 같은 사람을 만나면 친척을 만났다고 자기 집에 가서 저녁을 먹자고 초청하는 것이었다.

집회 후 나 혼자 복음을 전해 예수님을 영접한 사람이 10명이나 되었으니, 우리 선교단 전체의 통계를 내면 아마도 가장 많은 개인 전도를 한 날이리라 생각된다.

미국에서는 주일날 1시간 드리는 예배도 지루하다고 축도가 끝나기가 무섭게 사라지는 교인들이 많은데 그런데 이들은 2-3시간 동안 조금도 흐트러지지 않고 진지하게 예배를 드린다. 우리 모두가 예배드리는 마음의 자세를 그들에게 배워야겠다는 생각이 들었다.

9
노방 전도

1991년 5월 20일 월요일, 아침 식사를 마치고 가벼운 마음으로 노방전도에 나섰다. 첫 번째 들른 곳이 타슈켄트에서 자동차로 약 20분 거리에 있는 쿠일륙의 야르마르카(시장)인데 채소, 과일, 꽃, 국시(국수), 고춧가루, 쌀 등 각종 농산물 및 식료품을 취급하는 노천 시장으로, 우즈베키스탄, 카자흐스탄, 타타르 등 여러 민족이 모여 서로 물건을 팔고 사느라 정신이 없는 소련의 도떼기시장이었다.

소매치기를 주의하라고 안내원이 단단히 주의를 환기시켰으며, 이곳에도 20여 명의 남녀 고려 사람들이 중심부를 차지하고 배추, 마늘, 양파, 풋고추, 김치, 고사리, 두부, 콩나물 등을 팔고 있는데 김치나 나물 등은 비닐봉투에 담아 1개에 2루블씩 받고 있으니 미국 돈으로 7센트밖에 안 되는 것이다.

많은 상인들은 대부분 집단 농장의 농민들로서 각기 자기 집에서 재배한 물건들과 음식을 손수 만들어 내다 팔았다. 우리는 전도지를 나누어 주며 개인 전도를 하면서 그들의 생활상이 너무나 불쌍하다는 생각에 무엇인가를 팔아주어야 할 것 같은 의무감을 느끼면서, 살구를 한 봉지 사가지고 버스로 올라왔다. 그런데 안내양의 말에 의하면 농약을 많이 주었기 때문에 깨끗이 씻어 먹지 않으면 배탈이 난다는 것이다.

우리는 다시 버스를 타고 두 번째 노방 전도지인 김병화 집단 농장에 도착했다. 소련 땅에서 김병화라는 또렷한 한국 이름 석 자만 들어도 반가운데, 그의 이름은 소련 사람들에게도 널리 알려져 있으며 노동 영웅의 칭호를 두 번씩이나 받았을 뿐만 아니라 동상까지 세워져 있다.

김병화 집단 농장은 원래 북극성 집단 농장으로 2천 헥타르의 광활한 면적에 주민이 1만 5천 명이 살고 있다. 이중 고려인이 6천 명이나 되며, 이 농장을 30여 년 간이나 맡아 운영해 온 회장 김병화 씨는 지도력이나 인품이 뛰어나 이중사회주의 노력 영웅이라고 불리는 훌륭한 분으로, 살아 생전에 소련 서기장 브레즈네프가 방문하여 격려까지 해 주었다고 한다. 그리고 1974년 김병화 씨가 죽은 후 농장 이름이 김병화 집단 농장으로 바뀌었으며 그의 업적을 기리는 기념박물관까지 건립되었다.

이 농장의 주요 산물은 백색 황금이라고 불리는 목화와 청색 황금이라고 불리는 삼베, 그리고 쌀, 옥수수, 야채, 과일 등이다. 이들이 일을 하러 나갈 때에는 아이들을 집단으로 맡아서 보살피는 탁아소가 있어 탁아소까지 방문할 수 있었다. 마침 아이들이 낮잠을 자는 시간이라 방해가 안 되게 해 달라는 부탁을 받고 조용조용 방안에 들어섰으나, 우리 일행의 인기척에 아이들이 눈을 뜨고 있었다. 보기에 다섯 살 미만의 어린아이들이었지만 한 명도 우는 아이

없이 조용히 눈동자만 굴리고 있었다.

의료 선교단원들인 진료 팀들은 아침 일찍부터 와서 진료를 하고 있었다. 우리는 이곳에서도 개인 전도를 했다. 내가 개인적으로 전도해서 예수님을 영접한 사람이 세 사람인데 "나의 죄를 베껴(벗겨)달라"며 죄인임을 인정하였다. 그중의 한 분은 하나님에게 어떻게 기도를 하는지 가르쳐 달라고 해서 기도를 가르쳐 주었더니 그대로 열심히 받아 적었다.

오후 2시에 우리는 노점 식당의 야외 식탁과 의자에 앉아서 냉면을 시켜 먹는데 도무지 입에 맞지 않아 억지로 끼니를 때웠다. 점심 식사 후 타슈켄트에서 제일 큰 백화점(B.S.)에 들러 쇼핑을 하면서 한노와 영노 전도지를 돌려주었다. 쇼핑하는 데에도 원래의 환율은 27:1인데 환전을 못해서 달러를 낼 경우는 1.7:1밖에 쳐주지 않는 것이다. 다시 말해서 외국인들에게는 바가지를 씌우는 것이 소련 어느 곳을 가나 마찬가지였다. 살 만한 물건도 별로 없었지만 어떤 물건은 돈을 줘도 팔지 않으며 법이 자국인에게만 팔게 되어 있다고 무관심한 표정만 짓고 있었다.

외국인들에게 한 가지라도 더 많이 팔아서 외화 획득을 많이 해야 국가 경제가 윤택해진다는 것은 자본주의 국가에서는 초등학생들도 아는 상식이련만, 이들의 장사하는 것을 보면 도무지 이해가 안 갈 뿐만 아니라 가난해질 수밖에 없다는 결론이며 공산주의가 사람들을 이렇게 만들어 놓았다는 이야기밖에는 설명할 말이 없었다.

미국에서는 금전 등록기(cash register)도 전 자동화되어 할 수 있으면 빨리 손님을 처리하느라고 경쟁을 하는데, 이곳은 계산기는커녕 우리가 초등학교 때 더하기, 빼기를 배우기 위해 사용하던 커다란 주판 같은 것을 가지고 답답하게 계산을 하고선, 돈을 받고 물건을 주는 것이 아니라 전표를 써 주면 그 전표를 가지고 또 줄을 서서 돈을 내야 했다.

소련 사람들은 줄 서는 데 만성이 되어서 급한 사람이 하나도 없었다. 마냥 기다리다가 자기 앞에서 물건이 없으면 그것으로 그만이란다. 미국에서 어쩌다가 줄을 서야만 하는 비행장이나 은행 같은 곳에서 줄을 서서 안절부절못하는 사람은 십중팔구 한국 사람이라는데, 얼마나 소련 사람들과 대조적인지 모른다.

10
비행기 안에서의 전도

5월 21일 새벽 5시 30분에 일어나 6시 30분에 호텔에서 출발, 모스크바로 가기 위해 타슈켄트 공항에 도착했다. 일행은 비행기를 타고 오전 8시 50분에 타슈켄트를 출발했다.

비행기 안에서 전도할 사람이 없을까 하여 한 바퀴를 둘러보니 고려 사람 몇 명이 있었으나 옆에 빈 자리가 없어서 전도할 수가 없었다. 생각한 끝에 나의 옆자리에 텍사스에서 오신 김광수 목사님이 앉아 계시기에 "제가 저 사람에게 개인 전도를 하고 싶어서 그러니 자리 좀 바꾸어 주실 수 있겠습니까?"라고 했더니, 김 목사님께서 쾌히 승낙해 주셨다. 그래서 그분을 모시고 와 내 옆자리에 앉히고 이야기를 시작했다.

그분은 소련에서 제일 입학하기 어려운 모스크바 대학을 나온 상수도 계통의 엔지니어로 이름도 완전히 소련말로 바꾸어 '깐알씨니'라고 했다. 현재 타슈켄트에 거주하면서 직장을 다니고 있으며, 아들이 모스크바 대학에 재학 중이어서 아들 집을 방문하기 위하여 이 비행기를 탔단다.

소련에서는 누구나 다 대학에 갈 수 있고 국가에서 학비를 대 주지만 머리가 일을 잘 해야(돌아가야) 대학에 갈 수 있다고 한다. 특히 좋은 대학에 가려면 머리가 정말 일을 잘해야만 한다는 것이다. 소련에서는 자기처럼 명문 대학을 나와 엔지니어로 일하는 사람들이 월 900루블(34불) 정도를 받으며 일주일에 5일, 하루 7시간 일을 해야 하고, 일 년에 24일의 휴가를 받을 수 있고, 60세에는 은퇴를 해야 한다고 한다. 그 정도의 봉급을 가지고 생활할 수 있느냐고 했더니 자기 부인도 식당에서 일을 해서 생활을 돕고 있으며, 이제는 중고차도 하나 장만해서 자가용을 타고 다니는데 중고차는 7천 5백 루블 정도이고 새 차는 1만 5천 루블을 줘야 산다고 한다. 그는 소련 대통령 고르바초프가 얼마나 받는지 아느냐고 나에게 반문하였다. 모르겠다고 했더니 월 4천 루블을 받는데 세금을 떼고 나면 2천 4백 루블 정도를 가져갈 것이라고 했다.

이야기가 무르익어 가면서 서서히 복음을 전하기 시작했다. “천국은 값없이 주시는 하나님의 선물이고 그것은 돈이나 공로나 자격으로 얻어지는 것이 아니다”라고 이야기가 시작되자, 그분은 진지하게 귀를 기울였다. 인간에 대해 설명하자 모든 인간이 죄인이라는 것을 긍정하면서 “그럼 어떻게 하면 죄를 용서받고 천국 갈 수 있느냐?”고 진지하게 묻는 것이다.

그래서 이렇게 설명해 주었다.

“누구든지 죄가 하나도 없으면 천국 갈 수 있지만 인간은 큰 죄든 작은 죄든 죄를 안 지은 사람이 없기 때문에(롬 3:23) 인간의 힘으로는 천국에 갈 수 있는 사람이 한 사람도 없다. 이 죄 값을 대신 누가 치러 주지 않으면 우리는 지옥에 갈 수밖에 없는 것이 세상 만물을 창조하신 하나님의 법칙이다. 그러나 죄가 있는 인간이 다른 인간의 죄 값을 치러 줄 수 없기 때문에 아무도 내 죄 값을 대신 치러 줄 수가 없다. 그래서 하나님은 그의 하나밖에 없는 아들 예수님을 이 땅에 보내 주셔서 죄가 하나도 없으신 그분이 우리의 죄 값을 대신해서 치러 주셨다. 죄 값을 치러 주셨다는 말은 죄의 삯은 사망(롬 6:23)이기 때문에 예수님이 십자가에서 우리 대신에 죽으심으로 '다 이루어 주신 것'이다. 이 사실을 믿는 사람은 죄 용서함을 받지만 이 사실을 믿지 않는 사람은 죄 용서함을 받지 못한다. 그리고 그분은 십자가에서 돌아가셔서 없어진 것이 아니라 사망의 권세를 이기고 3일 만에 부활 승천하셔서 지금도 살아 계셔서 우리의 기도에 응답해 주실 뿐만 아니라 정치적으로, 경제적으로, 종교적으로 얼어붙은 땅 소련에도 봄을 허락하셔서 오늘 이처럼 형제에게 복음을 전할 수 있게 된 것이다."

이 예수님을 나를 죄 속에서 구원해 주신 구세주로 또 내 삶의 주인이신 주님으로 믿고 의지하는 것이 예수를 믿는 것이지 교회만 다닌다고 예수를 믿는 것이 아니라고 설명했다. 그는 진지하게 듣더니 자기도 예수를 믿고 싶은데 어떻게 하면 되느냐고 물었다. 그래서 우리는 함께 손을 잡고 하나님 앞에 예수님을 영접하는 결신 기도를 했다. 기도가 끝난 후 그는 감사하다는 말과 함께 타슈켄트에 다시 오면 꼭 연락해 달라고 주소를 적어 주었다. 그리고는 자기 자리로 돌아갔다. 김 목사님은 다시 내 옆자리로 오셨으며, 나는 비행기 속에서 다시 다른 전도 대상자를 찾아 나섰다.

두 번째 만난 사람은 타슈켄트에서 농사를 짓는 사람으로 수박 농사를 지어 놓고 모스크바에 수박 시세를 알아보기 위해서 가는 중이라고 했다. 이렇게 수박 농사를 지어 팔면 월수입이 얼마나 되느냐고 했더니, 한 달에 3천 루블 정도는 된다고 한다. 그는 눈망울이 똘망똘망하게 생겼다.

고르바초프의 페스트로이카 정책 이후 오히려 공부를 많이 한 사람들보다 농사를 짓거나 장사를 하는 사람들이 수입이 더 좋아졌다고 한다. 수박 장사에게 복음을 전하기 시작했더니, 자기는 죽은 후에 대해서는 생각할 필요가 없다고 하면서 화장실에 다녀오겠다고 하고서는 사라져 오랫동안 나타나지를 않았다. 기다리다 못해 다른 전도 대상자를 찾아 김유리라고 하는 여자 분에게 복음을 전했다. 마음 문이 이미 활짝 열려 있었던 것같이 복음을 진지하게 듣고는 예수님을 구주와 주님으로 영접하겠다고 영접 기도를 또박또박 따라 하였다.

결신을 시키고 자리로 돌아와 보니, 그 수박 장사는 나에게 복음을 듣고 싶지 않아서 화장실 가는 척하고 도망가서 비행기 안의 빈 자리를 찾아 앉은 것이 바로 내 자리에 와서 앉은 것이다. 내 옆자리가 김 목사님 자리이니 내가 양보를 하고 다른 곳으로 돌아다니며 복음 전할 사람을 찾아 복음을 전하는 동안 내 자리가 비어 있으니 내 자리에 와 앉은 것이다. 그는 김 목사님께 붙잡혀서 꼼짝 못하고 복음을 들었던 모양이다. 나중에 김 목사님에게 물어보니 복음은 다 전해 주었는데 결신은 하지 않았다고 하면서 나머지는 그 사람 몫이라고 하셨다. 아무리 인간들이 하나님의 눈길을 피해 도망간다고 해도 결국은 하나님의 손바닥 안에 있다는 것을 생각하면서 이 수박 장사도 역시 결국은 하나님께서 간섭하실 것이라는 생각을 해 본다.

비행기는 4시간 만인 12시 50분에 모스크바 공항에 도착했다. 공항에서 짐 정리를 하고 있는데 생각지도 않게 깐알씨니가 나타났다. 공항에서 그냥 먼저 가지 않고 나를 한참 기다렸다고 한다. 깐알씨니는 내 손을 굳게 잡으며 자기에게 꼭 필요한 것을 알게 해주어 정말 고맙다고 다시 한 번 인사를 하는 것이다. 나는 그의 손을 굳게 잡으며 "온 가족과 함께 열심히 예수 믿으라"고 인사하고 헤어졌다.

그 영혼을 생각하니 나도 모르게 감격이 솟아올라 눈시울이 뜨거워졌다. 하물며 한 영혼을 천하보다 귀히 여기시는 하나님께서는 얼마나 기뻐하실까. 하나님의 은혜에 무한 감사를 드리지 않을 수 없었다.

11
모스크바 집회 및 관광

사람의 마음이란 정말 간사하기 짝이 없다는 생각이 들었다. 처음 소련에 도착했을 때 투숙했던 코스모스 호텔에 다시 돌아왔건만 그렇게도 더럽고 지저분해 보이던 호텔이 며칠 사이에 전혀 다른 느낌을 주는 것이다. 타슈켄트나 사마르칸트에서 일주일 머물면서 묵었던 호텔에 비하면 무척 훌륭하고 깨끗한 것이다. 비록 샤워 커튼에 곰팡이가 새까맣게 끼어 있을지언정 뜨거운 물 목욕을 할 수 있는 욕조가 있어서 좋았고 우선 방 안의 공간이 넓어서 좋았다.

오랜만에 뜨거운 물 목욕을 하면서 땀을 쭉 흘리고 나니 살 것만 같았다. 오후 6시 30분에 모스크바 침례교회에서 집회가 있기에 저녁 식사 후 모스크바 침례교회로 향했다. 이 교회는 소련에도 종교의 자유가 있다는 것을 선전하기 위하여 남겨 놓은 유일한 교회로 빌리 그레이엄 목사님이 1960년에 소련을 방문했을 때 설교를 했던 곳이라고 한다.

정문에는 한글로 반석교회라는 간판이 붙어 있어 더욱 친근감을 느끼게 했다. 특별히 선교 집회가 있다는 광고가 안 되었는지 고려족 교인들은 한 명도 참석하지 않은 것 같았다. 집회의 순서는 타슈켄트나 다른 곳에서의 집회와 비슷한 순서로 진행되었으며, 특기할 만한 것은 소련의 수도라 그런지 모스크바 침례교회 성가대의 찬양은 정말 뛰어난 데가 있었다. 독창자들도 얼마나 아름답고 풍성한 음량을 가지고 있는지 음치(음을 다스리는 사람)인 내가 듣기에도 감탄하지 않을 수 없었다.

마이크가 필요없는 우리 강학기 전도사의 찬양("그 크신 하나님의 사랑")을 들은 소련 교인들은 우레와 같은 박수를 보냈다. 찬양이 끝나자 소련 목사님이 코멘트하기를, 결혼을 아직 안 했으면 결혼도 시켜줄 테니(강영희 사모님이 들었으면 서운했겠지만) 이곳에 남아서 성가대에 조인하여 베이스 파트를 맡아 달라고 해서 우리 모두는 유쾌하게 웃었다. 이곳에서도 예배는 2시간이 걸려 8시 37분에야 집회가 끝났으며 이로써 소련 선교 여행의 공식적인 일곱 번의 집회가 모두 끝났다. 이튿날(5월 22일)에는 모스크바 관광에 들어갔다.

도시를 투어 하면서 우리는 그 유명한 볼쇼이 극장도 겉에서나마 볼 수 있었다. 요즘은 관광지로 변했다지만 그 당시만 해도 무시무시한 KGB의 건물도 돌아보면서 사진도 찍을 수가 있었다. 또 한 가지 진기한 풍경은 모스크바 시내의 피자헛 앞에 피자를 사먹기 위해 줄을 서 있는 광경이었다. 첫 번째 방문한 곳이 크렘린 궁전의 입구에 있는 박물관인데 이 박물관을 관람하면서 왜 소련에 공산주의가 생기지 않으면 안 되었는가를 짐작할 수 있었다.

그곳에는 18세기 때 왕이나 귀족들이 사용했던 왕관이나 의자를 비롯해서 말 안장 같은 물건들이 있는데 이것들은 완전히 보석(황금,

다이아몬드, 터키석 등)으로 수가 놓아져 있었다. 이 중에는 100K가 넘는 다이아몬드도 있었다. 우리나라의 그 유명한 신라시대의 금관은 여기에 가져다 놓으면 너무 초라해 보일 것 같았다. 이것들은 왕이나 귀족들이 사용하던 것이라고 치더라도 러시아 정교회의 신부들이 입었다는 가운도 보석으로 장식되어 있었으며, 성경책 케이스도 황금으로 만들어져 이름 모를 보석들이 박혀 있었다. 성화에도 군데군데 보석이 박혀 있었다.

교회가 권력과 결탁하여 부패했던 그 시절을 대변해 주는 듯했으며, 교회사에도 그 당시의 신부들이 영혼 구원에는 관심이 없고 가운의 목 부분을 붉은색으로 할 것이냐 푸른색으로 할 것이냐, 넓이는 10cm로 할 것이냐 15cm로 할 것이냐 하는 것을 가지고 싸움들만 했다니, 빈부의 차이가 심했던 그 사회에서 왜 재산을 분배해서 공동으로 소유하자는 공산주의가 발생하지 않았겠는가?

생각해 보면 너무도 당연한 귀결이며, 혁명이 일어날 수밖에 없었다고 나도 모르게 고개를 끄덕였다. 박물관 관람을 마치고 1470년대에 지어졌다는, 듣기만 해도 음흉하고 소름끼치는 단어의 대명사가 된 크렘린 궁전을 구경하였다. 말이 풍기는 선입관과는 전혀 다르게 무척이나 아름다웠다. 고르바초프의 집무실도 이 크렘린 궁전 내에 있으며 사람들이 접근하지 못하도록 경계가 심했다.

모스크바 붉은광장에 있는 러시아 정교회 성 바실리 대성당은 모스크바 대공국의 황제였던 이반 4세가 러시아에서 카잔 한국을 몰아낸 것을 기념하며 봉헌한 성당이다. 1555년 건축을 시작하여 1560년 완공하였다고 한다. 러시아 양식과 비잔틴 양식이 혼합되어 있는데 47미터 되는 팔각형의 첨탑을 중앙으로 하여 주변에 8개의 양파 모양의 지붕들이 배열되어 있으며, 예배당을 형성하는 4개의 다각탑과 그 사이 4개의 원형 탑이 솟아 있어 총 9개의 탑이 있다. 탑들은 서로 무질서하게 배열되어 있으나 그곳에서 조화로움이 보인다. 이반 4세는 완공된 성 바실리 대성당의 모습에 반해 이런 아름다운 건물을 두 번 다시는 못 짓게끔 건축을 담당했던 '바르마'와 '보스토니크'의 눈을 멀게 했다고 하는 전설이 있다고 한다.

우리는 지붕 꼭대기에 큰 별이 달려 있는 모스크바 대학을 거쳐 모스크바 시내를 한눈에 볼 수 있는 위치에서 마음껏 노방 전도를 하면서 사진을 찍었다. 저녁 식사 후 'Espace'라고 쓰여 있는 서커스 공연장에서 서커스를 관람하면서 전도지를 나누어 주는 것을 우리는 잊지 않았다.

다음날인 5월 23일은 우리가 소련에 머물 수 있는 마지막 날이었다. 아침 식사 후 관광을 나섰다. 모스크바의 대중교통 수단은 지하철이며 지하철을 타면 모스크바의 어느 곳이라도 갈 수 있다고 한다. 아침 6시부터 오후 1시까지 지하철을 이용하는 인구가 약 700만 명이라고 한다. 엄청난 인구가 지하철을 이용하고 있다.

이 지하철은 1930년대에 만들어진 것으로 지하 100미터에서 150미터의 땅 속에 위치해 있으며, 지하철 역 구내를 얼마나 아름답게 장식해 놓았는지 미국의 수도 워싱턴의 지하철역과는 비교가 안 되는 아름다운 모습이었다. 60년 전에 이처럼 아름답고 웅장한 시설을 지하 100미터에서 150미터 속에 시공할 수 있었던 소련의 저력에 다시 한 번 놀랐으며, 60년 후인 현재 소련의 가난함과 퇴보된 현실을 바라보면서 공산주의가 나라를 망쳐 놓았다는 생각이 들었다.

모스크바에는 고려식당이 3개 정도 있다는데, 우리는 점심식사를 이북에서 운영하고 있는 평양식당에서 하기로 했다. 오랜만에 순 한식을 먹게 된 것이다. 냉면과 밥을 시켰는데 반찬으로는 육회, 오징어볶음, 콩나물, 호박, 오이김치, 잡채, 그리고 소고기에 버섯과 계란을 넣은 전골 등이 나왔다. 1인분이 100루불(4불)인데 환전을 못해서 미국 돈으로 지불할 경우 1인당 17불씩 내야 한다는 것이다. 오랜만에 한식으로 포식하고 북한을 선전하는 책자들을 둘러본 후 오후 5시 35분 모스크바 공항을 출발하여 스웨덴의 스톡홀름에서 1박을 한 다음, 24일 뉴왁을 거쳐 오후 7시 워싱턴 공항에 도착했다.

비록 기간은 11일(5월 13일-5월 24일)간의 짧은 선교 여행이었지만 선교 집회를 일곱 번이나 가질 수 있었고 연 동원 인원은 약 5,000명, 결신 초청에 응답하여 일어선 사람이 약 1,400명이었으며, 개인적으로 복음을 제시하여 예수님을 영접한 사람이 238명(노방 전도, 비행기 안에서의 전도 포함), 의료 선교를 통해 진료했던 인원이 약 640명, 전도지(영노, 한노) 배포가 약 12,000권에 달했다. 또한 한노 성경(신약)은 20,000권을 선교 여행에 쓰려고 보낸 것이 우리가 모스크바를 떠나기 전날인 5월 23일에야 도착해 우리 손으로 나누어 주지도 못하고 아쉬운 마음으로 돌아왔다.

그동안 뿌린 씨앗들이 싹이 나고 열매 맺게 되기를 간절히 기도하면서 이 선교 여행을 계획하시고 준비하시며 나 같은 부족한 사람도 써 주시는 하나님의 은혜에 감사드리지 않을 수 없었다.

12
Justification by faith

1991년 5월 23일, 소련 선교를 마치고 오후 5시 35분 모스크바를 출발, 2시간 만에 스웨덴의 스톡홀름에 도착했다. 국민소득이 세계에서 상위권에 속하는 나라답게 공항에서 호텔로 가는 2층으로 된 버스부터가 소련에서와는 대조적으로 깨끗하고 고급스러워 보였다.

우리가 하루 저녁을 묵을 스캔딕 크라운 호텔(Scandic Crown Hotel)은 정말 고급 호텔이라는 생각이 들었다. 소련에서 너무 형편없는 시설들만 보다가 모처럼 새로 지은 일류 호텔에 들어서인지 내가 이제껏 숙박해 본 각국 호텔 중 가장 훌륭하고 깨끗하다는 생각을 하면서, 저녁 식사 후 킹스 가든(Kings Garden)을 구경하기 위해 버스를 타고 스톡홀름 시내로 나갔다. 가던 날이 장날이라고 1960년 이래 가장 추운 5월 달이란다. 추운 날씨 덕분에 시내는 한산했고, 구경할 것도 별로 없었다.

버스는 밤 11시에 우리를 내려 준 장소로 다시 오기로 약속이 되어 있는데, 그동안 이 추운 날씨에 바닷가에서 어떻게 시간을 보내야 할지 막막했다. 추위를 피하기 위해 호텔에 들어가 커피 한잔에

4불씩이나 주고 마셨지만 그대로 앉아 있을 수도 없고 해서, 다시 나왔으나 너무 추워 추위를 피할 길이 없어 공중전화 부스에 들어가 추위를 피하던 생각을 하면 지금도 저절로 웃음이 나온다.

5월 24일 늦잠을 자고 호텔에서 아침 식사를 한 뒤 12시 10분에 스톡홀름 공항을 출발하여 8시간 16분 만에 뉴왁 공항에 도착했다. 소련을 갈 때에는 뉴왁에서 스톡홀름까지 논스톱으로 7시간 10분이 걸렸는데 올 때에는 1시간이나 더 걸리는 것으로 보아 지구의 자전하는 방향 때문이 아닌가 생각한다. 비행기의 안내판에 나타난 숫자에 의하면 스톡홀름에서 뉴왁까지의 거리는 6,317킬로미터이다.

이 비행기 안에서도 옆에 전도할 사람을 앉혀달라고 기도했다. 그런데 옆에 앉아 있는 사람은 미국인이었다. "피할 수 없으면 부딪혀 보라"는 말이 내 마음에 와 닿았다. 그래서 영어 방언은 아닐지언정 이 미국인에게 꼭 필요한 복음을 담대하게 전할 수 있게 해 달라고 눈뜨고 간절히 기도한 후 말을 건네 보았다. 그의 이름은 피터 앤더슨(Peter Anderson)이다. 출장 갔다가 돌아오는 길이란다. 많이 피곤해 보이는 얼굴이다. 그러나 친절하게 대화에 응해주고 자기소개를 하는 것이다. 이야기가 무르익어 갈 때 교회 배경에 대해 물어 보았더니, 자기는 크리스천인데 요즘은 너무 바빠서 교회는 못 나가지만 바쁜 것이 지나면 다시 나갈 것이라고 하며 껄껄 웃었다.

"Are you born again Christian?" 하고 물었더니 대답은 하지 않고 머뭇거렸다. 그래서 "May I ask you a question?" 했더니 "Yes!" 하는 것이다. "Have you come to the place in your christian life where you know for certain that if you were to die tonight, you would go to heaven?" 하고 물었더니, "I am not sure" 하고 대답하였다. 그래서 그동안 외워 두었던 영어 전도폭발 개요를 생각하면서 온갖 지혜를 총동원하여 더듬거리며 복음을 전했다. 피터 앤더슨은 흐트러짐 없는 자세로 심각하게 복음을 다 듣고 있었다.

복음을 다 전한 후, "Bible says 'Here I am! I stand at the door and knock. If anyone hears my voice and opens the door, I will come in and eat with him, and he with me.' If that is what you really want, I can lead us in prayer and we can tell Him what you just now told me"라고 말했더니, 그는 또다시 "Yes!"로 대답하였다. 나는 그동안 전도폭발에 나오는 영어 성경 구절을 열심히 암기한 덕분에 성경 말씀을 제대로 전할 수 있었다. 그래서 로마서 10장 9-10절을 다시 한 번 이야기해 준 후 한 구절씩 따라 결신 기도를 시켰다.

마지막으로 "I would like for you to read something that Jesus says about what you have just done"라고 말한 후 요한복음 6장 47절을 찾아 읽어보라고 했다. 그는 다 읽고 난 후 고개를 끄덕이며 "Now I am born again christian, because He is in my heart now!" 하면서 환하게 웃었다.

소련 선교 여행의 마지막 코스인 뉴왁에서 워싱턴까지의 비행기 안에서 있었던 일이다. 마지막 남은 40분 동안에 전도할 사람을 옆자리에 앉게 해 달라고 기도하면서 비행기에 올랐는데, 내 좌석은 두 흑인 부부의 옆자리였다. 창가에는 남편이 앉고 가운데는 부인이, 그리고 비행기의 통로 쪽에 내가 앉게 되었다. 옆자리의 부인에게 인사를 하면서 말을 걸었다. 흑인 여자는 아주 상냥하게 말을 받아 주었다. 자기들은 뉴저지에 사는데 휴가를 받아 워싱턴에 여행을 가는 중이란다. 여러 가지 이야기를 하다가 교회 배경을 물어보니 엘리자베스 교회(Elizabeth Church)에 나간다고 하였다. 그래서 두 가지 진단 질문을 했다.

"If you die tonight, can you get in Heaven?" 하고 물었더니, 자기는 신앙생활을 한 지 얼마 안 되어서 잘 대답할 수 없지만 자기 남편은 신앙심이 돈독한 'dedicated' 사람이라고 하면서 옆자리의 자기 남편을 소개시켜 주었다. 그 옆자리의 흑인 남자는 우리의 대화를 전혀 안 듣고 있는 것처럼 무관심해 보였는데, 인사를 나누자마자 나의 질문에 대답하기 전에 자기가 나에게 한 가지 질문을 하겠다는 것이다. "무슨 질문이냐?"고 물었다.

"To go to heaven, you have to be pure, Yes or No? – 천국에 가려면 깨끗해져야 한다. 맞니, 틀리니?"

그래서 나는 "Yes!"라고 대답하면서 "그렇지만 이 세상에는 자기 자신의 힘으로는 깨끗해져서 천국에 갈 수 있는 사람은 없기 때문에 예수님이 우리의 죄를 사해 주시고 깨끗하게 해주시기 위해 이 땅에 오신 것"이라고 설명하려고 하는데, 대답할 시간도 주지 않고 또다시 내게 질문을 하였다.

"Do you think the temptations on the road to religious purity are beyond man's ability to resist?"

"사람의 힘으로는 모든 유혹을 물리칠 수 없으므로 죄를 지을 수밖에 없는데 어떻게 천국에 갈 수 있겠느냐"는 것이다. 그래서 "That's Right! That's why we need Jesus!"라고 대답하면서 이사야 53장 5-6절을 펴서 읽어보라고 했다. 그로 읽게 한 후 베드로전서 2장 24절을 펴서 이번에는 내가 읽어 주었다.

"He himself bore our sins in his body on the tree, so that we might die to sins and live for righteousness; by his wounds you have been healed."

그리고는 모두 설명하기에는 너무 시간이 짧은 관계로 소련에 가지고 갔던 영노 전도지를 꺼내서 건네주었다. 전도지를 한번 쭉 훑어보던 흑인 남자는 만족한 듯이 웃으면서 자기도 주머니에서 조그마한 책자를 꺼내어 내게 보여주었다.

그 조그만 책자에는 구원의 확신에 관한 성경 구절들이 주머니에 넣고 다니면서 암송할 수 있도록 인쇄되어 있었다. 그러니까 그 친구는, 내가 "당신은 만약 오늘 이 세상을 떠난다면 천국에 갈 수 있느냐?"고 묻자 그 대답은 하지 않고, 내가 자기 부인에게 "천국 갈 수 있느냐?"고 묻는 근거가 행위인가 아닌가를 알기 위해서 내가 두 번째 물을 질문을 내게 미리 해 버린 것이다. 다시 말해서 내 믿음의 근거를 테스트해 본 것이었다. 그 결과 그와 나의 구원의 근거는 행위가 아니고 믿음, "Justification by faith"라는 것을 확인하면서, 우리는 피부 색깔이 다르지만 주 안에서 한 형제라는 기쁨을 맛볼 수 있었다. 결국 우리는 전도 책자를 서로 바꾸어 가지고 악수를 하며 함께 기쁨을 나누었다.

2장 중국 선교 편

만리장성

1
출발 비행기 안에서의 첫 열매

생각해 보면 너무나 감사한 일이다. 한 가정의 6명으로 교회를 개척한 지 2년 만에 자체 성전을 기적적으로 허락해 주시고, 3년 만에 중국으로 단기 선교를 다녀오도록 인도해 주신 하나님께 감사드리지 않을 수 없다.

교회의 존재 목적은 땅 끝까지 이르러 복음을 전하는 것이기 때문에 하나님께서 개척 2년 만에 자체 성전을 허락해 주시자마자 해외 단기 선교 팀을 구성하여 땅 끝까지 복음 전하는 일을 해야 되겠다고 생각했다. 그래서 2002년에는 여름방학을 이용하여 초등학생들을 한국 지구촌교회와 교환 프로그램으로 한국에 보내, 한국 지구촌교회에서 여름성경학교에 참석하고 독립기념관을 비롯하여 통일전망대, 민속촌, 국립묘지, 국회의사당, 롯데월드, 정동진, 북한 공작선 잠수함 관람 등 2주간의 일정을 잡아 놓았다. 중·고등학생들은 2주간 멕시코의 빈민촌을 그리고 장년들도 역시 2주간 중국으로 단기 선교를 갈 계획을 세워 놓고 교인들에게 홍보를 하기 시작하였다.

그러나 개척 교회에는 역시 한계가 있었다. 선교는 훈련을 필요로 하는 것인데 지원하는 사람들이 없었다. 하나님은 항상 사람을 통해서 일을 하시는데 단기 선교에 헌신하고자 하는 사람이 없었던 것이다. 결국 초등학생들과 중·고등학생들의 단기 선교는 내년으로 미루고 장년들만 중국을 다녀오기로 하였다.

처음에는 지원자가 5-6명이 되었으나 중국에서 선교하고 계신 C 선교사님이 수요일 저녁 우리 교회에 와서 선교 보고를 하시면서 너무 겁을 주는 바람에 다 기권을 하고, 결국 두 사람만이 중국 단기 선교를 떠나게 되었다. 인원이 적어서 처음에는 포기할까 하다가 포기하면 결국 내년에도 똑같은 일이 반복될 것 같아 작은 불꽃이지만 선교의 불꽃을 붙여 놓는 것이 급선무라는 생각이 들어 담임목사가 직접 모본을 보이기로 한 것이다.

개척 교회에서 담임목사가 주일에 교회를 비운다는 것이 쉽지 않아 7월 21일 주일 예배를 인도하고 저녁 7시 30분 교인들의 환송을 받으며 아메리칸 에어라인 편으로 피닉스(Phoenix) 공항을 출발, 8시 50분에 LA에 도착했다. 전도사와 부목사 시절 러시아, 우즈베키스탄, 우크라이나, 일본 등 많은 단기 선교의 경험이 있었고, 또 팀을 인솔한 경험이 있어서 그때와 마찬가지로 함께 가는 K성도에게 이렇게 이야기했다.

"선교는 지금부터 시작입니다. 선교지에서부터 시작이 아닙니다. 그러니 공항 대합실이나 비행기 안에서도 복음 전할 사람을 붙여 달라고 기도하고, 하나님이 붙여주신 사람이 누구인가 찾아서 복음을 전해야 합니다."

드디어 밤 12시 20분 LA에서 한국을 거쳐 중국 북경으로 가는 아시아나 에어라인에 몸을 실었다. 물론 이 비행기 안에서도 옆자리에 복음 전할 사람을 앉혀 달라고 기도하면서 말이다. 하나님께서 이런 기도는 응답을 참 잘 하신다. 비행기 안 세 좌석 중 내 좌석은 창문 쪽이고, 가운데는 K성도 그리고 그 옆에는 20대 후반으로 보이는 한국 아가씨가 앉았다. 전도할 때 제일 어려운 것이 처음 대화를 어떻게 시작하며 그 대화를 어떻게 자연스럽게 복음으로 연결해 가느냐 하는 것이다. 그래서 전도폭발훈련을 받을 때에도 이 부분이 사실은 제일 어려운 과제이다. 그런데 K성도는 전도폭발훈련을 받지 않았고 새생명반에서 브리지(Bridge) 전도훈련만 받은 상태이므로 어떻게 옆에 앉은 아가씨에게 접근할 것인가가 걱정스러웠다. 와이셔츠 첫 단추가 잘못 끼워지면 아무리 좋은 양복을 입어도 보기 싫듯이, 처음 대화가 잘못되면 복음을 꺼내보지도 못하고 포기해야 하기 때문이다.

그런데 이 아가씨가 자리에 앉아 안전벨트를 하더니 담요를 펴서 뒤집어쓰는 것이었다. 복음 전하기는 틀렸구나 생각했는데, 이때 옆에 있던 K성도가 그 아가씨를 향해 "추우신 모양이죠? 제 담요도 덮으시죠" 하면서 자기 담요를 주었다. 그러자 그 아가씨가 "괜찮아요" 라고 사양을 했다. 그러자 자기 담요를 그 아가씨에게 덮어 주면서 K성도가 하는 말이 "나는 뜨거운 남자라 이런 거 필요 없습니다" 하면서 대화는 자연스럽게 시작되었다.

그런데 우리가 이번 중국 선교기간 중 지하교회에 들어가 불신자들에게 복음을 전하고 성경공부를 시키기로 했기 때문에 한국 지구촌교회 이동원 목사님이 새로 만든 5주짜리 새생명반 교재와 새가족반 교재를 가지고 가는데 새생명반 첫 과는 "어떤 여인의 변화된 이야기"라는 제목으로 예수님을 만나서 변화된 사마리아 우물가의 여인에 대한 내용이다.

그런데 맨 처음 노사연이 부른 "만남"이라는 노래 가사가 나온다.

"우리 만남은 우연이 아니야, 그것은 우리의 바람이었어, 잊기엔 너무한 나의 운명이었기에, 바랄 수는 없지만 영원을 태우리……"

들어본 노래이긴 하지만 부를 줄 모르기 때문에 K성도에게 이 노래를 부를 줄 아느냐고 했더니, 자기도 들어보긴 했지만 확실히는 모른다고 한 적이 있었다. 그런데 K성도가 그 옆에 앉아 있는 아가씨에게 그 노래를 아느냐고 물어보는 것이었다. 안다고 하니까 가르쳐 달라고 하였다. 비행기 안에서 어떻게 노래를 가르쳐 주느냐고 하니까 낮은 소리로 부르면 되지 않느냐고 하더니, 드디어 둘이서 "만남"이라는 노래를 부르기 시작하였다.

정말 대단한 재주가 아닌가. 이런 사람이 전도폭발훈련을 받으면 정말 전도를 잘하겠다는 생각을 하면서 이 대화가 언제나 복음으로 연결될까 아무리 기다려도 다른 이야기만 주고받는다. 기다리다 못해 빨리 복음을 전하라고 옆구리를 찌르고 눈짓을 해도 소용이 없다. 답답해서 식사가 끝난 후 끼어들 수밖에 없었다. 전에 교회를 다녔었는데 지금은 안 다닌다고 했다. 당연히 구원의 확신이 없었다. 그래서 노사연의 "만남"이라는 노래 가사를 이용하여 복음을 전하기 시작했다.

"자매님, 조금 전에 K형제와 노사연의 '만남'이라는 노래를 부르셨는데 거기 이런 말이 있었죠? '우리 만남은 우연이 아니야'. 그렇습니다. 우리가 이 수많은 비행기의 좌석 중 이렇게 옆자리에 앉아 대화를 나눌 수 있게 된 것은 결코 우연이 아니고 하나님께서 자매님을 사랑하셔서 저희들 옆에 앉혀 주신 것입니다."

이렇게 대화를 시작하여 복음을 전했고, 우리는 비행기 안에서 서로 손을 잡고 예수님을 영접하는 기도를 했다. 영접 기도가 끝난 이 자매의 표정은 기쁨이 충만했고, 인천공항에서 헤어지면서도 "정말 고맙습니다"를 연발하였다. 이것이 중국 단기 선교 첫 번째 열매이다.

2
중국의 수도 북경에서

2002년 7월 23일 오전 11시, 말로만 듣던 중국의 수도 북경에 도착하였다. 세계 인구의 1/5(13억)을 차지하는 중국은 한 영혼이 천하보다 귀하다고 하신 주님의 안목으로 본다면 광대한 추수 지역이다. 중국은 56개 다민족 국가로 92%가 한족(漢族)이고, 8%가 장족, 조선족, 위구르족, 티벳족 등 55개 소수 민족으로 구성되어 있다.

인구 조절 방안으로 강력한 산아 제한을 하고 있는데, 92%를 차지하고 있는 한족의 경우에는 자녀를 1명밖에 낳을 수 없으며, 소수 민족은 2명을 낳을 수 있다고 한다. 그러나 소수 민족 가운데서도 인구가 가장 적은 티벳족은 자녀를 무제한으로 낳을 수 있으며, 92%의 한족 중에서도 부부 양쪽이 다 외동인 경우에만 자녀를 두 명까지 낳을 수 있다고 한다. 이 규정을 어겼을 때에는 상당한 벌금을 내야 한다.

현재 중국 내의 공산당원 수는 5,800만 명이며, 종교는 자유라고 하지만 어느 종교이건 공산당의 통제를 받아야 하고, 공산당원들이 종교를 가지려면 퇴당을 해야 한다.

중국은 그 넓은 국토가 22개 성으로 되어 있으며, 우리가 선교지로 잡은 곳은 요령성 중에서도 단동 지역으로 압록강을 건너면 신의주가 위치한 지역이다. 이왕 중국에 온 김에 수도 북경에 들러 가능하다면 그 유명한 천안문 광장에서 개인 전도를 할 계획으로 북경에 온 것이다. 북경은 한마디로 1970년대 서울 거리를 방불케 했으며, 인구는 1,500만 명으로 그중에 조선족이 20만 명이라고 한다.

북경의 3대 명소는 만리장성, 자금성, 천단인데 옛날에 황제들이 살았다는 자금성 앞에 있는 천안문 광장은 남북이 880m이고 동서가 500m로 44만 평의 크기라고 한다. 천안문 광장 중앙에는 아편전쟁 때 희생당한 사람들을 기념하기 위한 '인민 영웅기념비'가 세워져 있었으며, 동쪽에는 '혁명 역사박물관' 서쪽에는 중국 최고 권력 기구인 '인민대회당', 남쪽에는 '모택동 주석 기념당' 그리고 북쪽에 '천안문'이 자리를 잡고 있었다.

더운 여름철인데도 그 넓은 천안문 광장은 관광객들로 붐비고 있었으며, 의외로 한국인 관광객들이 무척 많은 것 같았다. 너무나 많은 사람들이 관광 가이드의 설명을 들으면서 얼마나 바쁘게 움직이며 관광을 하는지 계획했던 천안문 광장에서의 개인 전도는 불가능이었다. 그래서 우리는 자금성의 곳곳을 살펴보면서 중국의 역사를 더듬어 보았다. 그 옛날 대국의 황제는 신과 같은 존재였으며 또 스스로 신이라고 자처했다는 것이다. 이 신 아닌 신을 섬기기 위하여 얼마나 많은 백성들이 파리 목숨처럼 죽어갔는지 모른다.

예수님을 모르고 죽은 그들의 영혼은 어떻게 된단 말인가? 황제는 이 세상에서 부귀영화라도 누리다가 죽었으니까 좀 낫지만 신 아닌 신을 모시느라고 고생만 한 백성들을 생각하면 너무 불쌍하다는 생각이 든다. 복음을 들어야 할 대상은 정말 그들이었는데 말이다. 지금도 중국에는 얼마나 많은 사람들이 예수님을 모른 채 그들의 조상들처럼 죽어가고 있는가? 이들을 위해서 우리는 열심히 복음을 전해야만 한다.

우리는 함께 중국의 복음화를 위해서 기도한 후 숙소로 돌아왔다. 잠자리에 들기 전 다시 하나님 앞에 기도했다. 북경에 와서 관광만 하고 갈 것이 아니라 복음 전할 사람을 예비해 달라고 말이다. 그랬더니 하나님께서 관광 안내를 하는 조선족 처녀 두 명을 만나게 해주셨다. 그들에게 복음을 전하려면 조용히 이야기할 장소가 필요하기에 그들에게 우리가 북경 지리를 잘 몰라서 그러는데 저녁 식사를 하려면 어느 식당이 좋으냐고, 우리가 저녁을 사 줄 터이니 함께 식당에 가서 식사를 하자고 제안해서 그들과 함께 북경에서 어느 정도 알아주는 고급 식당에 들어갔다.

그런데 중국 사람들은 식당 안에서 식사를 하면서도 왜 그리 큰 소리로 이야기를 하는지 식탁마다 싸움을 하는 것 같아 복음을 전할 수가 없을 것 같았다. 우리가 흔히 시끄러운 광경을 보면 "호떡집에 불났나?"라는 표현을 사용하는데 그 말이 이해가 되었다. 중국 사람들이 식당에서 식사를 하는데도 이렇게 시끄러운데 호떡집에 불이 나면 얼마나 더 시끄러울까 충분히 짐작이 되었다. 그래서 중국은 식당이 다 이렇게 시끄러우냐고 물었더니, 다 그렇단다. 그래서 나도 소리를 질러가면서 복음을 전했다. 그런 상황 가운데서도 한 사람이 예수님을 영접하였다.

천안문 광장 앞에서

북경에서 전도한 자매와 함께

3
지구촌 송 사장님 환영

2002년 7월 25일, 북경의 3대 명소 중 하나인 천단을 방문하였다. 천단은 옥황상제에게 제사를 지내는 곳으로 원구단은 지천인(地天人)의 3층으로 되어 있으며 천심석(天心石)을 중심으로 9개의 돌이 세워져 있으며, 9의 배수로 돌기둥들을 세워 만들었다고 한다. 1420년 명나라 때 황궁우(皇宮宇)에 의해 8각형으로 세워진 것이 전쟁에 의해 훼손됨으로 1893년 원형으로 재건하여 오늘에 이르고 있다고 한다. 그곳에서 기년전(祈年殿)까지의 길을 천사의 길이라고 하는데, 길이가 360m나 되었다. 북경의 명소들을 보면서 한결같이 느끼는 것은 대국답게 규모가 어마어마하게 크다는 것이다.

점심때는 북경에서 영어 학원을 하고 있는 C원장을 만나 그곳의 선교 소식들을 들으면서 식사를 한 후 오후 5시 25분 기차로 우리의 선교 목적지인 요령성의 봉성을 향해 북경역을 출발했다. 기차로 밤중에 11시간을 가야 하는 거리이기 때문에 침대차를 탔는데 내 침대는 3층 꼭대기라 천장이 낮아서 앉아 있을 수도 없었다. 그래서 흔들리는 침대에 누워서 책을 읽자니 그것도 고역이었다. 엎치락뒤

치락 잠을 자는 둥 마는 둥 하다 보니 7월 26일 새벽 6시 30분에 봉성 역에 도착했다.

중국은 처음 와 보는 곳이기 때문에 우리가 가서 사역해야 할 지하교회 지도자의 이름만 알았지 얼굴도 모른다. 이메일로 도착일시만 연락해 놓고 왔기 때문에 마중을 나오지 않으면 중국말도 못하는 처지에 그야말로 국제 미아가 될 판이다. 사람들이 나가는 곳으로 함께 따라 나가다 보니 역 밖에 키가 자그마한 여자 분이 "지구촌 송 사장님 환영"이라는 팻말을 들고 있었다. 말로는 종교의 자유가 있다고 하면서 삼자교회들은 간판을 붙여놓고 있지만, 그들은 공산당 앞잡이 노릇을 하며 오히려 지하교회들을 핍박하고 있기 때문에 그들의 눈을 피하기 위하여 이런 팻말을 들고 나온 것이었다. 본의 아니게 오늘부터는 이곳에서 송 사장님으로 불리게 되었다. 물론 함께 간 K교우는 K전무님이 되고 말이다.

우리는 반갑게 만나 인사를 하고 그들이 세를 내고 빌려온, 의자가 찢어져 쿠션이 빠져버린 봉고차를 타고 털털거리는 길을 달려 그들의 지하교회에 도착하였다. 겉에서 보기엔 조금 큰 민간인 집같이 보이는데, 안에 들어가 보니 조그마하게 예배실이 마련되어 있었고, 그 지하교회를 개척한 집사님이 그곳에서 살림을 하고 있었다. 집사님은 우리가 온다는 것을 알고 푸짐한 아침 식사를 준비해 놓고 기다리고 있었다.

밥상을 보면서 1960년대의 한국 시골이 생각났다. 내가 어렸을 때만 해도 한국 시골에서는 손님이 오면 밥공기에 밥을 위로 수북하게 퍼서 두 그릇은 족히 될 수 있도록 대접하는 것이 예의였었는데, 여기서도 얼마나 밥을 많이 퍼서 올렸는지 그 생각이 났다. 반찬도 다 집에서 재배한 완전 무공해라고 한다. 취나물에 쑥을 넣어 만든 깨떡까지 정성껏 준비한 음식을 대하면서 하나님께 감사하지 않을 수가 없었다.

옛날 한국의 풍습은 대접한 음식을 맛있게 다 먹어야 한다는 것을 알고 있었기 때문에 그 많은 밥이지만 남기지 않고 다 먹었더니, 기다리기라도 했다는 듯이 또 밥을 퍼서 밥그릇에 넣어 주는 것이었다. 아무리 말려도 소용이 없는 일이다. 푸근한 한국 정서를 느낄 수 있어서 좋기는 하지만 무슨 대책을 세우지 않고 이렇게 먹어대다가는 큰일 나겠다는 생각이 든다.

중국 선교를 오면 제일 문제되는 것이 음식에 기름기가 너무 많은 것과 화장실 시설이 잘 안 되어 있어 불편하다고 하는데, 음식에 기름기가 많이 들어가 있는 것은 사실이었다. 어떤 음식은 아예 돼지비계로 뒤범벅이 되어 있는 것도 있었다. 그러나 이만하면 음식도 괜찮고 화장실도 생각했던 것보다는 훨씬 괜찮다는 생각이 들었다. 미국에서는 매일 샤워를 하던 습관이 있어서 단지 목욕 시설이 잘 안 되어 있는 그것이 문제일 것 같았다.

4
처소교회와 지하교회 사역

아침 식사가 끝나자마자 지하교회의 P전도사님은 찌자 지역에 병들고 아픈 사람들이 많으니 그곳에 가서 치유 사역을 해 달라고 하였다. 지하교회란 땅 속에서 모이는 교회를 말하는 것이 아니라 목회자는 있지만 허가를 받지 않고 비밀스럽게 모이는 교회를 말한다. 정부의 허가를 받아 교회 간판을 달게 되면 하나님보다 공산당이 우선순위가 되어야 하기 때문에 그들은 교회 간판도 없이 입에서 입으로 전도하여 몰래 예배를 드린다. 처소교회란 목회자도 없이 집사나 평신도 지도자가 매주일 자기 집에 모여 예배를 드리는 교회를 말한다. 중국에는 목회자가 절대적으로 부족하므로 이러한 처소교회들이 많이 있었다.

찌자 지역의 처소교회를 방문하기 위하여 오전 8시 45분에 의자가 찢어져 스펀지가 다 빠져나간 봉고차를 타고 1시간을 달렸다. 시골 길이라 비포장도로인데 자동차 의자에 스펀지가 없으니 1시간 동안 얼마나 엉덩이가 아팠겠는가? 엉덩이가 아파서 견딜 수가 없었다. 그래도 나는 엉덩이에 살이 있어서 망정이지 살이 없는 삐쩍 마른 사람 같으면 정말 견디기 어려웠을 것 같았다. 젊어서는 나도 꽤 늘씬한 때가 있었는데 나이를 먹으면서 살이 붙기 시작해서 걱정을 했었는데, 하나님께서 이때를 위해서 예비하셨구나 생각하니 그것도 감사하다는 생각이 들었다.

처소교회가 있는 찌자(念家村) 지역은 찌씨가 많아서 '찌자'라고 부른다고 했다. 찌자 지역은 완전히 1950년대 한국의 시골 풍경이었다. 아궁이에 불을 때서 밥을 해 먹고, 변소도 땅을 파놓고 양쪽에 넓적한 돌에 올라앉아 일을 볼 수 있도록 만들어 놓았다. 울타리에는 호박넝쿨이 타고 올라가 호박이 주렁주렁 달려 있었다. 그곳 사람들은 가난에 찌든 듯한 모습들을 하고 있었지만, 내가 어렸을 때 시골에서 비슷한 환경 속에서 자란 탓인지 이런 풍경들이 한결 내 마음을 푸근하게 해 주고 정겨움을 느끼게 해 주었다.

처소교회에는 어떻게 연락이 되었는지 벌써 많은 사람들이 와서 기다리고 있었다. 우리는 함께 예배를 드린 후에 병든 사람들을 위해서 안수기도를 하기 시작했다. 역시 복음이 전파되는 선교지에서는 하나님이 특별히 역사하신다는 것을 실감할 수 있었다. 허리가 아파서 꼼짝을 못하겠다고 하던 사람이 움직이는가 하면 지하교회의 P전도사는 무릎이 아파 잘 걷지 못한다고 했는데, 안수 후에는 걷는 데 지장이 없다는 것이었다. 병을 치료받기 위하여 중국인 처소교회 처소장도 두 명이나 와 있었다.

치유 사역이 끝난 후 그곳에서 점식 식사를 대접받았다. 역시 밥을 꾹꾹 눌러서 수북하게 담아 주는 것은 마찬가지였다. 덜어 놓으려고 해도 못 덜게 한다. 억지로 다 먹으니 기다리기라도 했다는 듯 또 밥그릇에 밥을 채워 넣으며 더 먹으란다. 가난하지만 그들의 마음속에서 예수님의 뜨거운 사랑을 느낄 수가 있었다. 너무 사는 형편들이 딱해서 많지 않은 돈이지만 처소교회에 헌금을 하고 B 지역의 지하교회로 돌아왔다. B지역이라고 이름을 밝히지 않는 것은 이름을 밝히면 알려진 도시이기 때문에 혹시 지하교회의 지도자들에게 본의 아닌 피해가 갈지 모르기 때문이다.

지하교회에 도착해 보니 다른 지역 처소교회의 지도자들이 많이 와 있었다. 가장 먼 곳은 8시간이 걸리는 산골에서 온 분들도 있었다. 그들은 아예 2박 3일을 이 지하교회의 예배실에서 먹고 자며 성경 공부를 할 생각을 하고 온 것이다. 지하교회의 목회자들은 주중에는 시골에 들어가 복음을 전하고 처소교회들을 세우며 순회 목회를 하고 있었던 것이다. 그래서 그곳 처소장들에게 저녁 식사 후부터 시작해서 2박 3일 동안 처소교회의 지도자들을 위한 성경공부를 한다고 연락을 했기 때문이란다.

우리는 얼마나 좋은 환경 속에서 편안하게 신앙생활을 하고 있는가? 그러나 그분들은 그러한 악조건 속에서도 말씀에 대한 갈급함 때문에 8시간씩 걸리는 먼 거리에서 차를 몇 번씩 갈아타고 또 걸어서 그곳까지 온 것이다. 이곳에서의 일정은 다음 주일 오전 예배를 드리고 D지역의 지하교회로 옮겨가 사역을 해야 하기 때문에 2박 3일의 일정밖에는 할애할 수가 없었다.

저녁 식사 후 7시 30분부터 밤 10시 30분까지 그들은 초롱초롱한 눈으로 한마디도 놓치지 않으려고 열심이다. 질문도 많았다. 이들을 바라보면서 정말 "추수할 것은 많은데 일꾼이 부족하다"는 성경 말씀이 실감이 났다. 내년에는 더 많은 사람들이 단기 선교 팀으로 나와서 각 지하교회와 처소교회로 흩어져 충분한 시간을 갖고 사역을 해야겠다는 생각을 했다. 나도 모르게 "하나님, 부족한 종을 적재적소에 사용해 주시니 감사합니다"라고 기도할 수밖에 없었다.

5
천국 잔치에 술상이라니…

7월 27일 토요일, 천국 잔치가 계획되어 있는 날이다. B지하교회를 맡고 있는 P여전도사가 조심스럽게 입을 열었다.

"목사님, 천국 잔치(부흥회)에 불신자들을 데려오려면 술을 대접해야 하는데 술상을 준비해 놓을 터이니 이해해 주십시오."

내 귀를 의심하지 않을 수 없었다. 천국 잔치에 술상이라니……. 그래서 나는 P여전도사에게 다시 물었다.

"술상을 준비한다고요? 하나님의 말씀이 선포되는 천국 잔치에 술상을 준비한다고요?"

나이 50이 가까이 된 P여전도사는 계면쩍은 듯이 웃으며 말한다.

"여기는 그렇게 하지 않으면 사람이 모이지를 않아요."

특히 오늘 천국 잔치에 초청한 사람은 사찰 집사님의 친구인데 그 집 한 집만 전도를 해도 아들, 손자, 며느리가 20명이 넘는다는 것이었다. 그런데 그 집은 술을 좋아하기 때문에 술이 없으면 안 온다는 것이었다.

그러나 술상을 차려 놓고 하나님의 말씀을 선포한다는 것이 나의 신앙 양심상 용납할 수가 없었다. 그래서 P여전도사에게 "기독교는 목적이 수단을 정당화할 수가 없습니다. 아무리 목적이 좋아도 그 목적을 위해서 수단 방법을 가리지 않는 것을 하나님은 기뻐하시지 않습니다. 그러니 술상은 절대로 안 됩니다."

그랬더니 여전도사는 근심스러운 얼굴로 사찰 집사에게 말한다.

"목사님이 술상은 절대로 안 된대요."

그러자 50이 조금 넘으신, 그러나 나보다 훨씬 나이가 많이 들어 보이시는, 그래서 이 교회에서는 어른 노릇을 하시는 사찰 집사님이 나에게 정식으로 항의를 했다.

"목사님, 술상도 안 차리고 어떻게 사람들을 오라고 합니까? 전에 오신 다른 목사님들은 다 괜찮다고 하시는데 왜 목사님만 안 된다고 그러십니까?"

그래서 나는 이렇게 말했다.

"다른 목사님들은 어떻게 하셨는지 모르지만 나는 나의 신앙 양심상 절대로 술상을 허용할 수 없습니다."

그랬더니 그 사찰 집사님도 고집이 대단했다. 사람 불러 놓고 어떻게 술대접을 안 하느냐는 것이다. "그렇다면 나에게도 생각이 있습니다"라고 이야기하는 것이었다. 그래서 어떤 생각이냐고 했더니, "여하간 교회 건물 있는 울타리 안에서만 술을 안 마시면 될 것 아니냐"는 것이다. 다시 말해서 다른 곳에다 술상을 준비해 놓겠다는 말이다. 그것까지 안 된다고 할 수는 없는 일이고 또 안 된다고 해봤자 말을 들을 사람도 아닌 것 같았다.

아침 식사가 끝나니 꽤 많은 사람들이 몰려들었다. 지하교회 예배실이 꽉 찰 정도였다. 족히 50명은 되는 것 같았다. 아침부터 천국 잔치가 시작되었다. 내일 주일 예배를 드리고 D지역으로 옮겨가야 하기 때문에 이곳에서의 사역은 오늘이 마지막인 셈이다. 그래서 천국 잔치는 오전, 오후, 밤까지 강행군을 하여야 할 판이다. 열심히 말씀을 전하는데 한 사람도 조는 사람이 없이 잘 먹혀 들어가는 것 같았다. 오히려 미국에서 이민 목회를 하면서 설교할 때보다 "아멘" 소리가 더 크게 나왔다. 그만큼 말씀에 갈급해 있다는 증거이리라. 말씀을 잘 받아들이는 것을 보니 말씀을 전하는 사람도 신이 날 수밖에 없었다. 시간이 가는 줄 모르게 말씀을 전하다 보니 벌써 점심 식사 시간이 되었다.

그 많은 사람들을 대접하기 위하여 사찰 집사 부인인 안 집사님은 아침부터 바빴다. 마당 이곳저곳에 상을 펴 놓고 식사가 시작되었다. 말씀 그대로 잔치 분위기였다. 식사가 끝나자 오늘 천국 잔치에 초청된 불신자들이 사찰집사의 인솔하에 대문 밖으로 빠져나간다. P전도사에게 물어봤더니 이웃에 있는 수도국 건물에다 술상을 준비해 놨는데 지금 술 마시러 갔다는 것이다. 사찰 집사님이 "나에게도 생각이 있다"고 하더니, 결국 가까운 수도국 건물에다 술상을 차려놓고 그곳으로 간 것이었다.

그런데 오후 집회 시간이 되었는데도 나타나지를 않는 것이다. 사람을 보내어 집회 시간을 알리자 한 사람, 두 사람 나타나기 시작하는데 모두 한잔씩 했다는 표가 역력했다. 얼굴이 불그스레한 사람도 있었다. '이런 상황 속에서도 복음을 전해야 하나?' 하는 생각이 들었지만 얼핏 "순종이 제사보다 낫다"라는 성경 구절이 머릿속에

떠올랐다.

'그렇다! 나는 그저 주님의 명령에 순종할 뿐이지 그 이상도 그 이하도 아니다'라는 생각이 들었다. "씨를 뿌리고 물을 주는 일은 내가 해야 할 일이지만 자라나게 하시는 이는 하나님이시다"라는 고린도전서의 말씀도 생각이 났다. 그래서 그대로 순종하기로 하고 다시 오후 집회를 시작하였다. 그러나 사탄의 방해는 그것으로 끝나지 않았다. 우리 지하교회가 있는 건물 바로 옆이 수도국이고 그 다음에 10여 층짜리 빌딩을 새로 짓고 있었는데, 그 공사장에서 나는 소음이 얼마나 큰지 말씀을 전하지 못할 정도였다.

오전에는 괜찮았는데 오후가 되어 결신을 시키기 위하여 복음의 핵심 부분을 전하는데 레미콘에서 시멘트 반죽을 만들어 건물 위로 올려 가는 기구가 있는데, 그 기구가 위로 올라갈 적마다 마치 불꽃놀이 하듯 폭죽이 터지면서 시끄러운 소리가 난다. 세계 어느 나라에 가 보아도 빌딩을 짓는 공사장에서 이런 일이 일어나는 것을 본 적이 없는데, 정말 희한한 일이다. 처음에는 그 소음이 그치기를 기다리면서 복음을 전했는데, 그렇게 하다 보니 복음의 맥이 자꾸 끊기는 것이었다. 그뿐만 아니라 식사 때마다 밥을 하도 많이 꾹꾹 눌러 펴 주어서 남기지도 못하고 고민을 하면서 억지로 먹었는데 드디어 배탈이 난 것이다. 무더운 날씨에 땀으로 뒤범벅을 하고 배탈까지 났으며 우려했던 모든 상황이 다 전개된 것이라는 생각이 들었다.

이런 때일수록 기도밖에는 다른 해결 방법이 없다는 것을 그동안 여러 곳에 단기 선교를 다니면서 체험을 했기에 20분간 휴식 시간을 갖고 하나님 앞에 기도하면서 매달렸다. 마침 K형제가 설사약을 가지고 왔기에 먹고 다시 집회를 시작하였다. 그러나 공사장에서 들려오는 소음은 계속해서 집회를 방해하는 것이었다. 시간이 좀 지나니 한잔씩 하고 온 사람들의 얼굴도 정상으로 돌아가는 것 같았다. 목소리를 높여서 복음을 전하기 시작했고 결신 초청을 했더니, 놀랍게도 한잔씩 하고 들어왔던 그 가족의 어른들 8명이 예수님을 영접하겠다고 다 손을 들었다. 그래서 우리는 하나님 앞에 손을 잡고 결신 기도를 했다.

그런데 놀라운 것은 그 다음날이 주일인데 그 가족 20여 명이 다 주일 예배에 참석을 했다는 사실이다. P전도사나 사찰 집사의 말에 의하면 그 가족은 천국 잔치에 술 준다고 하면 참석을 했다가도 주일날은 절대로 교회에 안 나오는 사람이라는 것이었다. 그런데 그들이 주일 예배에 나오니 나보다도 P전도사와 사찰 집사 부부가 더 놀라는 것이었다. 드디어 하나님이 역사하셨다고 얼마나 기뻐하는지, 그것을 바라보는 내 마음도 기뻤다.

저녁 식사 후에는 성경공부와 치유 사역으로 안수 기도를 해주다 보니 밤 10시가 넘었다. 그날 저녁 하나님께서 보너스로 시내에 있는 사우나에 가서 사우나도 할 수 있게 해주셨다. 시설은 엉망이었지만 목욕을 할 수 있다는 것이 얼마나 감사한지, 하나님께 감사의 기도를 드리지 않을 수 없었다.

6
D지하교회에서의 사역

2002년 7월 28일 주일날이다. 오전 9시 B지하교회에서 주일 예배가 시작되었다. 어제 천국 잔치에서 예수님을 영접한 사람들과 그 가족들 그리고 이번 천국 잔치를 위하여 거리가 먼 각 처소교회에서 올라와 예배실에서 2박 3일 동안 침식을 한 처소교회 지도자들을 합하니 족히 50여 명은 되는 것 같았다. 그들은 말씀에 너무나 갈급한 사람들이었다. 말씀이 선포되는 대로 '아멘'으로 받아들였다.

예배를 마치고 나니 이제 석별의 정을 나누어야 할 시간이다. D시의 지하교회에서 오후 1시에 주일 예배를 인도하려면 늦어도 오전 11시에는 출발을 해야 하기 때문이다. 그동안 우리에게 방을 빼앗겼던 탈북자 아가씨가 "언제 다시 오실 것이냐?"고 하며 눈물을 글썽거렸다. 또 어제 천국 잔치에서 예수님을 영접한 가족들도 못내 아쉬워하는 눈치였다. 손을 흔들며 배웅하는 지하교회 교인들을 뒤로하고 B지하교회의 P전도사와 함께 D지하교회에 도착한 것은 정오가 훨씬 넘어서였다.

도착하자마자 D지하교회 예배실에는 점심 식사 상이 마련되어 있었다. 원래 예배 시간은 오전인데 우리가 온다고 해서 오늘은 특별히 예배 시간을 오후 1시로 변경했다는 것이다. 그래서 대부분의 교인들은 이미 교회에 와서 우리를 기다리고 있었다. 급하게 점심 식사를 마치고 주일 예배를 시작하였다. D지하교회는 B지하교회보다는 예배실도 더 넓고 체계가 잡혀 있는 것 같았다. 연길에서 신학 공부를 한 젊은 S 남자 전도사가 맡아서 교회를 이끌어 가고 있었다. 이 교회는 S전도사 어머니가 시작한 교회로 아들을 신학 공부시켜 지금은 아들이 목회를 하고 있었다. 어디를 가나 어머니는 역시 위대하다는 생각이 들었다. 어머니가 얼마나 믿음이 좋으면 그 핍박 속에서도 아들을 신학 공부시켜 지하교회의 목회자를 만들었을까 생각하니 존경스러워 보였다.

주일 예배를 드리는데 아주 멋쟁이 처녀 세 명이 뒤쪽에 앉아 있었다. 아무리 보아도 이 동네 처녀들 같지는 않았다. 예배를 마치고 휴식 시간에 대화를 나누어 보니, 한국에서 북경 대학에 유학을 온 중국어학과 학생들이었다. 방학 동안에 중국의 지하교회에서 아이들에게 한국말과 영어를 가르쳐 주기 위하여 일종의 선교를 온 학생들이다.

이곳에서의 일정도 2박 3일이지만 내일 오전에는 어린아이들이 모여 한국말과 영어를 배워야 하기 때문에 장소가 없고 또 B지하교회에서는 밤에도 성경공부를 할 수 있었으나 D지하교회에서는 그것이 불가능했다. 왜냐하면 D시가 B시보다 크지만 D지하교회는 D시에서도 변두리에 위치하고 있었기 때문에 주위가 논과 웅덩이들이 많이 있어서 모기가 얼마나 많은지 모른다. 그래서 해가 넘어가면 모기가 아우성을 치기 때문에 밤에는 모기장을 치지 않고는 잠을 잘 수가 없는 상황이므로 이곳에서 여름 밤에 교회 모임을 갖는다는 것은 불가능이었다. 그러니 같은 2박 3일이지만 시간에 더 쫓길 수밖에 없었다. 2박 3일 후에는 우리의 선교 일정이 연길로 잡혀 있었기 때문이다. 이곳에서의 사역은 처소교회의 지도자들이 모인 것이 아니라 순수한 이 지하교회의 교인들이고, 시간이 없기 때문에 과정이 비교적 짧은 새생명반을 시작하기로 했다.

그래서 잠시 휴식을 한 후 성경공부에 들어갔다. 복음은 오히려 B지하교회 교인들이 더 확실하게 들어가 있는 것 같았다. 오늘 당장 죽어도 천국에 간다는 확신이 있는 사람 손들어 보라고 하니까 그다지 많지 않았다. 그래서 복음의 진리를 기초부터 설명을 해나가는데 의외로 북경 대학에서 온 학생들이 더 열심이다. 한국에서 교회는 다녔지만 이런 성경공부는 해 본 적이 없다는 것이다. 복음에 대해서 이렇게 구체적인 설명을 들어 본 적이 없고 성경공부가 이렇게 재미있는 것인 줄 몰랐다는 것이다. 계속해서 5시까지 성경공부를 하는데 지루해 하는 사람이 하나도 없었다. 그만큼 이곳 사람들은 복음에 갈급해 있다는 증거이다. 중국도 이제는 먹고사는 것은 큰 문제가 없는 나라가 되어가고 있지만 복음에는 아직도 불모지라는 생각이 들었다.

저녁 식사 후 치유 사역을 시작했다. 병든 사람들에게 안수기도를 해주고 'Love Touch'라는 기구를 가지고 치료를 했다. 특히 B지하교회의 P전도사님은 이곳까지 우리를 안내해 주었을 뿐만 아니라 아픈 무릎을 치유받기 위하여 우리가 이곳에서 사역이 끝날 때까지 돌아가지 않겠단다. 그래서 'Love Touch'라는 기구를 가지고 치유 사역을 하고 있는데, 날이 좀 어두워지기 시작하자 여기저기서 모기가 '웽-웽-' 소리를 내면서 공격하기 시작한다. 도저히 계속할 수가 없어서 예배실 옆에 마련되어 있는 숙소로 돌아오니 조그마한 방에 이미 모기장이 쳐져 있었다. 그러나 어느새 모기가 들어왔는지 모기장 안에서도 공격을 한다. 마침 모기향을 준비해 가서 피워 놓긴 했지만 더운 여름철에 문을 활짝 열어 놓았기에 별 효과가 없었다. 중국 땅에까지 와서 헌혈을 해야 하는 밤이었다.

이튿날 아침 일어나니 모기들은 언제 그랬느냐는 듯이 사라져 버렸고 맑고 화창하기만 하였다. 아침 식사가 끝나기 무섭게 어린이들이 몰려들기 시작한다. 한국말과 영어를 배우기 위해서다. 요즘 중국에서는 한국이 잘사는 나라로 소문이 나 한류가 형성되고, 한국말을 가르친다거나 영어를 가르친다고 하면 최고의 인기란다. 북경대학 유학생들이 바로 이것을 위해서 우리보다 하루 먼저 이곳에 도착한 것이다. 덕분에 우리는 사역할 장소가 없다는 핑계로 오전에는 D시와 압록강을 관광하기 위하여 나갔다.

D시는 중국의 개발구로 지정된 시인데 인구가 70만으로 압록강 건너의 신의주시가 코앞에 보이는 도시다. 말이 통하지 않으므로 가이드를 해 주는 사람이 없으면 꼼짝을 할 수 없는데 마침 B지하교회의 P전도사님이 무릎이 아파서 잘 걷지를 못했는데 안수기도와 'Love Touch'를 받고 무릎이 나았다고 자기가 가이드를 해주겠다는 것이다. 말로만 듣던 압록강에 도착하였다. 눈에 제일 먼저 들어오는 것은 압록강 다리였다.

D시에서 신의주까지 연결된 다리 옆에 중간쯤에서 끊어져 엿가락처럼 휘어져 있는 철교가 있는데 이름이 한문으로 '鴨綠江斷橋'(압록강 단교)라고 붙어 있었다. 6·25 때 중국군들이 이 다리를 통해 인해 전술로 내려오기 때문에 할 수 없이 미국이 폭격을 해서 끊어버린 다리라고 한다. 다리 입구에는 그 당시 전쟁에 사용했던 무기들이 진열되어 있고, 이제는 관광지로서 그 다리에 올라가 보려면 입장료를 내야 한다. 우리는 이 다리에 올라가 신의주 땅을 바라보며 하루속히 남북통일이 되어 이북 땅에서도 마음 놓고 예수를 믿을 뿐만 아니라 육적으로도 굶주린 이북 동포들이 영육간에 구원을 받게 해 달라고 기도했다. 그리고 망원경으로 신의주 땅을 바라보니 강변에 있는 큰 건물의 현판이 보였다. 한글로 '통일각'이라고 쓰여 있었고, 많은 사람들이 왔다갔다하는데 마치 무슨 운동회를 하는 것 같았다.

그곳에서 점심 식사를 하고 돌아와 오후 1시부터 다시 성경공부를 시작했다. 오후 5시쯤 성경공부를 끝내면서 다 눈을 감으라고 한 다음 "어제와 오늘 이 성경공부를 통하여 예수님이 누구신지, 그분이 하신 일이 무엇인지를 깨닫고 그 예수님을 구주와 주님으로 영접하기를 원하는 사람은 손을 들라"고 구원 초청을 하였다. 많은 사람들이 손을 들었다. 우리는 함께 하나님 앞에 결신 기도를 하고 성경공부를 마쳤다. 저녁 식사 후에는 또 치유 사역을 한 다음 모기장 속에 들어가 북경 대학생들을 상담하면서, 간증 이야기를 통하여 하나님의 살아 계심을 증거하고 그들의 신앙관을 바로잡아 주는 일을 함으로써 D시에서의 사역을 마쳤다.

7
엉뚱한 추수의 열매

2002년 7월 30일, 단동에서의 사역을 마치고 오전 9시 지하교회 교인들의 전송을 받으며 심양행 열차에 몸을 실었다. 다음 목표는 연길인데 심양에서 기차를 갈아타야 한단다. 기차 안은 너무나 지저분했고 공중도덕이 완전히 실종되었다는 느낌이 들었다. 기차 안에는 휴지통도 없었다. 통상적으로 쓰레기가 나오면 휴지고 비닐봉지고 다 창밖으로 내던진다. 기차 안에서 쓰레받기와 빗자루를 들고 다니며 청소하는 승무원도 쓰레기를 밖으로 쓸어버린다.

점심때가 되어 도시락을 사먹고 난 부산물을 창 밖으로 버리자니 내 상식으로는 도저히 그렇게 할 수가 없어서 의자 앞 테이블 밑에다 놓아두었다. 얼마 후 승무원 복장을 한 청소하는 그 여자가 내게 와서 중국말로 뭐라고 막 소리를 지른다. 혹시 영어나 한국말을 아느냐고 영어로 물어보았지만 전혀 통하지가 않는다. 말이 통하지 않으므로 영문을 몰라서 멍하니 쳐다보고 있자니 내가 점심 도시락을 먹고 테이블 밑에 놓아둔 쓰레기를 집어서 창 밖으로 던지는 것이었다. 눈치를 보니 "도시락을 먹었으면 먹고 난 쓰레기를 밖으로 버리지 않고 왜 바닥에 그냥 놓아두었느냐"고 화를 내는 것 같았다. 로마에 가면 로마의 법을 지켜야 한다고 했듯이 이곳에서는 휴지건 쓰레기건 다 창 밖으로 버리는 것이 상식인 모양이다. 화장실에 가 보아도 화장실 밑이 그냥 뚫려 있어 달리는 열차 안에서 철로 위에 다 소변, 대변을 그대로 보는 것이었다. 그러니 철로변이 얼마나 지저분한지 모른다.

5시간이 걸려서 오후 3시에 심양 역에 도착했다. 단동을 출발할 때 P전도사가 심양에 가면 기차역이 'North'와 'South' 두 개가 있는데, 연길 가는 기차를 타려면 두 번째 역에서 내리라고 하였다. 그래서 심양에 도착을 했지만 그대로 앉아 있었다. 많은 사람들이 내리고 올라탔는데 젊은 남자가 오더니 차표를 보여주며 우리보고 자기 자리이니까 일어서라는 시늉을 했다. 우리도 차표를 보여주며 다음 역에서 내릴 거라고 했더니, 자기 자리니까 당장 일어서라는 것이었다. 말이 통하지 않으니 따질 수도 없고 정말 답답한 노릇이었다. 창세기 11장에 나오는 바벨탑 사건만 아니었더라면 이처럼 언어가 소통되지 않아서 고생을 하지 않아도 되는데 말이다.

심양역에 내려서 연길 가는 열차를 타려면 1시간 30분을 기다려야만 한다. 대합실에서 앉아 기다리려니 중국에서만 볼 수 있는 진풍경들이 눈에 들어왔다. 특이하게 눈에 들어오는 것으로는 젊은 여자가 대합실에서 얼마나 오래 기다렸는지 대합실에 앉아 해바라기 씨를 까먹고 있는데 그 껍데기가 테이블 위에 수북하게 쌓여 있다. 계속해서 종이 봉지에서 해바라기 씨를 꺼내어 까먹고는 껍데기를 테이블 위에 그대로 쌓아 놓는 것이었다. 거기까지는 그런 대로 봐

줄 수가 있겠는데 기차가 왔는지 그대로 내버려두고 짐을 챙겨 가지고 사라지는 것이었다. 참으로 이해가 안 되는 일들이다.

심양에서 오후 6시 30분 열차를 타고 연길로 출발했다. 연길까지는 13시간을 가야 하므로 침대차를 탔다. 침대차는 먼저 북경에서 봉성으로 올 때 탔던 기차와 마찬가지로 3층으로 되어 있었다. 마침 아래층 침대를 사용하는 사람이 한국 사람이었다. 그의 말에 의하면 중국에 온 지 13년이 되었는데 청도에서 30만 평이 되는 한국 배 과수원을 하고 있다고 했다. 부업으로 이북에 있는 이산가족을 상봉하도록 주선해주는 일도 하고 있다는, 꽤 사업 수완이 좋은 사람이었다. 모든 일에 자신만만하였고 자기주장이 뚜렷하고 개성이 강한 사람이었다. 한마디로 전도하기 힘든 사람이었다.

그러나 이 넓은 중국 땅에서 같은 기차의 같은 침대칸에 타고 간다는 것은 하나님이 전도하라고 붙여준 사람이 아닌가 하는 생각이 들어 사업 이야기를 하다가 복음을 전하기 시작하였다. 그는 역시 생각했던 대로 자기주장이 강한 사람이어서 내가 아무리 복음을 이야기해 주어도 "내 생각에는 그렇지 않다"는 것이다. 자기 생각에는 하나님도 없고 신도 없다는 것이다. 죽으면 모든 것이 끝나는 것이지 천국 지옥이 어디 있느냐는 것이다. 그래서 "그것은 선생님 생각일 뿐이지 천지 만물을 창조하신 하나님은 살아계시고, 인간이 죽은 후에는 그 하나님이 만드신 천국과 지옥 둘 중의 하나로 가야 한다"고 설명했다. 그러나 자기는 자기 생각으로 믿어지지 않는 것은 안 믿는 사람이라고 단호하게 이야기하면서 화장실에 다녀오겠다고 하며 그 자리를 피해 버렸다.

"닭 쫓던 개 지붕 쳐다보는 격"으로 머쓱해서 앉아 있으려니 침대 맨 아래층에 누워 있던 50대의 중년 남자가 벌떡 일어나 앉으면서 하는 말이 "우리 집사람과 장모가 매일 당신과 같은 소리를 하면서 교회에 가자고 하는데 나는 그런 거 안 믿소" 하는 것이었다. 생긴 것으로 보아 중국 사람인 줄 알았는데 중국 심양에 거주하는 조선족이었다. 연길에 볼 일이 있어서 가는 중인데, 자기는 과거에 중국 공산당원이었으나 지금은 아니며 심양에서 사업을 하고 있다고 했다. 그는 침대에 누워서, 내가 청도에서 과수원을 한다는 사람에게 복음 전하는 소리를 다 듣고 있었던 것이다. 그러다가 그 사람이 화장실 간다고 자리를 피해 버리니까 자기가 끼어든 것이다.

그렇다면 이 사람이야말로 하나님이 준비하신 전도 대상자가 아니겠는가 하는 생각이 들어 그 사람에게 계속해서 복음을 전하였다. 그런데 화장실 간다고 자리를 피한 사람이 잠은 자야 하니까 지금쯤이면 내가 포기하고 잠을 자겠지 생각했는지 한참 만에 자기 침대를 찾아왔다. 졸지에 전도 대상자가 두 명이 된 것이다. 두 사람을 놓고 계속 복음을 전하는데 청도에서 과수원을 한다는 사람이 먼저 와 마찬가지로 자꾸 방해를 한다. "내 생각엔 그렇지 않습니다. 내 생각엔……내 생각엔……" 하면서 방해하였다.

이렇게 해서는 안 되겠다는 생각이 들어서 방법을 바꾸기로 했다. 좀 강하게 나가지 않으면 아무런 열매도 거둘 수가 없겠다는 생각이 들어서 그 사람에게 이렇게 말했다.

"로마에 가면 로마의 법을 지켜야 하지 않습니까? 우리는 천지 만물을 창조하신 하나님이 만든 세상에 살고 있습니다. 그러므로 하나님의 법을 지켜야 합니다. 선생님 생각엔 아무리 그렇지 않은 것 같아도 천지 만물을 창조하시고 운행하시는 하나님이 그렇다고 하면 그런 것입니다. 아무리 선생님이 천국과 지옥이 없다고 생각하셔도 천국과 지옥을 만드신 하나님이 있다면 있는 것입니다. 우리가 먼 옛날 지구가 평평하기 때문에 지구 끝에 가면 낭떠러지가 있다고 믿고 살아온 때에도 지구는 평평한 것이 아니라 둥글었습니다. 우리 느낌에는 지구가 자전과 공전을 안 하는 것 같지만 과학은 지구가 자전을 하면서 태양의 주위를 공전하고 있다고 증명하고 있습니다. 선생님 생각엔 아닌 것 같아도 천지 만물을 창조하신 하나님이 그렇다고 하면 그런 겁니다."

이렇게 강하게 나가니까, 그는 더 이상 반론을 제기하지 않고 듣고 있었다. 그래서 복음을 다 전한 다음에 "이 예수님을 구주와 주님으로 영접하시겠습니까?"라고 결신 질문을 했더니, 청도에서 과수원을 하고 있다는 사람은 끝내 거부했고, 처음에는 침대에 누워서 자는 척하고 듣고만 있었던, 생각지도 않았던 심양의 조선족 사업가는 예수님을 영접하겠다고 하였다. 우리는 열차 안 침대에 걸터앉아 함께 손을 잡고 결신의 기도를 했다.

하나님의 방법은 참으로 묘하다. 복음 전도는 청도의 과수원지기에게 시작하게 하셨는데 추수는 침대에서 자는 척하고 누워 있었던 심양의 조선족 사업가를 하게 하시다니……. 엉뚱한 추수의 열매가 맺힌 것이다. 이것이 하나님의 방법이고, 우리는 때를 얻든지 못 얻든지 순종만 하면 된다는 사실을 다시 한 번 깨달았다.

2장 몽골 선교 편

1
몽골 단기 선교

아리조나 지구촌교회 몽골 단기 선교 팀 3명(최도문, 송낙준, 송제오)은 2008년 10월 15일(수) 오전 7시 05분 피닉스(Phoenix)를 출발하여 LA를 거쳐 인천국제공항에서 국제 OM선교회 미주 본부 김경환 목사님과 한국 후원회장이신 전도왕 김길복 권사님 그리고 북미 후원회장이신 임영상 장로님 내외분과 합류하여 7명이 10월 16일(목) 밤 10시 35분에 몽골의 수도 울란바토르 공항에 도착했다.

공항에 마중 나온 현지 선교사 김용식 목사님의 인도로 숙소에 여장을 풀고 하룻밤을 보낸 후, 10월 17일(금) 오전에는 휴식을 취한 후 점심 식사를 몽골 한인선교사회 임원단과 같이 하면서 선교전략 세미나 행사 및 준비 상황을 점검하고 의논하는 모임을 가졌다. 점심 식사 후에는 김용식 선교사의 안내를 받아 자이산 전망대(Zaisan Observatory) 및 박물관, 광장 등 울란바토르 시내를 돌아보며 몽골에 대해 공부하는 시간을 가졌다.

몽골은 우리의 조국 대한민국과 공통된 점이 참 많은 나라다. 인종적으로는 한국인과 같은 황색인으로 몇 가지의 유전 형질의 경향이 일치하기 때문에 한국인과 닮아서 구분하기가 어려울 정도였다. 또 언어도 몽골어와 한국어가 문법적으로 닮았으며, 우리가 남북으로 분단되었듯 몽골은 내몽골과 외몽골로 분단되어 있었다. 그러나 내몽골은 완전히 중국이 통치하는 중국 영토의 일부가 되었지만 외몽골은 소비에트 공화국에 속해 있었으나, 1990년 공산주의 붕괴로 소비에트 공화국에서 독립하였다. 1992년도에 민주 공화제를 채택하였고, 의원 내각제의 성격이 강한 이원 집정제로 연임이 가능한 4년 임기의 대통령을 국민이 직접 선거를 통해 선출하며, 바가반디 대통령에 이어 현재 2006년 선출된 남바린 엥흐바야르 대통령이 재임 중이다.

그러므로 몽골이란 외몽골을 의미하며 공식적인 명칭은 'Mongolia'이다. 몽골은 중앙아시아 고원지대의 북쪽에 위치하고 있으며 국토는 4가지 성격의 지대로 나누어진다. 서쪽은 1,500킬로미터에 달하는 알타이 항가이라고 하는 큰 산맥 지대이고, 남쪽은 중앙아시아 고비 사막 지대, 동쪽은 아무것도 없는 초원 지대, 그리고 북쪽은 시베리아 남쪽 살림 지대로 이루어져 있다. 총면적은 1,564,116 제곱킬로미터로, 우리 한반도의 일곱 배에 해당하는, 세계에서 17번째로 큰 나라인데, 인구는 290만 명밖에 안 되는, 그러나 지하자원이 풍부한 나라이다.

몽골의 수도인 울란바토르 시가 해발 1,350m이고, 평균 해발 1,580m의 고산 지대로서 가장 높은 봉우리는 알타이 산맥이 있는 해발 4,374m의 후이튼 봉우리이고 가장 낮은 곳은 해발 552m의 허희 호수라고 한다. 그래서 그런지 울란바토르 시가 한눈에 내려다보이는 전망대의 계단을 걸어서 올라가는 데 얼마나 숨이 찬지 '헉헉' 거리지 않을 수 없었다.

몽골인의 주된 종교는 티베트 불교로 역사적으로는 티베트와 관계가 깊다고 하지만, 1992년 선거로 민주화된 이후 개신교가 선교사들에 의해 유입되고 있으며, 현재 한인 선교사만 300여 명이나 된다고 하며, 그 이전부터 러시아의 영향으로 정교회 신자들이 많이 있다고 한다.

소비에트 공화국에 속해 있었을 때는 우리나라보다 먼저 우주인을 배출할 정도로 문명이 발달한 나라였으나 소비에트 공화국이 붕괴될 때 러시아에서 전기를 중단하고 각종 시설을 철수시킴으로 남자들은 하루아침에 직장을 잃고 알코올 중독자가 되었다고 한다. 땅은 넓지만 원래가 유목민 출신들이라 성격이 태평하고, 기후 탓도 있지만 야채는 소나 양 같은 가축들이나 먹는 것이지 사람이 먹는 것은 아니라는 인식 때문에 농사 지을 생각을 하지 않는다는 것이다. 그러니 남자들은 할 일이 없어 알코올 중독자들이 되고, 1960년대 한국을 방불케 하는 가난한 나라가 될 수밖에 없었던 것이다.

칭기즈칸의 위력이 얼마나 대단했던지, 러시아나 중국에서는 이들 중에서 다시 칭기즈칸과 같은 위대한 영웅이 나와서 자기들의 나라를 또다시 점령할까 봐 남자들은 태어나면 어려서부터 각종 특혜를 받을 수 있는 라마승으로 70% 이상을 만들어 편안히 먹고살 수 있도록 민족말살정책을 폈다고 한다. 그러나 가는 곳곳마다 칭기즈칸의 동상과 이름을 사용하고 있었으며 세계를 제패했던 칭기즈칸의 후예들답게 지금도 자존심만은 대단했다.

10월 18일(土) 오전에는 현지인 교회인 안디옥교회에 가서 처음으로 복음을 전함으로 공식적인 단기 선교 사역이 시작되었다. 통역을 통해 복음을 전했지만 여기저기서 "아멘" 소리가 들려왔다. 이곳 현지인 교회들은 한인 선교사들이 개척하여 섬기고 있는 교회들이다. 오후에는 역시 현지인 교회인 생명수침례교회의 청년부 예배에 참석하여 최도문 집사와 송낙준 집사가 귀한 간증을 통하여 복음을 전했다. 무력으로 세계를 제패한 칭기즈칸의 후예답게 복음으로 세계를 제패하는 위대한 민족이 되어 달라는 격려의 메시지 또한 잊지 않았다. 저녁때에는 이곳에서 농장을 통하여 선교를 하고 있는 농장 선교의 현장인 영원한 기쁨의 교회에서 몽골인들의 전통 가옥인 '게르'(Ger)라는 둥근 천막 속에 들어가 식사를 하고 문화 체험도 해보며 선교사들과 친교를 나누었다.

10월 19일(주일) 오전에는 생명수침례교회 주일 예배에서 설교를 하고, 오후에는 모든 강의를 영어로 하는 몽골국제대학으로 자리를 옮겼다. 이 학교는 《내려놓음》이라는 책으로 유명해진 이용규 선교사가 부총장으로 재직하고 있는 학교로 세계 각국의 학생들이 공부하고 있었는데, 채플 시간이 되자 세계 각국에서 온 학생들이 영어로 찬양하는 모습이 너무나 아름다웠고, 채플 시간 후 최도문 집사의 영어 간증은 그들에게 도전을 주기에 충분했다. 마침 이용규 선교사가 계셔서 함께 교제할 수 있는 시간도 가졌다.

10월 20일(월) 오전에는 몽골에서 가장 많은 현지인들이 모인다는 조유상 선교사가 시무하는 울란바토르 선교 교회를 방문하였는데, 본당이 1,000석이나 되는 한국 통합 측에서 지원해 주고 있는 교회였다. 오후에는 17년 전에 몽골 최초의 한인 선교사로 이곳에 와서 정착하여 선교의 기틀을 닦아 놓은 강토야(강영순) 선교사가 운영하는 솔몽 탁구협회(한국을 몽골 말로 '솔롱거'라 함) 체육관을 방문하게 되었는데, 강 선교사는 한국 장애인 탁구 국가 대표 선수로 몽골에 탁구를 보급시켜 올림픽에 출전할 국가 대표 선수들을 훈련시킴으로 한국의 국위를 선양하고, 아울러 복음도 전하는 귀한 선교사였다.

저녁때에는 울란바토르 한인 교회에서 이곳에서 사역하는 한인 선교사들 전원을 초청하였으나 100여 명밖에 참석하지 못함으로 그들에게 저녁 식사를 대접하여 선교사들을 격려하는 시간을 가졌다. 저녁 식사 후 재 몽골 한인선교사협회에서 주관하는 'Mission Perspective'의 개회 예배에 내가 말씀을 전함으로 본격적인 단기 선교 사역이 시작되었다.

10월 21일(화)에는 몽골 한인선교사협회 주최, OM 선교회 주관으로 몽골의 수도 울란바토르에 거주하는 한인 선교사 100여 명이 참석한 가운데 'Mission Perspective' 강의가 시작되었는데, 첫 강의를 내가 맡아서 했고, 두 번째 강의를 최도문 목자와 임영상 장로가 선택 강의로 진행했으며, 점심 식사를 플로리다 주에서 호텔을 경영하고 계신 임영상 장로 내외분이 선교사들을 격려하고 위로하는 차원에서 대접해 주셨다.

점심 식사 후 세 번째 강의는 OM 미주 한인 대표로 계신 김경환 목사가, 네 번째 시간에는 《천국, 혼자 갈 순 없잖아요》의 저자인 김길복 권사가 전도 간증을 전도왕답게 열정적으로 해줌으로써 도전받는 귀한 시간이 되었다. 저녁때에는 더 많은 선교사들이 참석하였는데, 역시 격려와 위로 차원에서 우리 아리조나 지구촌교회에서 저녁 식사를 대접했으며, 밤늦게까지 강의가 계속되었다.

초저녁부터 내리기 시작한 눈으로 인해 비행기가 뜰 수 없는 상황이었다. 어쩔 수 없이 병원일 때문에 이틀 일찍 돌아가기로 했던 치과의사 최도문 목자의 귀국 스케줄은 연기될 수밖에 없었다. 그렇게 많은 눈이 내린 것도 아닌데 몽골의 비행장은 활주로가 짧아 비행기가 이착륙을 할 수 없다니, 몽골의 후진성을 보는 듯했다.

10월 22일(수)에는 우리가 수고를 많이 했다고 이를 격려하기 위해 김용식 선교사가 테렐지 국립공원을 구경시켜 주겠다고 떠났는데, 눈길에 갈 수가 없어서 중간에 점심 식사를 해결하기 위해 큰길에서 조금 벗어난 시골 유목민들의 천막집인 게르(Ger)를 방문하여 도움을 요청해 보았다. 놀랍게도 우리가 멈춰선 게르 주인 부부는 70대 할아버지와 할머니였는데, 10여 명이나 되는 우리 일행을 아무런 조건도 없이 자신들의 안방이나 다름없는 게르 안으로 안내하는 것이었다. 우리는 그 노부부의 천막 한가운데 놓인 난로에 둘러앉아 라면 물을 끓이며 그들과 통역을 통하여 교제를 나누었다. 게르 안은 우리가 상상했던 것보다 훨씬 따뜻했다.

몽골 사람들은 지나가는 나그네를 대접하는 데 인색하지 않다고 하더니, 온화한 미소에 영화에서 본 칭기즈칸과 같은 위엄과 기품을 가진 노부부는 자기들의 양식으로 준비한 몽골 전통 버터와 유제품 간식거리, 그리고 전통차를 내어놓았다. 우리도 가져간 간식과 끓인 라면 등을 함께 나누어 먹으면서 금방 그들과 친해질 수 있었다. 놀랍게도 그분들의 손주가 미국에서 유학을 하고 있다고 했다. 점심 식사를 하고 나니 화장실을 가야 하는데 그곳 화장실은 1960년대 한국 벽촌의 화장실과 매우 유사했다. 그곳에서 몽골의 문화 체험까지 하고 난 뒤 우리는 그 노부부에게 약간의 사례비와 함께 자그마한 선물을 건네주면서 예수님도 함께 소개해 드렸다.

저녁 식사 후에는 각자 나뉘어 현지인 교회 수요 예배 시에 복음을 전했는데, 내가 간 교회는 이곳에서 가장 가난한 빈민들이 모여 사는, 산동네에 자리 잡은 바론셀라 지역 예수사랑교회였다. 예수사랑교회의 젊은 청년들이 찬양과 율동을 어찌나 뜨겁고 열정적으로 기쁘게 부르던지 도전을 받지 않을 수 없었다. 이곳에서도 통역을 통해 복음을 전했지만 너무나 반응이 좋았다.

예배가 끝나자 어른들이 안수기도를 받기 위하여 줄을 늘어섰다. 그들은 공산주의가 무너질 때 직업을 잃어버리고 홧김에 술을 마시다가 알코올 중독자가 되었거나, 정신 이상자가 된 불쌍한 사람들이었다. 그들 한 사람 한 사람에게 안수를 하면서 그들이 하나님의 능력으로 치유받을 수 있게 해 달라고 기도했다. 이들을 위해 박경숙이라는 여자 선교사가 선교 후원 단체도 없이 기도로 교회당을 건축하고 기숙사를 지어 오갈 데 없는 불쌍한 사람들을 재워주고 먹여주며 학교까지 보내주고 있는 기적의 현장이었다.

10월 23일(목)에는 김용식 선교사가 운영하고 있는 침례신학대학을 방문하여 신학생들을 격려하는 시간을 가졌고, 곧이어 한국의 감리교 선교사가 설립한 정보통신대학인 후레 대학교(Huree University)를 방문하였다. 점심때에는 김용식 목사가 시무하는 생명수침례교회의 수양관(훈련원)에 갔다. 그곳에서 몽골 전통 양고기 요리인 '하르헉'으로 멋진 점심 식사를 대접받았는데, 이 요리는 양은으로 만든 통 속에 양고기와 새까만 돌을 층층으로 집어넣어 열을 가하면 그 속에서 익어서 나오는데 정말 연하고 맛이 있었다. 식사 후에는 몽골 전통 음악 및 탈춤 공연을 관람할 수 있는 시간도 가졌다.

저녁 식사 후 생명수침례교회에서 우리 선교 팀 7명과 생명수교회 사역 팀(김 목사님 내외, 볼가 전도사 그리고 바기 전도사)이 함께 모여 일주일간을 돌아보면서 하나님께서 역사하신 선교의 현장에서 있었던 감사와 감동을 서로 나누는 시간을 갖고 기도로 마무리한 후에 울란바토르 공항에 도착하니 밤 10시 55분이었다.

10월 24일(금) 0시 20분 울란바토르 공항을 출발한 후 한국에 도착하여 짐을 찾고 보니 새벽 5시였다. 몽골의 울란바토르에서도 함께하신 하나님의 은혜에 감사하면서 9박 10일 동안의 몽골 단기 선교를 마쳤다.

대답만 한다고 천국에 가나요?

2014년 6월 20일 인쇄
2014년 6월 25일 발행

지은이 | 송제오
발행인 | 이형규
발행처 | 쿰란출판사

주소 | 서울시 종로구 이화장길 6
TEL | 745-1007, 745-1301~2, 747-1212, 743-1300
영업부 | 747-1004, FAX/745-8490
본사평생전화번호 | 0502-756-1004
홈페이지 | http://www.qumran.co.kr
E-mail | qrbooks@gmail.com
qrbooks@daum.net
한글인터넷주소 | 쿰란, 쿰란출판사

등록 | 제1-670호(1988.2.27)

책임교열 | 송은주

값 14,000원

ISBN 978-89-6562-616-9 03230